1841

一八四一

末代港督的告解

First Confession: A Sort of Memoir

彭定康 Chris Patten —— 著
李爾雅 Judy Lee —— 譯

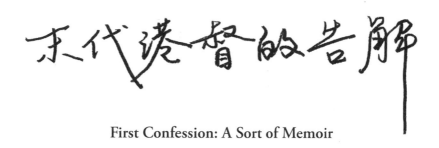

推薦語

他在四個有爭議的組織——保守黨、梵蒂岡、中國政府和英國廣播公司——的經歷，使有智慧、有文化的前線政治家回憶錄名單更為豐富。

——馬克．勞森（Mark Lawson），《新政治家》年度書籍

．．．

自由派保守主義論證……無論是在西方還是東方，如果舊式中間派要捲土重來，並找理由取代刺耳之聲和威權主義，溫和派都可以在上陣的路上揮舞彭定康的書。

——喬納森．範比（Jonathan Fenby），《金融時報》

引人入勝地坦率，頑強而充滿鬥志……他寫得激動人心。

——約翰．普雷斯頓（John Preston），星期日電訊報

．．．

《告解》寫得生動、寫得好，躋身英國政治家近期作品的最高層次。

——帕斯卡．多諾霍（Paschal Donohoe），《愛爾蘭時報》

社長序

他愛香港，因爲他愛世界

沈旭暉（一八四一出版社社長）

香港主權移交之前，港督府的主人依然是英國人，對一般香港人而言，依然感到莊嚴而神秘。一九九七年，末代港督府迎接了來自香港官校皇仁書院的學生會訪問團，彭定康勳爵大概不會記得這件事，自然更不會知道那位學生會主席當時對那張合照，是何等雀躍。後來此人長大後，在不同香港特首任內，也曾有緣進入變成「禮賓府」的前港督府，但人面全非下，心中想的，始終是「如果肥彭依然在，香港又會如何？」

這個當年的中學學生會主席，自然就是我。

時光飛逝，轉眼間，到了二〇二〇年，「新香港」出現了《港區國安法》，彭定康當年設想的最壞情況，全部幾何級數的實現。越來越多香港人事後孔明，視他為可能是有史以來最關心香港人的管治者，這裡有借古諷今的無奈，也有情懷真切的回憶，局中人不說自明，也不必蛇足。

但究竟彭定康作為英國重量級專業政客，為甚麼會對香港人產生真感情？他的政治理念究竟是什麼？為何他雖然不像前幾任港督那樣具有高深漢學根柢，卻反而可以對中國官方的談判手法、文件刻意製造的迴旋空間等，從一而終地「從現象看本質」？要了解答案，必須閱讀這本回憶錄。不是只看和香港有關的那個章節，而是必須逐字逐句詳讀。

彭定康大半輩子的閱歷，都在不同身分認同（identity）之間打轉，由家庭到讀書、由西方到東方，假如不是各種各樣身分認同衝突不斷，他大概根本不會從政，就算從政也不會如日後般成功，很可能會成為報刊主筆渡過一生。雖然他的經歷踏篇幾大洲，和幾個大國不斷周旋，直接與一批世界級領袖共事，但歸根究底，一個主軸卻足以貫穿他的大部分經歷：嘗試以公民民族主義化解極端身分認同帶來的衝突，相信普世價值會令世界邁向更好的未來。從回憶錄可見，他從小到大不斷問一個問題：為什麼那些人老是覺得自己與別不同？究竟是什麼具具體體的東西，去協助他們理直氣壯地定義「我者」和「他者」？是種族、宗教、文化、語言、地域、利益，還是根本不能言明的甚麼？

這些問題到了他來到香港，出任末代港督之時，變得更不能迴避。於是他問了幾個看似尖銳、其實答案清晰不過的問題，對象是中國人，也是英國人：

「第一個問題就是所謂的亞洲價值是否包括對政治問責及人權的關注，或者說，東西方之間是否存在無可避免的『文明衝突』？第二個問題是公民價值是否可以成為身分認同的重要組成部分，用來幫助塑造身分認同？第三個值得考慮的問題是，中國人口以至經濟規模固然巨大，但領導人不理解自由社會的意義的話，會對中國在世界上的影響力造成多大限制？」

在彭定康心中，這些問題的答案是不言而喻的。他大概認為香港最理想的狀態，就是通過普世性的公民價值，構建自身的身分認同，讓它永遠成為世界一部分，這樣對中國國家利益，也是有利無害。可惜現實政治的發展，往往事與願違，乃至和理想剛好相反。儘管這樣的結局，並非彭定康回憶中唯一的悲劇結局；又或反過來說，曾幾何時其他地方的悲劇結局，卻也總有否極泰來的一天。

在整部回憶錄，他訴說了親身經歷四大身分認同產生的衝突。首先是在美國進修時，遇見白人至上主義對非裔美國人的種族歧視，這衝突表面上在幾十年後，隨著奧巴馬當選美國總統而劃上句號，但在特朗普時代卻由「另類右派」借屍還魂，可見圍繞身分認同的非理性行動，始終歷久常新。然後是他自身的愛爾蘭裔、天主教徒背景，令他總是思考自己是愛爾蘭人還是英國人，也因為血統淵源，當過北愛政務次長，後來又在北愛各方、統派獨派等都簽訂協議之後，成為「北愛爾蘭治安獨立委員會」主席，促成警民衝突多年之後的調查與和解。

再者自然是他當末代港督期間，被中國定調為「千古罪人」，也不斷被英國商界和政敵指為破壞中英貿易關係，但他始終堅持普世價值不可能不適用於香港人，並老早預言如果北京不在價值層面放手（例如拒絕效法他處理北愛的經驗，在二〇一九年「反送中」運動期間堅拒成立獨立調查委員會），只會逐步促成香港人尋找更激烈的身分認同運動。最後是他擔任歐盟執行委員會外交專員期間，目睹英國國內逐步興起脫歐思潮，最終極具爭議性地以公投方式僅僅通過離開歐盟，這是他眼中身分認同凌駕理性計算的終極例子。

可以說，彭定康的個人信念在不同崗位都未盡人意，但到了晚年，他的信念反而越發堅定，成為英國、乃至世界政壇的異數。如果大家從他的「告解」當中，都能夠找到自己的道德羅盤，在變幻莫測的大時代，通過靈魂拷問，進行各自的告解，相信彭定康也會為曾經觸動那麼多的同路人，感到欣慰。

譯者序

用港臺的中文寫世界的彭定康

李爾雅（自由身文字工作者、大學講師及研究員）

這本書是掙扎與角力的成果。彭定康身兼多職、閱歷豐富，對世界大局和公共領域的各個層面都有深刻而睿智的見解。但「自私」一點說，彭定康是兩三代香港人的回憶，譯本的譯、編、校、出版都由香港人包辦，自然很想在書裡發揮「港味」，引起香港讀者會心微笑。熟悉港式中文或粵語、香港政治和流行文化的朋友，會發現這是相當明顯的取向。但來到美麗的寶島作為出版基地，當然也是因為喜愛這裡的閱讀環境和氣氛，還有華文世界首屈一指的高質素讀者群，於是又借助編輯多年來的經驗與觸覺，靠他花了好些心思修改行文甚至重寫，希望照顧到臺灣讀者的閱讀樂趣，盡量做到兩全其美，而且雅俗共賞、老少咸宜。

至於譯音、譯名的實際技術性問題，最初也是我作為語文人十分糾結的地方。前人譯得不合心意、與大家發音習慣不符的，是否應一一修改或重譯？鑽盡了牛角尖之後，還是編輯提出的原則好用：有約定俗成的港譯可以優先使用，其餘的以便利華文圈各地好學的讀者查證為準，所以也就大部分從俗，顧不得裝腔作勢校正讀音了。

書是合作的成果。我才疏學淺，絕不敢妄自居功。從翻譯到編校，我全程得到兩位極為博學但毫不「離地」的高人慷慨襄助：業餘詩人蓬蒿博覽群書、多聞強記，而且心思慎密，連最細微的地方都會反覆斟酌，照顧周到。關煜星同樣博古通今、足智多謀，總是有問必查、有問必答，彌補我學術上的不足之餘，還大大加快了工作進度。成書不能沒有編輯大人。沐羽是位集作家、編輯、校對、項目經理、市場顧問於一身的能人，能者當然多勞，幾個月來也是被我勞役慘了。出版時間緊迫，大家的工作流程和習慣不一，對文字也有不同的認知和執著，最初不免花了好些時間來回爭持。但他是見慣風浪的人，脾氣一貫地好，盡了一切努力包容我在文字上的任性，工作的編排和組織井井有條，一切難題都在談笑間灰飛煙滅。

上面三位還有一個極重要的貢獻：我是個對文學創作一竅不通的人，書中引用的詩文、佳句等，如果找不到滿意的譯本，都會交給他們幾位自由發揮。（特別一提，「濕柴」這個重要字眼是編輯沐羽的主意，妙極，一記。）其他在語文、時事及演藝等領域素有研究的朋友，例如陳予和Laurent兩位，都不時提點和出主意，另外，負責審訂的同事Jenny非常認真，在此一併致謝。

努力翻譯此書之際，正值人工智能鬧得沸沸揚揚，我自己也在出版社的工作室被臨時拉去受訪，在AI會否取代翻譯人員的問題上「講兩句」。不過這部分的答案就留待各位讀者看畢全書再來判斷吧。

後記：香港俚語有謂「帶老母返工」，上班預備娘親隨時接受「問候」之意，一八四一總編輯孔德維博士深明此道。謹代表編校團隊特別鳴謝孔太夫人憑空成為出氣袋，化解眾人戾氣於無形，避免編校會議上一場又一場的干戈與廝殺，委實功德無量。

導讀

帝國邊緣的核心：萊佛士、必麒麟、彭定康與「斥候蜜蜂」

孔德維（一八四一出版社總編輯）

本書的作者彭定康（Chris Patten，1944—）在華語世界以「末代港督」的身分為讀者共知，但抽離香港的語境，不論臺灣、香港或是其他華語讀者都對理解大英帝國的「總督」頗為陌生。我們希望為讀者在開卷本書前，簡略說明同為「總督」的彭定康與李鴻章（1823—1901）何以因政制差異，而需要被我們以不同的分析框架與處境理解。[1]敝社早前出版練乙錚（1951—）《驚心集：後雨傘運動香港政治評論》一書中，練乙錚從二〇一九年香港自由運動應否有「大台」的爭論，提出了受昆蟲群落啟發而出現的群體智能（Swarm Intelligence）理論，像一隻「無形之手」在抗爭的大環境裡運作，演化出創新、高效、分散式的生態平衡。[2]這其實也可見於大英帝國的建立過程。

群體智能是指以群體方式所發揮的認知能力，除練乙錚提及的軍事用途外，亦會在人工智能（artificial intelligence）的範疇被廣泛利用。群體智能的由來與生物學及昆蟲學具有密切關係。舉例來說，單體的螞蟻祇能操作簡單的探索與搬運作業，蟻群卻能參與蟻巢建築與物流網維繫的複雜工作；小型魚類如磳魚等，也會集結為魚群對抗大型捕食者。[3]但與群體智能關係最為密切的生物，卻是在戰後開始為不同學者致力研究多年的蜜蜂；而近年有關群體智能與蜜蜂關係，最具啟發性與

1／本文蒙本書助理翻譯關煜星協助資料搜集與整理，並共同討論多日，特此致謝。

2／練乙錚：《驚心集：後雨傘運動香港政治評論》（臺北：一八四一出版，2022），頁125-135。

3／有關模擬生物的人工智慧發展簡介，參三宅陽一郎、森川幸人著；鄭佩嵐譯：《從人到人工智慧，破解AI革命的68個核心概念：實戰專家全圖解×人腦不被電腦淘汰的關鍵思考》[でわかる人工知能 明日使いたくなるキーワード68]（臺北：臉譜出版，2017），第11章。

系統介紹，我們應該要參考托馬斯・西利（Thomas D. Seeley）在二〇一〇年集其數十年精力撰成的《蜜蜂的民主》（Honeybee Democracy）一書。西利從長期的觀察中發現，蜜蜂在遷徙與擴建新居巢時，建立了一個「民主尋找家園過程」的機際。對蜜蜂而言，蜂巢的採食、儲存、保溫與育幼功能與它們的生存機率高低有直接的關係。為確保蜂巢需要適合蜂群的多層次需求，一個以兩萬五千到三萬隻蜜蜂的蜂群，會在舊母蜂巢附近派出近三百隻「斥候蜜蜂」（scout），同時勘察多個潛在新巢，然後以「搖舞舞蹈」（waggle dance）的方式向群體其他工蜂報告宜居新巢的距離、方向和質素。「斥候蜜蜂」的發現會由約3%積極參與尋找新址的蜜蜂分別前往勘察。被西利視為一個整體的蜂群遂以超越個體能力的系統來收集與新巢相關的信息，這些參與者隨後會以「搖舞舞蹈」討論與決策，整體在不斷協商中達成共識。雖然蜂群的決策過程最終會達成整體共識，而這種共享的思想，常被不同領域的研究者與科幻小說的作者所描繪的「Hive Mind」，華語正正譯為「蜂巢思維」。

問題是，「蜂巢思維」的作為群體決策機制的最大特色，並不在整合整體意志特的「尚同」，而是獨立地尋覓資訊與判斷情勢的「斥候蜜蜂」與母巢的關係。在一個大體系當中，異見與異類往往是確保群體不要在一種單一聲音中運作。[4]可以想像的是，以單一核心領導一切工作，並要求體系的所有枝節嚴格執行重大問題請示報告的制度，可以在單一核心作出正確決定時，體系會以更為流暢及具效率的方式運行，如臂使指。然而，當核心作出錯誤決定時，體系也自然同樣會以更快的速度達至災難性的後果。即使在傳統被視為專制體系的帝制中國，官僚也鮮會以單一核心的思想理解世事。在十七世紀以後的帝制中國，全國祇有大約一千五百名州縣官員，而每名官員平均需要管理超過一千平方英里轄區內的十萬至二十五萬名居民。[5]無可選擇地，帝國政府需要賦予地方官員大量的剩餘權力（residual

4／Thomas D. Seeley, Honeybee democracy (Princeton, N.J.: Princeton University Press, 2010).

5／蕭公權著，張皓、張升譯：《中國鄉村：論19世紀的帝國控制》[Rural China: Imperial Control in the Nineteenth Century]（臺北：聯經出版事業股份有限公司，2014），頁5。

powers）。這是由於上層指令下層時，往往不可能完整接收複雜經濟、政治與價值的資訊，並作出綜合考慮，同時滿足各方面的關注。故此，中央政府自然需要將指令簡化為大原則與大方向，再由地方官員將簡化的原則和方向，根據自身知識與判斷，並解決執行過程可能會出現的種種細節，用以構成具體政策。[6] 但在任何指令過程中，當執行官員的判斷與中央的指令者意見分歧時，兩者就需要協調，當協調不成，下級或外放官員往往就被上級以權勢所凌駕。因此，十七世紀的宋犖（1634–1714）就說出「前生不善，今生知縣」的感歎；類近「官不聊生」的語句，也在十八、十九世紀的帝國官僚間流行。[7]

在同樣時代為世界帝國的大英帝國，從倫敦到遠東的溝通自然會面對同樣的問題。在遠東的「總督」（governor），就成為了整個政治機器最重要的一環。禮制上，他承接著從王室而來的道統和榮耀，再接駁到殖民地裡共同管治的當地貴族和顯赫。殖民時期印度和非洲的不少在地貴族捐款修橋鋪路，一部分就是為了從總督手上獲得受封勳爵的榮譽。總督作為一道帝國與遠東社會的橋樑，透過封爵以皇家的名望，將倫敦的王室和德里的王子連在一起。政治上，總督也要平衡英國本土和殖民地之間的利害，與倫敦殖民部的官員時而並肩作戰，時而貌合神離，也就像老夫老妻一樣，需要保持著大家覺得舒服而又適得其所的距離。當然，「總督」的職能，也會在很多不同的身分上得以呈現。譬如英國首個環球航海的德雷克船長（Sir Francis Drake，1540—1596），可以被禮貌地稱為「探險家」（explorer）（也可以被坦誠地定義為受國家支助的海盜），就被時任女王伊莉莎白一世（Elizabeth I，1533—1603）的政府委任，在世界各地為英格蘭削弱敵對國家的財力與國力。[8]德雷克船長曾榮獲女王登船封爵，也在擊退西班牙無敵艦隊的戰役貢獻良多，他與中

6／孔德維：〈異端為官——雍正年間穆斯林官員的不道德嫌疑〉，《新史學》，卷33，期2，2022年，頁1-61。

7／宋犖：《筠廊二筆》，頁2，收《叢書集成續編》（臺北：新文豐出版公司，1989），冊19，頁727b；梁章　撰，陽羨生校點：《歸田瑣記》（上海：上海古籍出版社，2012），頁79-81。

8／有關德雷克船長的故事，參 Stephen Coote, Drake: *The Life and Legend of an Elizabethan Hero* (New York: Thomas Dunne Books, 2005)。

央政府的關係自然密切。相反，創立新加坡自由港的萊佛士（Sir Thomas Stamford Bingley Raffles，1781—1826），與母國及東印度公司的關係就多年處於若即若離的狀態。

雖然一貧如洗，生於英屬牙買加的萊佛士仍在十四歲前被家人送往倫敦學習，惟最終因為家中極度貧困而輟學，遂至東印度公司充當文員。一八〇五年，經歷了十年文員生涯的萊佛士被外派至馬來亞的英屬檳城。由於萊佛士在馬來亞致力研究當地文化，且參與了拿破崙戰爭中於爪哇島擊敗法荷聯軍，就在戰時為印度總督明托伯爵（Gilbert Elliot-Murray-Kynynmond, 1st Earl of Minto，1751—1814）提拔為荷屬東印度總督。年僅三十歲的萊佛士自始代表英國治理爪哇數百萬居民。[9] 然而，萊佛士的治理模式與帝國的立場時有矛盾之處。他未有大規模更換荷籍官員，更於一八一〇年代在母國仍然依賴奴隸貿易的財富時，竟在爪哇推動廢奴。廢奴的提案雖然為明托伯爵支持，但卻挑戰了整個帝國的基礎權益。[10] 但最為嚴重的是，萊佛士在預估爪哇領地收入時過度樂觀，最終需要向明托伯爵的繼任人黑斯廷斯侯爵（Francis Edward Rawdon-Hastings, 1st Marquess of Hastings，1754—1826）請求每年五萬西班牙銀元的鉅款補救。萊佛士在一八一六年被東印度公司革職後，需要回倫敦辯解，最終被接納以英屬明古連（British Bencoolen）總督的身分重回遠東。然而，萊佛士仍然沒有與母國及公司的立場完成保持一致。他在旅途中，竟然到了聖海倫島拜會被流放的拿破崙（Napoléon Bonaparte，1769—1821）。

在帝制中國大抵會被稱為桀驁不馴的萊佛士，在總督任內致力擴張英國在努

9／有關英國在拿破崙戰爭期間佔領爪哇的介紹，可參 Tim Hannigan, *Raffles and the British Invasion of Java* (Melton Mowbray: Monsoon Books Pte. Ltd., 2013)。

10／Emily Hahn, *Raffles of Singapore: A Biography* (New York: Doubleday, Incorporated, 1946), pp.202-214。值得注意的是，英國的《廢奴法案》（Slavery Abolition Act 1833）經威廉・威伯福斯（William Wilberforce，1759—1833）等人推動多年，終於在萊佛士廢奴嘗試的 20 年後才得以勉強通過。詳參 Richard Huzzey, Freedom Burning: Anti-Slavery and Empire in Victorian Britain (Cornell University Press, 2012)。

山塔里亞勢力範圍。即使在歐洲本土形勢改變，英國與荷蘭媾和達成《英荷條約》（Anglo-Dutch Treaty 1824）以解決兩國遠東勢力範圍的多年糾紛後，萊佛士仍然不斷在條約當中尋找漏洞。在條約簽訂前夕的一八一八年末，經萊佛士多次建議上級印度總督黑斯廷斯侯爵在馬六甲海峽尋找新據點的需要，一年後，萊佛士就與柔佛天猛公阿都拉曼（Temenggong Abdul Rahman，1755—1825）協定開港。馬六甲以及巴達維亞的荷蘭總督對於英荷和平過渡前夕英國代表在新加坡建立殖民地一事大為不滿，並提出新加坡在荷蘭預定的勢力範圍內。雖然不知道荷方有沒有將萊佛士稱為「千古罪人」，但卻顯然有與英國交涉要求撤出新加坡，並將萊佛士本人革職查辦。萊佛士越權的做法當時為不少本國高官所批評，在馬六甲海峽北端的檳城總督 John Alexander Bannerman（1759—1819）就多次直接要求萊佛士撤退，並拒絕支援新加坡的事業。同樣地，更高級的黑斯廷斯侯爵也認為萊佛士令帝國陷入尷尬的困境，多次下令向荷方讓步，亦盡力不安撫荷方。萊佛士一方則一邊做成既定事實，也亦從國際法層面鑽出新的漏洞：由於在一七九五年十月荷方將馬來半島上的殖民地馬六甲交給英國人託管時，並未提及新加坡屬於馬六甲，故當地根本從來未成為過荷蘭的勢力範圍。[11]

雖然過去的史學論述如 Demetrius Charles Boulger（1853－1928）在十九世紀關於新加坡開港的名著《The Life of Sir Stamford Raffles》重視萊佛士個人與英國政府的對立。然而，John Bastin 根據萊佛士與黑斯廷斯侯爵大量的私人書信，整理出二人在荷英議和過程中對新加坡開港一事的各種默契。在萊佛士的一系列「獨斷」行徑中，黑斯廷斯侯爵在發出制止信件與安撫荷方時，大抵對萊佛士的「無視」已有一定理解。[12] 對於英國在亞洲不同總督之間的分工與合作的模式，可以有無數

11／J. S. Tay, "The Attempts of Raffles to Establish a British Base in South-East Asia, 1818-1819," Journal of Southeast Asian History, Vol.1, No.2 (Sep., 1960), pp.30-46；更多證明萊佛士與檳城上級對立的材料，可參 "Raffles' Political Manoeuvres" (22 JAN 2016), Biblioasia (National Library, Singopore) 網頁，https://biblioasia.nlb.gov.sg/vol-11/issue-4/jan-mar-2016/letter-stamford-raffles-john-tayler/，瀏覽於 2023 年 5 月 20 日。

12／Demetrius Charles Boulger, *The Life of Sir Stamford Raffles* (London: Horace Marshall & Son, 1897).

的陰謀想像，但同時，這也與「斥候蜜蜂」覓地建巢的機制類同：唯有放任個體獲一定自由度的情況下，在邊緣作為決策核心作出不同常試，再按實際情況調整整體的方向，帝國才可以適時和合理地運用各種機會與資源。

萊佛士在國際官方互動與國內政府派系分歧中開拓空間，直接促成新加坡殖民地的成立，對英國的遠東殖民地帝國影響深遠。在新加坡歸入大英帝國版圖後的四十五年後，同樣在後來成為帝國邊緣決策核心，又為今天臺灣讀者熟悉的必麒麟（William Alexander Pickering，1840—1907）達抵打狗海關任職。經歷一八六七年羅妹號事件（即二〇二一年臺灣公共電視台劇作《斯卡羅》所述說的故事）後三年，必麒麟因病返英國休養，但卻在倫敦為海峽殖民地總督（Sir Harry St George Ord，1819—1885）所延攬置海峽殖民地任職，專責處理馬來半島超乎想像的複雜唐人派系關係。必麒麟通曉閩南話、潮州話、粵語、客家話，幾乎能與所有東南亞唐人族群溝通。在一八六七至一八七七年間海山公司及義興公司在霹靂所發動拿律戰爭（Larut War）中，必麒麟專責處理唐人幫會與公司的調解。[13] 在一八七七年和平大致確立後，必麒麟就到首任華民護衛司（Chinese Protector），近同萊佛士廢奴之舉，必麒麟也對非法唐人合約苦力、雛妓與人口販賣深惡痛絕，故打破了海峽殖民地政府不干預在地社會事務的慣例，深入地與唐人幫派與公司互動，更和政府報告認為「秘密會社」（secret societies）其實是政治中立的互助組織。這種深耕細作的互動在必麒麟手上維持了十年，為海峽殖民地政府與唐人社會間建立了基本的互信關係。

13／Irene Lim, "William A. Pickering," SingaporeInfopedia 網頁，https://eresources.nlb.gov.sg/infopedia/articles/SIP_1345_2008-12-03.html，瀏覽於 2023 年 5 月 20 日；廖文輝：《馬來西亞：多元共生的赤道國度》（臺灣：聯經出版社，2019），頁 232-243；有關必麒麟與海峽唐人的關係，詳參 Robert Nicholas Jackson, Pickering: Protector of Chinese (Kuala Lumpur: Oxford University Press, 1965)；黃松贊：《新加坡社會與華僑華人研究》（北京：中國華僑出版社，2005），頁 87-88；白偉權：〈國家、產業與地方社會的形構：馬來亞拿律地域華人社會的形成與變遷（1848-1911）〉，國立臺灣師範大學地理學系博士論文，2016，頁 206-236。

必麒麟與幫會的密切互動顯然令自身成為會黨群體的一員，因此在一八八七年當福建幫派「義福」（Ghee Hok）不滿必麒麟的政策時，竟然應用了幫會式的暗殺方法，在華民護衛司以斧頭斬入必麒麟頭上。僥倖保命的必麒麟一年後不得不返回英國，結束在遠東事業。這一針對英國官員的暗殺事件令殖民地政府對必麒麟的互動政策非常不滿，在一八九〇年（暗殺事件後三年）就通過社團法令（Societies Ordinance 1890），以「華人諮詢委員會」代替會黨管理海峽唐人。相對於萊佛士「脫隊」實驗的成功，必麒麟的個人傳奇經驗卻無法成為制度。然而，大英帝國近世歷史的傳統重視「將在外君命有所不受」的常態，但這亦是一種有效的保護機制。容許這一類人體制內外之間的奇人存在，就會像「斥候蜜蜂」一樣為蜂群帶來種種可能，而祇要群體／帝國有完善的機制審視種種「異於常人」（eccentric）的資訊，那就足以令「常」與「異常」有機互動，促成整體利益的提升。[14]

這些在後來的英國史書裡面的英雄，在當代負責任的政府官員看來，可能是不受控制的瘋子，或是搞個人英雄主義的投機分子。在香港主權交接之際，彭定康推行立法會民主改革，殺了英中雙方一個措手不及，在一定程度上也是這種保護機制的直接成果。即使行事風格多有不同，萊佛士、必麒麟、彭定康都有著一個共同點，他們都出身異於其他貴族精英。萊佛士生於寒微，慶幸全家買鍋砸鐵供養讀書，才擠進了東印度公司；本書作者彭定康本身也不是出自精英階層，而是倫敦市郊的一個中產家庭。這種出身通常造就出思想和風格與同代精英大相逕庭的冒險家，而每個殖民地本身的文化和情況迥異，與倫敦傳統政治精英預想亦相距甚大，「異於常人」正正就是殖民管治所需的變通和彈性，而這種需要，也直接催生了接納「斥候蜜蜂」異見的制度，讓邊緣的主事者成為決策的核心。

對當時的傳統精英來說，開拓殖民地的初衷就是求財，在當地推行自己的文化和體制往往也是為了方便求財，所謂「白人責任」（White man's burden），在大

14／ 英文之中「eccentric」一詞，中文雖然多譯作「怪異」或者「異於常人」，但在英國社會這個詞語更多是形容「怪傑」。

英帝國多數不過是無心插柳的副產品。如果大英帝國單由主理政府或東印度公司的傳統精英建成，大部分海外的版圖很可能不會納入帝國之手。John Darwin 就提醒我們大英帝國的「帝國建立者」（empire-builder），其實包括了移民（settler）、商人、傳教士、軍人，而建制精英所代表的政客與政府往往是最後的與事者。更重要的是，大英帝國自殖民愛爾蘭到退出香港的數百年間，具有數十種同時出現，而甚或矛盾的想像與理解。[15] Niall Ferguson 也認同這種想法，他申說英國的殖民帝國是歷史上最接近「世界政府」的政權，但它的管治方式卻推崇極簡主義。[16] 這裡面的意思不是做多錯多，做少錯少的消極心態，而是一種務實求真的結果主義，以牽涉最少科層架構與細節指示的方式，讓在地的一眾「總督」、「探險家」以相對同時代他國官員遠為龐大的權力作為在地決策核心，靈活應對現況。對殖民地的態度，英國對比起盡力推廣本國文化至屬地的法國或者日本，在這一方面務實許多。

在華文世界，彭定康除了是「末代港督」，在時任國務院港澳事務辦公室主任魯平（1927—2015）筆下更是個「千古罪人」。前者的話大家更著眼的是「末代」

這一部分，後者的重點其實卻應該在於「千古」（反正要論罪人的話，中方眼中當時和今天香港都多的是）。「末代」標誌著過去的終結，而「千古」就是未來的開端，彷彿是歷史在「彭定康」這一點上劃出了一個分水嶺。這種修辭手法令為香港的歷史添上一個戲劇性的逗號，亦為彭定康添上三分英雄色彩。與開拓大英遠東殖民帝國的萊佛士相比，彭定康的角色其實非常類近。以「我要做好呢份工」的態度，二者的政治任務其實可以非常簡單，萊佛士可以遵從英荷友好的大勢，在從爪哇撤退的過程中，專注帝國與公司的貿易利益，大抵可以與檳城與加爾各答的總督維持友好關係；彭定康亦可以在港英政府最後的數年將積極不干預政策從經濟層面推及政治，多吃蛋撻少理閒事。能夠成為魯平的「千古罪人」，是因為彭定康「獨斷」的民主化改革。魯平很清楚一旦出了更大的民主化選舉，香港人的民主路就難以回

15／John Darwin, Unfinished empire: the global expansion of Britain (London: Penguin UK, 2013), pp.1-33.

16／Niall Ferguson, Empire: The Rise and Demise of the British World Order and the Lessons for Global Power (New York: Basic Books, 2002), p.27.

頭。在二〇〇七年的一場訪問，他就很清楚地說出彭定康作為個體，被中方視為英國體制外的「瘋子」：

……談判過程中確實有很多鬥爭、曲折，我們也作了一些妥協。後來形成了錢其琛外長和英國外交大臣交換的七封信，解決了銜接問題，建立了「直通車方案」：港英最後一屆立法局，到一九九七年七月一日時，只要其組成符合《基本法》規定、其議員是擁護《基本法》、願意效忠香港特別行政區並符合《基本法》規定的條件的，經過確認，都可以成為特別行政區第一屆立法會的議員。雙方也就此簽署了相關協議。但是，彭定康一來，就天下大亂了：一九九二年他提出「三違反」方案，這個方案，一是把功能團體的間接選舉變直接選舉，這樣，凡是商界的工廠的所有職工，都有了一張票，工商界當選的議員很可能是一個不能代表工商界利益的一般職員，因為職工的人數自然比老闆多。這是不合理的。區議會議員，原是部分委任，部分直接選舉，彭定康也改成全部直選。原來分四個部分，由四百人組成行政長官推選委員會，也被他全部推翻，變為全都由直接選舉產生的區議員組成。這個方案事前並沒和我們打招呼就公布了。我們發表聲明：這個方案違反《基本法》。他十月來京談這個問題，態度很強硬，根本聽不進去我們的話。最後我問他知不知道中英兩國外長交換過七封信、已就這個問題達成了協議？他說不知道，甚麼都聽不進去，非常蠻橫。大家不歡而散。在上飛機前，我開了記者會，我說了他是「千古罪人」。[17]

當然，這是不是彭定康的「獨斷」，其實就如同萊佛士與黑斯廷斯侯爵的關係一樣，可以任憑歷史學者在更多的歷史文件公開後自身的想像了。

然而，作為一個有血有肉的人，九七年香港主權移交後就認為彭定康也一起踏

17／〈魯平：我為什麼怒斥彭定康為千古罪人〉，2007 年 06 月 19 日，金羊網《羊城晚報》，鳳凰網轉載，https://news.ifeng.com/special/decode/200706/0619_1305_137745.shtml，瀏覽於 2023 年 5 月 20 日。

下了歷史的臺階，然後回到某個山莊歸隱田居，對他似乎不太公平。「末代港督」只是彭定康人生的一部分。到香港前，他有著怎樣的經歷？離港回鄉以後，他又如何自處？這一切對於絕大部分人都不重要，因為嚴格而言，「末代港督」不是一個人，亦不是一個職銜，而是一個比喻：對當時的香港人，他象徵著對主權移交後的夢魘與不安，亦是英國旗在香港飛揚的最後一段時光；對北京而言，他就是英帝國的最後一塊遮羞布，也是殖民體制最後一口的棺材釘；對於英國人，他為日不落帝國謝幕鞠躬，代表舊世界的最後一抹夕陽。

這一切的想像都投射到一個人身上的時候，他就不再是一個有著自己思想的人，而是一個供大家所用的符號，就像一個演員飾演的其中一個角色大受歡迎，令到觀眾每每想起那演員，都不由得聯想到那個角色一樣。雖然周星馳拍的悲劇很可能都是「搞笑」的，但始終人是複雜多面，難以三言兩語之間說清，角色和符號本身就是一種修辭手法，應付起來可以粗暴得多。所以，對華語讀者來說，萊佛士在新加坡就是文明和商業管治的開端，而彭定康就是英國殖民體制的終結。但在北愛爾蘭、歐盟、BBC、牛津大學，彭定康都是以介乎體制內外的「總督」角色，為蜂群尋找更好的定位。他的斥候報告有時為蜂群所認可，有時也為時人所取笑；但從「斥候蜜蜂」的思考，我們會更明白蜂群的本質。有別於《香港日記》，香港只是這本自傳的一小部分。從倫敦市郊的中產家庭，踏入牛津大學的學術殿堂，輾轉反側由美國市長的競選辦公室去到英國保守黨的智囊，競選議員失敗然後赴任香港總督，回到英國以後再挑起團結敗選過後保守黨的大樑，再與歐亞一眾元首斡旋……這些經歷，華文讀者可能時有聽聞，但從第一身視角的話，應該是第一次讓我們能窺探到「末代港督」和「千古罪人」以外，一個有血有肉，嬉笑怒罵的彭定康。在這種靈活的政治制度下，回憶錄就因為政治家個人思想與行為的豐富色彩得以對制度有所影響，而具有異常重要的閱讀價值。

再體面也好，終結也不是甚麼好兆頭，也不是人人都想成為王朝的句號，更何況被中方叫作「千古罪人」，畢竟本來也不是甚麼體面的事情。以上提及，對當時的香港人來說，彭定康象徵著對中國統治的不安，但在二〇一九年以後，彭定康以年近八十的高齡積極關注他在一九九〇年代植下的民主運動苗芽，再在中華人民共和國香港特別行政區維護國家安全法通過後，參與接納香港人移居英國的政策修訂，彭定康在香港歷史已不可能被視為句號。

二〇二三年英王查理斯三世（Charles III）在繼位後的首個聖佐治節（四月二十三日），宣布委任彭定康加入創立於一三四八年、大英帝國最高級別的嘉德騎士團（Order of the Garter）。這是蜂巢整體以「搖擺舞蹈」，認可了這一隻「斥候蜜蜂」數十年來對蜂群的貢獻。

目錄

第一章

政治與身分

來自遠方，來自黃昏和清晨
來自十二重高田的好風輕揚
飄來生命氣息的吹拂
就在此地吹在我身上

——A. E. 豪斯曼（A. E. Housman），《什羅普郡少年》（A Shropshire Lad）

成就我的，正是那些讓我與眾不同的特質。

——A. A. 米恩（A. A. Milne），《小熊維尼》（Winnie-the-Pooh）

・・・

公元前一一〇〇年的中國古書曾經警告過，世上有三種蠢事：其一，在陌生的房子裡熟睡；其二，用借來的帆船出海；其三，寸步不離地跟著大象橫過新建的橋。這誠然是真知灼見，不過，三千年後的今日似乎還可以加上第四項：寫政治自傳——尤其是那些典型的行貨回憶錄。自傳作者塑造出自己希望別人看到的形象：人多少算是號人物，不太陰沉枯燥，對萬事萬物見解無誤，如果不是絕對正確，就是錯得轟轟烈烈。這類書之中偶有比較坦誠的，可能把廣大讀者殺個措手不及，但作者始終比任何人都心知肚明，能夠讓他如此升上神枱的，不過是相當簡樸卑微的才能而已。

還有一個可以算是眾所周知的發現，就是人爬到高處，感覺也和起初沒甚麼分別。我二十來歲時的上司普賴爾（Jim Prior）是位來自沙福郡的農人，也是希思（Ted Heath）的朋友和內閣大臣。[1] 當他打開帶有金色浮雕紋章的部長紅箱時，就若有所思地說道：「還未躋身內閣時，我曾以為如果終有一天到了這個位置，看起來會

1／愛德華·「泰特」·希思（Edward 'Ted' Heath, 1916—2005）：前英國首相及保守黨黨魁，繼任人為戴卓爾夫人。平民出身。以下如非特別標註，皆為編輯加註。

是個截然不同的人物。不過原來還是一樣的。」起碼對正常理智的人來說，就是這樣。

傳統的政治回憶錄通常是拿來買賣而不是閱讀的，其中最醜惡的一些幾近直接「抄考」辦公室日記，偶爾插入《簡明指南》（Rough Guide）式的地理課——「阿富汗是個山巒環繞的窮國」——希拉莉（Hillary Clinton）擔任幾年美國國務卿之後出版、厚得可以拿來頂門的回憶錄就是這種語調和風格，而且還不只她一個這樣寫。這些自傳的必備部分還有後樓梯的八卦消息：誰對誰說過甚麼、做過甚麼？哪位大臣的夫人是地獄廚神？誰直接用外面買的瓶裝蛋黃醬奉客？首相穿甚麼顏色的四角內褲？這堆話題可能有助增加銷量，而且在過往數十年政治生涯，總是要為爭議不斷的轉轉折折極力辯護，寫點八卦閒話應該可以算是一點可喜的解脫。但你真的會記得二十年前《煙囪清掃工法案》（Chimney Sweeps Bill）在國會的論爭嗎？你真的有心要記得嗎？最悲慘最戲劇性的舊事，人們又有多想回憶呢？翻翻書頁，換換頻道，生活如常就算了。「回憶錄」這個文學體裁的內容就是些政治動機、從政緣由、政客個性的雞毛蒜皮、這一切一切的意義，還有自己每天照著浴室鏡塗脂抹粉前的真身是甚麼——說到底，讀來會學到甚麼？

這些讓人卻步的因素真難對付。但我想到，對自己的尋尋覓覓，終會讓我探討到一個令我著迷的議題：政治與身分之間的關係，也就是塑造我本人的各種事物，以及這些事物是否能夠、如何能夠代表我的人生和觀點。執筆之際，身分認同的問題已經從邊緣移到主軸，並且掀起了大西洋兩岸政治與國家的陣陣波瀾。眼前這些事情是根本和持久的轉變嗎？抑或只不過是各種偶然事件加上各種性格隨機混合而成的不愉快後果？特朗普（Donald Trump）、法拉奇（Nigel Farage）、勒龐（Marine Le Pen）似乎在政治和文化上並駕齊驅。從維也納到維珍尼亞，科技和移民有沒有造成相似的影響？政黨越趨空洞，其中的虛空是否留給騎牆派推銷員來填補？此間發生的種種事情，罪魁禍首是二〇〇八年的崩盤嗎？還是有更微妙的原因，更可能是群體和個人身分感覺受威脅的結果？政治辯論是否因為人們接收資訊的渠道改變，而變得更孩子氣？理性是否已經被推翻，抑或它從來就不是最高原則？偶爾，我覺得自己開始在微風中聞到了衰落的氣味，甚至是腐敗的惡臭。所以我想探索自己，思考自己的身分建構，藉此嘗試回答上面提過的一些問題。

政治生活（有人喜歡稱之為政治科學，說得它好像真的是一門科學似的）最核心的一個問題就是「我們是誰」。我們認同甚麼模式的忠誠？塑造我們行為的是甚麼故事、回憶和經歷？是否常常發現自己纏繞在蜘蛛網的同一絡絲線上動彈不得？有辦法抽身脫離陷阱嗎？這些都引發出一個最基本的問題：「我們」只是很多個「我」集合而成，那麼，「我」是誰呢？我的身分是怎樣構成的？基因遺傳、自然天賦、後天教養固然是主要角色，但除此之外，與其他人一樣，我的身分在一定程度上反映了我的選擇，同時也某程度上是我無法控制的情勢所造成的結果。蘇格拉底的考驗是「認識自己」，是對個人記憶與誠實態度的挑戰。我用不一樣的方法去記錄自己的人生故事，如果要為此辯解，大概就是從這種哲思開始吧。

人到底記得多少事情？有些人像古典雄辯家般訓練記憶——這是查理曼大帝

（Charlemagne）御前英格蘭學者兼詩人阿爾琴（Alcuin）給大帝的建議：像西塞羅（Cicero）那樣學習公開演說技巧，而要學有所成，良好的記憶力彌足珍貴。不過，阿爾琴也提到，要有好的記憶力就要避免醉酒。英國國會是個偶有小酌的地方，我最初加入時曾訓練過自己長時間無稿演講。時機終於來臨了，我以部長身分在下議院發言箱處，只挾著一些粗略的筆記就去加入大辯論，不時單靠演說而逃過為惡政護航之劫。我還記得有次辯論那討厭的人頭稅，發言箱對面的反對黨代表用頗為擔憂的聲線對同僚嘀咕：「他稿都沒一張。」多年下來，我玩這把戲的能力已然衰退了，但我也不認為這是飲酒累事，處理簡報之類我還是駕輕就熟。優秀勇敢的歷史學家兼散文家朱特（Tony Judt）身受運動神經元疾病無情侵襲，創造出「記憶小屋」去激發回憶，直到盞盞燈火漸次熄滅，遺下一片漆黑。不過小屋還是給他豐富的思想送上了一個儲物櫃，想來是仿照利瑪竇（Matteo Ricci）向門生教授記憶法時用到的圖像「記憶宮殿」。這位耶穌會傳教士在十六世紀來華，他的「記憶宮殿」在漢學家史景遷（Jonathan Spence）的專著內有精彩記載。

不過，我們是否多多少少在選擇自己要記住甚麼？我們是否不論好壞，就只記住自己想要的記憶？在這方面，寫日記並不一定有幫助。當然，有些日記鉅細靡遺得好像加倍真實，讀來不禁納悶「這怎麼可能不是整個人的全部？」。必比士（Samuel Pepys）帶讀者遊覽海軍賬目、斯圖亞特朝廷、他自己的餐桌、廁所，不得不提還有睡床，他對細節的描劃是如此一絲不苟，直教我們確信自己對真正的他瞭如指掌。但真的是這樣嗎？而我們當代的日記家，比如艾倫・克拉克（Alan Clark）呢？他構思出一個故事，自己不僅理所當然是主角——一個虛情假意的花花公子，還同時是當代政治的重要人物。看他的日記，你會不由得相信八〇年代英國政治的主要問題之一，是他本人何時、如何晉身戴卓爾夫人（Margaret Thatcher）的內閣。但這位蛤蟆先生艷麗的豪華轎車「砵砵」著招搖過市，卻從沒駛向唐寧街，他創作的趣味小說則另作別論。[2] 他夜裡的性生活是否與其白天的政治一樣滿是杜撰？馬卓安政府（Sir John Major）末年，一位上訴庭法官審理向伊拉克售武一案，花費數年時間掙扎應該相信克拉克還是萊爾（Nicholas Lyell）及渥德格雷（William Waldegrave），證明無疑非常聰明的法官若然糊塗起來，確實能為兩位可敬的政治家及其家人帶來極大困擾。兩人的下議院同事，多數用五分鐘左右就會推斷出克拉克一如既往地「可信」，但施廣智勳爵（Sir Richard Scott）當年卻用上長得多的時間才得出這個顯而易見的結論。

人生中某一兩段時期，比如在香港期間，我有寫日記的習慣。現在回頭讀來，對二十年前發生的事看得又更清楚一點，撥開雲霧見月明。但裡面的我寫得太好了。我就是自己想要的形象：面對壓力和藹從容，甚至可以說是歡快喜樂。但這是實情嗎？當年，官僚商家的明槍暗箭瞄準我醒目西裝（九龍阿Sam的出品）的後背，難道我真的聳聳肩就能毫髮無傷地應付過去嗎？我不認為是這樣，但也不得不裝作毫不在乎，繼續吹著口哨當冷面笑匠。

2／蛤蟆先生：出於肯尼思．格拉姆的兒童文學《柳林風聲》，蛤蟆先生是自吹自擂、熱愛汽車的紈絝子弟，當時常用來揶揄克拉克的貪慕虛榮、誇誇其談，而且熱愛快車的行事作風。

為甚麼我會如此苦苦思索身分問題？主要原因是，驀然回首，我驚覺自己花費了很多公務和私人時間處理身分政治。它麾下兇殘嗜血的魔獸已將不少社會徹底撕裂，造成嚴重破壞。如今身分政治的威脅更大，可能在兩方面傷害尤其深遠：相對西方及前蘇聯躲在核武庫後互吠、華盛頓及莫斯科之間的代理人戰爭遍布各大洲（除非攻擊**你的**村莊，不然都是些「小」戰）的年代，世界已經安全得多。然而今時今日無論是聲稱源於宗教的隨機暴力，還是對看似外來（尤其是西方）事物的邪惡敵意，都讓人越發擔憂。

教宗方濟各（Pope Francis）固然可能念及內戰、經濟、暴力等各種衝突，但要說世界處處火光沖天，又未免誇張了一點。不過，很多地方確實狼煙四起。有許多人認同教宗的觀點，認為人類文明接近末日，這不足為奇：聖戰分子在奎達醫院炸死律師團，又在黎巴嫩、也門、土耳其、孟加拉、沙特阿拉伯延續其血腥運動，年長牧師在自家祭壇被謀殺，從尼斯到曼徹斯特，無辜的歐洲民眾遭受殘殺。[3]是身分政治而非意識形態政治剝奪了世界的確定性，甚至磨滅了大國政治中習以為常的固有不確定性，例如「保證同歸於盡」這種瘋狂平衡。加上身分民族主義崛起，像是「美國優先」、「純種法國人」、「奪回控制權」，都會威脅全球治理和經濟秩序等制度的存亡。大半個世紀以來，這些制度奠定全球基本規條並促進合作，是對世界有莫大裨益的基礎建設。但現今在西方，我們卻似乎快將忘記以往理所當然的合作習慣。

容我解釋一下從政生涯如何讓我經常接觸到今昔身分政治的可怖。公職生活帶我闖蕩四方，有次我應邀去作餐後演講，晚宴主持人介紹我時劈頭就說：「彭定康勳爵仕途曲折多舛。」到底是怎樣「曲折多舛」？

3／這裡分別講述兩宗恐怖襲擊事件：二〇一六年八月八日巴基斯坦的恐怖襲擊。當日早晨，俾路支省律師協會主席遇襲死亡，遺體送至當地醫院。聖戰士趁著大批律師和支持者到場悼念，發動第二次襲擊，死傷慘重；二〇一六年七月二十六日，兩名伊斯蘭國支持者襲擊法國諾曼第的一間教堂，挾持裡面的神職人員，殺死了一位神父，重傷一名教徒。

我的曾祖父是十九世紀上半葉從愛爾蘭來英的經濟移民，而我則身為天主教徒，成長於一九五〇年代的英國，當時天主教徒被認為有點古怪異類，格格不入。我在六〇年代赴美留學，當時種族騷亂、反越戰和民權運動主導著美國的政治生活。原本我是想在 BBC 發展事業的，卻陰差陽錯加入紐約一個競選工程打工，彈入政界，最終落在西敏宮一個令人如坐針氈的邊緣議席上。後來我得到第一份部長級工作，去了北愛爾蘭。

我還記得第一次看到被炸開的屍體，一隻腳相當靈巧地降落在月桂樹叢頂上。我以前也不是沒見過屍體，父母和繼父都在殯儀館入殮化妝過，躺在棺木裡等著餵蟲，但至少肢體都完整。十三年後我重返北愛爾蘭，試圖將警察從政治鬥爭的熱鍋中解救出來。我也曾是戴卓爾及馬卓安工作關係密切的幕僚，有次在意大利西恩納（Siena），一群來自約克郡的女士問我能不能跟她們合照，之後還要單獨一個一個來，拍到天荒地老。到最後她們終於繼續行程去下一個大教堂時，我聽到其中一位對同伴說：「那位馬卓安先生人真好。」我以前頗常被誤認是馬卓安——肯定不是因為身型的關係。

失掉巴芙的國會議席後我就去了香港當港督，有人說我在那邊提出有關公民自由、法治和民主的論述，就是否定了「基督教西方和儒家東方之間存在文明衝突」的命題，他們說這顯示出我對世事多麼無知。之後，我在一九九九年被委派到布魯塞爾擔任歐盟委員會（European Commission）的專員，一些人認為我脫英入歐是個不愛國的行為。我發現自己在那邊大部分時間都在處理以巴問題，以及巴爾幹地區暴力衝突的殘餘後續。作為一個塞爾維亞族東正教基督徒、克羅地亞人或波斯尼亞穆斯林，是否就在所難免地想互相殘殺？

我自己的身分又有多大程度是面對極端身分政治的結果？我是不是只是援引自身經驗來支持一些早已存在、源自「不取中庸之道就滿盤皆落索」這種信念的偏見？人不可能安全地適度中庸，事實上很弔詭地，要挺身而出支持中庸節制，本身就必須不中庸節制。但這一切都是客觀經驗和判斷積累所得的結果嗎？是真理嗎？我是不是為了投其所好而在愚弄別人、自欺欺人？多數人都像勒卡雷（John le Carré）筆下的角色，將一部分自己隱藏在黑暗洞穴裡，對外展示我們認為別人期望看到的一面，藉此操縱他人。尤其是，多數人都希望成為別人喜歡和敬重的人。[4]

以下這些身分細節，是沒有人會在開會介紹我時用到的：我是白人，婚姻美滿，還有三個女兒潔思（Kate）、麗思（Laura）、雅思（Alice），以及八個外孫；超過四十六年來我深愛同一個人，她叫林穎彤（Lavender）。[5]有一種說法我很同意：你最不快樂的孩子，就是你快樂的極限。外孫是我對未來樂觀的主要緣由，不過我想這也跟廣大祖父母一樣，我們都總對孫輩充滿鍾愛。老一輩漸漸被淘汰，下一代則承繼人類未來的基因本錢。我相信神和死後的生命，信奉基督教，是個天主教徒。我有英國護照，自覺有幸活在英國史上（至少到目前為止）最快樂、健康、和平的時代；我是個英式愛國人士，但不是自鳴得意又目空一切那種，不過我唱起《祖國我向你立誓》（I Vow to Thee, My Country）時也難免一陣鼻酸。[6]我認為在我有生之年，英國在經濟和地緣戰略方面已大不如前；另一邊廂，直到最近我都毫不懷疑英國比以前更友好、更寬容。我希望這仍是事實，雖然懷疑越積越大。我是來自倫敦郊區中產階級中層深處（絕非更高階層）的獎學金小子。我是個大西洋主義者，親歐，對脫歐公投結果感到意外。脫歐將使英國（尤其是已經很窮的人）變得更窮，永久削弱它對世界的影響力。更重要的是，脫歐反映出的英國民主政治現狀讓我震驚，還要以公投這種非議會方式證明，實在令人痛心。在經濟和社會議題上，我自由開明；有關性別平等、性取向、同性婚姻、死刑等問題，我在小報的仇恨清單上大多榜上有名。不過正如內子所言：「如果被小報撻伐，就證明日子沒有白過。」我算是老派的保守黨人，儘管身上沒有多少貴族氣質，但卻堅信「貴族義務」。

4／約翰．勒卡雷（John le Carré, 1931—2020）：著名英國作家，小說內容以冷戰及諜報為主，曾任職英國秘密情報局。著有《史邁利人馬》、《冷戰諜魂》等。

5／彭林穎彤（Mary Lavender St Leger Patten, 1944—）：彭定康的夫人。曾任律師，一九七一年與彭定康結婚。一九九二年隨彭定康移居香港，並取中文名「林穎彤」。

6／《祖國我向你立誓》（I Vow to Thee, My Country）：英國老牌愛國歌，原身為聖詩。常見於和平紀念日和偉人喪禮。

我最愛的畫作是維拉斯蓋茲（Diego Velázquez）的《布雷達投降》（The Surrender of Breda），在戰場動態中表現出優雅大度。[7]最愛的故事是《路加福音》中浪子的寓言，但也對留在家裡的孝子不無同情。[8]我最喜歡的電影是原版的《發財妙計》（The Producers）和《熱情如火》（Some Like It Hot），後者的最後一句對白當然是電影史上最佳結語：「嗯，沒有人是完美的。」我最愛的音樂作品是貝多芬歌劇《費德里奧》（Fidelio）的卡農四重唱〈我心雀躍〉（Mir ist so wunderbar），最愛的英國文學篇章是艾略特（George Eliot）的《米德爾馬契》（Middlemarch）最後一段，全書最後半句將這本可能是英國小說最偉大作品的主題概括得淋漓盡致：「世上善的增長，一部分也有賴於那些微不足道的行為，而你我的遭遇之所以不致如此悲慘，一半也得力於那些不求聞達，忠誠地度過一生，然後安息在無人憑吊的墳墓中的人們。」[9]不錯，上述全都是我，絕無弄虛作假——至少我認為我沒有。

這些就是我的指南針，我的舒適小被被，讓我感到自在、快樂、安全。但身分認同不總是這樣，或者說，它不一定對每個人都有這些作用。身分認同可以朝有建設性的方向大力推進，例如和平的加泰隆尼亞或蘇格蘭民族主義，但在其他地方卻可以逾越界線，實實在在變成否定公民人文主義和公認行為準則的表現，誇大某身分的獨特性時尤其如此。它可以使人好戰，困人於壞歷史的牢籠當中，可以以「反對甚麼」而非「支持甚麼」去定義人，化受害者情結為生存（更多時是死亡）方式。它可以使人變得極端狂熱，不論基督徒、猶太教徒、穆斯林、印度教徒、佛教徒、民族主義者或素食者皆然。它可以將人生美麗的錯綜複雜之處榨取淨盡，將灰色地帶抹黑洗白，染上血紅，剔除一切在中間著墨和保留餘地的可能。身分認同

7／維拉斯奎茲（Diego Velázquez, 1599—1660）：西班牙著名畫家，以人像畫著稱，對後世影響甚鉅，哥雅及畢加索都奉為先師。

8／《路加福音》中的浪子寓言：出自《路加福音》第十五章，耶穌講述一位年輕人在揮霍浪費了從父親繼承的財富以後又回到家中，得到了父親的原諒及熱烈祝福。此時年輕人的哥哥感到妒忌，而父親指「你弟弟是死而復活、失而又得的，所以我們應該歡喜快樂。」

9／取自項星耀譯本。愛略特著，項星耀譯：《米德爾馬契》（台北：光復，1998）。

感還能將年輕的愛爾蘭共和主義者變成炸彈襲擊者和絕食人士，而另一邊的聯合主義者同胞則化身刺客。身分認同感在多元社會招攬看似正常的年輕男性，從倫敦東區或約克郡長途跋涉到敘利亞，向他人施酷刑、下殺手、斬下其他男人的首級、強姦他們的妻女。它可以在前南斯拉夫開設集中營，激發出身法國西南鄉郊阿爾蒂加（Artigat）森林的年輕人去圖盧茲殺害猶太兒童，或是煽動巴黎外圍社區的少男少女槍擊記者，在這座「光明之城」（City of Light）裡屠殺同輩。[10] 它可以驅使亞洲、中東、歐洲、美國等各地人民離鄉別井，投身死亡以殺戮他人。這樣的例子不勝枚舉，每次的催化劑都是身分觀念的腐壞與僵化。

很奇怪，身分政治威脅世界安全穩定的時間，恰恰正值全球化和科技熨平國界、拉近人們距離之時。較貧窮的國家與較發達的國家對這種威脅的看法略有不同，前者有人認定全球化是西方謀取經濟與政治霸權的手段，最終會把西方模式強加於所有人身上，不過中國和其他亞洲國家的進步又其實沒有給予這種論述多少支持。但能夠肯定的是，全球化確實使一些國家或是國家的一大群人在發展過程中遠遠落後，與富裕國家的生活質素差距越來越大。誠然，比賽不可能人人得勝，但國與國之間的貿易規則，譬如執行方式，就應該要更公平，而且應該加強投資窮國的教育。除此以外，全球化的一些層面似乎被（多數是西方的）發達社會壟斷，非洲在對抗愛滋病和其他疾病的運動遇到阻滯，原因之一是科學，甚至醫療科學，都跟西方白人的文化幾乎劃上等號。有了這些不公平現象，加上擔心全球化會引致那種重複偏袒西方富國的標準化，就肯定會出現一些促成身分政治的議題。國際合作看似以失敗告終，甚至成為威脅，恰好本土主義提供簡單答案、「控制」的論述，還讓記憶錯亂的歷史壓倒一切，越發顯得誘人。

身分政治的後果也很容易全球化：恐怖活動可以由信用卡資助，也可以由飛

10／「光明之城」（City of Light）：指巴黎。「巴黎，光明之城」（Paris，la Ville Lumière）主要指自路易十四時代於巴黎開始的啟蒙運動，因為啟蒙運動（Les Lumières）的原意為「照亮」。

機運輸。眾所周知，破壞一個國家的制度會引發移民潮，威脅他國的凝聚力。大規模移民湧入會引起反效果：歐洲是八千萬各國移民的安身之所，他們大多來自非洲及中東。在英國，即使是來自歐洲其他地方的移民也會引人不安，且被認為將觸發往後更多、來自更遠地區的移民。美國約有14％人口在外國出生，一九七〇年的比例則只有5％。這是身分政治對英國、歐洲乃至美國威脅更為尖銳之處，促使我們的多元民主體制閉門杜絕人事，擁抱霍布斯思想，犧牲傳統自由主義路線的國際合作。[11]二十世紀上半葉的世界，民族主義是多麼暴烈，但我們對它的記憶已經蒙污。自保的本能叫我們鎖上大閘、抽起吊橋，猜疑因身分不同而威脅到我們的人。受害情結招致更多受害情結，否定普世人性的聲音在世界各地迴盪震顫。

許多西方國家根本不自覺是全球化競爭環境的贏家，反而認為較不富裕的國家不公平地偷佔先機，搶走工作、掠奪產業。這顯然是特朗普先生在美國總統大選中獲勝的一個主要因素——一個強硬的人格戰勝了兩個脫離歷史根基的政黨。美國國內大部分人的怒氣都集中在自由貿易，這個國際行為在歐洲則是由歐盟代理。不論是特朗普派還是歐洲滿腹憤恨的左右翼政黨中人，對於國際合作、經濟發展、支持和反對「大政府」的政黨應該非暴力競爭等等的戰後論述，全都不敢苟同。要公平的福利民主發揮作用所必需的平衡，以往大家互有共識，但如今，這種政治受到組織鬆散的民粹主義攻擊。民粹主義拒絕參與基於公認事實和慣常假設的理性討論，靠疏離的身分認同感滋養壯大。

「克制」的美德和制度令民主受整個社會認可並行之有效，而民粹主義卻斷然否定它們的根本重要性。法治、憲法制衡、承認少數權利而非只注重大多數人，還有妥協的本能，如今通通都讓路予「人民意願」這個信仰。「人民意願」的意思是「我的」人民，而不是「你的」人民，譬如說，今時今日英國國會及政府必須服從

11／霍布斯思想（Hobbesian agenda）：指英國政治哲學家湯瑪斯．霍布斯（Thomas Hobbes）的政治觀。他在一六五一年出版名著《利維坦》（Leviathan），指人民在自然狀態中是侵略者，若放著不管會引致「所有人對所有人的戰爭」，因此主權政府應成為像海中巨怪利維坦般具有威懾力，把威權提到最高。

的並不包括投票留歐的48％人，主導一切的乃是另外52％。在美國，「人民」甚至並非大多數，因為總票數大多數是希拉莉的。民粹主義就是「我的人民」執政，不會洞察秋毫之差，不會考慮尋求共識，當然更不會寬宏大量。

右派擔心失去舊有（但經常記錯）的絕對與必然，左派自覺陷入經濟下滑漩渦，兩種情緒有時互相碰撞，有時相互縱容，本地身分就淹沒在全球浪潮中。歐美有一些民粹主義者放眼東方，在普京身上看到一個異軍突起的英雄人物：這位自吹自擂、霸氣側漏的半暴君重構了更惡劣的民族主義，原本偉大的國家在其統治下堪比一個高速駛向經濟衰退的流氓國家。[12]

出於經濟動機的民粹主義興起，造成了一個悖論：一些最有效的應對政策通常會嚇壞本身從民粹敵意獲益最多的（共和黨右翼）人。譬如在美國，自由貿易及中國、印度、墨西哥等新興市場出口製造業的龐大成就確實令一些美國公司無利可圖，並導致職位流失。但值得一問的是，原本就因為成本或產品質素問題而失去競爭力的公司，是否應該、是否能夠——想必由國家補貼或消費者埋單——無限期生存下去？但保護國內市場免受自由貿易競爭，總體上對窮人的傷害大於富人，特別是因為各種成本上升。那麼對失業大軍來說最好的解決方法是甚麼呢？其中一個是讓政府利用「社會再分配」式的稅收和支出政策，尤其是再培訓等勞動力市場計劃去施以援手。美國將其GDP的0.1％用於勞動力市場政策，經合組織（OECD）國家整體則是0.6％。特朗普的億萬富翁內閣及茶黨支持者是否會採納政策，以不論社會、經濟角度均為明智的方式去應對親共和黨「鐵鏽地帶」州分競爭力漸失的後果，似乎非常值得懷疑。[13] 此外，特朗普先生應該遲早會發現有多少美國跨國公司將部分產品出口到墨西哥等新興市場完工，然後再賣回美國。

12／編按：本書原文版本於二〇一七年出版，其時普京尚未發動烏克蘭戰爭。

13／鐵鏽地帶（rust belt）：又稱鏽帶，美國於五〇年代的工業重鎮，及後於八〇年代起工業衰退，鏽指的是去工業化或工業萎縮導致人口減少及經濟與城市衰退。

歐洲也出現了類似的問題。英格蘭部分地區近年湧入大量支撐經濟增長的歐洲移民，顯然使脫歐票數增加了。其中一種解決辦法是提高區內社會支出水平，這一點丹麥已經成功了。但保守黨看來並無準備要接受這種再分配經濟學；正如他們的對手在二〇一七年大選期間所言，保守黨不大可能放棄擁護財政正確性和多多削減福利支出的信仰，於是，歐洲常常因著經濟社會政策重大失誤所引起的後果而成為箭靶。至於工黨，領導層就一直接不上主流政治議程。

社交媒體讓情況雪上加霜。是的，互聯網和社交媒體可以連結四海，讓人敞開眼界和心胸，認識以前很少或根本無法接觸的事物。即時得到資訊和知識通常有很大益處，但也不無陰暗面。互聯網讓具有強烈單一身分意識的人連繫上所見略同的其他人，從而鼓吹撕裂。這種互動進一步增強身分認同感和損害其他方面的聯繫，以及道不同者的總體利益。脆弱、憤怒、自覺受壓迫的人物以類聚，利用彼此的不滿與弱點，不久就出發加入ISIS，或是像眾多悲慘案例所見，挺槍在課室大開殺戒。

社交媒體和互聯網還讓許多人以極具選擇性且政治化的方式接收新聞——金句妙語、趣聞軼事、平板電子報、霍士頻道（Fox）、推特（Twitter）等等，都加劇了現有的擔憂，令到本能反應趨向極端。看看美國極右翼新聞評論網站布萊巴特新聞網（Breitbart News Network）的頭條和報導吧，它被指仇外、種族歧視、厭女，是有充分理由的，難怪它的前主席班農（Steve Bannon）被任命為特朗普的白宮戰略顧問時，三K黨拍手叫好。布萊巴特新聞網與歐美「另類右翼」扯上關係，同時法國、德國、奧地利和其他地方的所謂身分主義者，又透過各自網站將整個歐洲大陸的種族主義團體聯繫起來。右翼光頭黨加入所謂比較體面的右翼團體行列，一同呼籲在歐洲「收復失地」，為歐洲白人從高繁殖率的移民群手中奪回疆土。英國小報有很大分別嗎？其中一份在公投前幾周的頭條，又講起了熟悉的故事：「移民引發住屋危機」、「英國邊境門戶大開」、「開放邊界的致命代價」、「英國邊界失守」、「我們還容得下多少？」少數情操高尚的脫歐運動人士仍然聲稱公投結果與移民、種族和煽動仇外心理無關，但當時給人的感覺可不是這樣。

聖奧古斯丁寫道：「對真理的重視一旦被打破，甚至只是稍微削弱，一切事物都會懸而未解。」除了被鄙視的所謂精英外，幾乎無人關注媒體的平衡分析。在一個編造「事實」以在Twitter分享或酒吧閒聊的社會，偏執狂因為被灌輸的材料太多，變得更能言善辯了，講「一方面……但另一方面……」沒甚麼市場。阿諾德（Matthew Arnold）在十九世紀中葉信仰受到科學攻擊的時代背景當中，寫下一首名為〈多佛爾海灘〉（Dover Beach）的好詩，時至今日，我們好像又一次受類似的邪魔外道侵擾，科技傳播腐敗的信仰，威脅穩定與和平，而且還止不了痛。

我們在世，猶如在一片昏暗的荒原，
紛爭和潰逃的驚恐在荒原上交織，
愚昧的軍隊於昏暗中在荒原上爭鬥。[14]

這就是我捨棄傳統政治自傳，以自身為起點取「身分」為主題的原因。我希望一路上可以解釋一下自己的經歷：當初為何登上奇怪、嚴苛、偶爾過癮的政界列車，政治冒險之於我所言所行何其重要，我如何和何時像其他人一樣意識到政治生涯多以或大或小的失敗告終，以及我為何比以往任何時候——即使是在二〇一六年的驚天動地之後——都更堅定相信，自由價值是美好將來的最大希望，也是政治這趟仍然光榮高尚的歷險旅程的最堅實基礎。我希望解釋這個大家似曾相識、現在可能已經淡忘的人，如何小有名氣後又淡出眾人視野，分享一下我一生在英國和世界各地經歷的事情。最重要的是，我希望在努力地誠實描述自己時，在記憶不太模糊、不被一些小小虛榮沖昏頭腦的情況下，能為支持毫無保留地捍衛自由秩序、反對狹隘身分暴力的一方略盡綿力。

　　這本書圍繞著塑造我的事物寫就，所以並不是簡單地按從幼到老的時間線順序書寫。但我還是照慣例由家庭和教育背景寫起，同一章以對社會流動性的思考作

14／取自曹明倫譯本。

結。然後我負笈美國，在那章就討論到這個偉大的國家如何影響今日的我（以及今日的你）。我探討自己為甚麼成為保守黨人，而我又是其中的哪一種。我還寫到早年投身保守黨政界的經歷以及國會生涯，並描寫服務過的三位領袖：希思、戴卓爾、馬卓安。在北愛爾蘭，我迎頭遇上最兇猛的身分政治，在香港，我見識到荒唐的論點，說的是所謂文明差異（尤其涉及中國）對我們身分的影響。我詳述在布魯塞爾擔任歐盟委員會專員的經歷（例如處理巴爾幹半島問題），解釋我心目中英國投票脫歐的情由，將之與特朗普當選總統的原因相比較。我回顧在牛津、BBC和羅馬身兼多職的「普伯」歲月（這個詞的始作俑者是報紙），最後思索宗教與暴力，還有家家戶戶終要接待的訪客——死亡，希望這樣的終章不會太悲觀陰沉。

這就是我的首次告解自白，希望贖罪修行不致太苦。

第二章

彌撒與女楨

枯榮蔓荒原，
獨客佇梨谷，
翠渡花遍野，
吐芳不擇地。

——約翰．貝傑曼（John Betjeman），〈美度石士〉（Middlesex）

教會是我第一本書……典禮、禱告與聖事、象徵與儀式的啟蒙。

——麥加恩（John McGahern），《衛報》（二〇〇六年四月八日）

．．．

馬克吐溫曾經說過，「何苦花錢追溯族譜呢？只要踏上從政之路，對家自然就會代勞。」萬幸在當代英國政治裡，從未見過有人花太多精力在挖掘祖上罪孽來詆譭公眾人物，做莫斯利（Oswald Mosley）的遠房親戚我固然是不建議的，但除此之外英國對血統遺傳的爆料揭秘比美國少。[1]這也許反映一個事實：據稱階級森嚴的大西洋歐洲一側，王朝政治比起「自由之地」還要少。我們的王朝現在已經被憲法限制在宮牆之內，公眾不時可以付費入場逛逛。

我真正開始對自己的根感到興趣，原因是這樣的：我的工作是處理一些人對公共領域的「貢獻」，而我越來越覺得他們很多人就是因著對某些原則碧血丹心的忠誠感，而給我們其他人搞出一堆麻煩，而且他們的自我認同總是與事實全貌相距甚遠。英愛關係最差之時就是個慘淡例子，不列顛和愛爾蘭群島兩國的人民歷史文化向來都交織得密不可分，不論個人或家庭都是如此。我回想自己在北愛爾蘭的歲月，政治家的姓氏本身就是見證，像是來自諾曼法語的 Fitzgerald、Molyneux，又

1／莫斯利（Oswald Mosley, 1896－1980）：英國貴族出身的政治家，於三〇年代投身法西斯主義，四〇年因此入獄，二戰後避走法國。

或者蘇格蘭的 Paisley、英格蘭的 Adams，只是人的觀點有時和姓氏形成格格不入的奇怪對比。於是我去追尋祖籍，心裡就像很多手持英國護照的人一樣，清楚知道父系一方的根在愛爾蘭。現今以英國為家的人之中，有超過六百萬人的祖父母一輩最少一人來自愛爾蘭，再往上追溯數字更是倍增。

我自己的曾祖父柏齊在一八二九年生於羅斯康芒郡（Roscommon County），Patten 一姓似乎改自 Patton，應是手民之誤多於特地易名。一八四〇年代某段時間，他和百萬馬鈴薯饑荒大軍一同出逃，身後那個有上百萬死傷病患的，是原本安居的博伊爾鎮（Boyle）。小鎮靠近基爾湖（Lough Key）和鷸山山脈（Curlew Mountains），如今人口比柏齊當初離開時還要少，愛爾蘭饑荒博物館在羅斯康芒設立也的確合適。柏齊東進抵達英國，最初在曼徹斯特以北、蘭開夏郡羅森代爾（Rossendale）附近的哈斯林登（Haslingden）落腳。按他在人口普查表格自述，他最初是造椅底的，大概就是修理藤椅吧，但很快就轉職織布，然後與約郡的織工家庭之女結婚，最終成為裁縫。柏齊與妻子瑪麗育有四女一子，後者正是我那生於一八六〇年的祖父約瑟，他執教鞭為業，娶了愛爾蘭同行安妮．諾蘭。在世紀之交，一九〇二年教育法令（Balfour Education Act）將天主教學校納入國家資助體制以前，兩口子已在曼徹斯特市中心安科斯（Ancoats）區營運聖阿朋學校（St Alban's School）。該區有大量意大利移民並由意大利人堂區神父服務，拿手好戲是為曼城市民製作雪糕。這些多數來自南意、拉素（Lazio）和坎帕尼亞（Campagna）的意大利人以及愛爾蘭移民，幫助安科斯貧民窟擺脫了罪行與暴力。

流散移民勇敢拋下苦難、疾病和飢餓，在異國他鄉開展成功的新生活——發掘出這個典型的十九世紀移民故事，是當時眾多家庭歷史的高潮之一，也是這些歷史提醒我們時間是如何崩解消逝。當我們閱讀人口普查報告和堂區紀錄時，還能發現或想像到更多。公共和私人生活之間有一條巨大的鴻溝，這對耗費一生大多數時間參與政治的人是個有益的提醒：政治除非坍塌成血腥或匱乏，否則對大多數人的日常生活似乎影響很微。論者口中譏笑的所謂公眾政治冷感，實際上是平民百姓在抓緊機會試圖應付生活中各式各樣接踵而來的小災難，而這就已經是掙扎求存的英雄事跡了。我一路挖掘雙親的家族史，越加深刻地感覺到每個家庭成員間互相隱瞞了多少秘辛，不光是隱瞞著後人——反正船到橋頭自然直，以後的事以後自有解決辦法。對每個家族史裡些微的偽善、無傷大雅的虛榮、偶一為之的家庭暴力、無情的自私，我們能批判到甚麼程度？我們佔據有利的視角、腳踏現代道德立場，又憑甚麼對過去的行為指手劃腳呢？我們能夠盡力做的就是努力成為更好更善良的人，記住能讓人度過失望與心碎的，通常僅僅就是純粹的勇氣，還要意識到，對井然有序的計劃最大的窒礙，往往就是愛，雖然偶有遺憾，但通常都會為人欣然接受，而且總會帶來徹底的改變。

從照片和紀錄所見，約瑟與安妮是非常可喜討好的一對：就是校長應有的樣子，夫婦分別負責初班和幼兒班。兩人衣食無憂、身材勻稱，有兩個女兒，相隔十五年再在一九〇九年生下兒子，那就是家父法蘭西斯。伊霖與茉德兩位姑媽教小提琴和鋼琴，在住家所在的史托港路（Stockport Road）上開了一家女裝帽店。家父就讀於沙勿略書院（Xaverian College），理所當然成為祭壇侍童，穿著教會服裝商 Casertelli's 最好的白衣和長袍。他還有一把最頂尖設計的三彈簧板球拍，似乎比姐姐們教他拉的小提琴更重要——這倒是毫不出奇。

人們會記得我祖父，不僅是因為他造福安科斯、阿德威克（Ardwick）、戈頓（Gorton）地區的小孩——他曾為他們組織過峰區夏令營——其實還有他時尚的衣著品味。這可不是每個老師都有的，雖然聽起來有點像花花公子：剪裁考究的深色西裝、用鑽石別針固定好的絲綢領巾、花紋背心、華麗的金錶鏈、烏木手杖，這些裝備讓約瑟這種壯漢也能從容煥發出愛德華時代的氣質魅力，就是可惜沒有遺傳到孫子身上。

我很想知道一九一〇、二〇年代英愛動盪期間祖父母有甚麼反應，他們有沒有為一九一六年衝擊都柏林郵局的共和派人感到驕傲？他們認為動機是甚麼？是單純的共和派反抗姿態，還是也要試圖阻止向戰時在英軍服役的愛爾蘭人發薪？內心深處，他們有沒有質疑甚至憎恨將叛軍逼成烈士的英國殖民政權？他們可能就只是低著頭去參加彌撒，為逝去信徒的靈魂祈禱。我問過父親一次祖父母的取態到底怎樣，他明白我的意思，但好像有點苦惱自己答不出來。一九一六年他還不過是個小孩，後來也沒問過父母對愛爾蘭獨立運動的取態。爸是個善良、有魅力、和藹可親的人，和家母一樣不太喜歡爭論，所以他違抗父母意願實在令我倍感驚訝——事情肯定是這樣的：他在學時放棄小提琴去了打鼓，還回絕曼徹斯特大學取錄，走去加入樂隊，夏天在曼島（Isle of Man）演出，其餘時間巡迴全國。三〇年代時，他志得意滿的雙親能不能寬宏大量到願意祝福他的出路？有沒有在史托港路家裡給他買一套鼓？他們是走在時代尖端的大愛開明父母嗎？可能是吧，也許他們比愛爾蘭人一貫的和藹親切還有過之而無不及。我從沒見過他們，我希望我有。兩人都是三〇年代過世的，約瑟死於一九三八年，也就是我父親結婚的那一年。這就引出這個考驗為人父母取態的故事的下一個部分。

家母瓊．安琪在一九一五年生於雅息特（Exeter），其母克拉拉則於一八七六年生在湯頓（Taunton）一個裁縫之家。根據人口普查，克拉拉五歲時以「訪客」

身分住在雅息特，大概是她父母帶著裁縫和布料生意搬到倫敦時的某種寄養安排。外祖母十五歲時是布商助理，後來做女裝帽生意。她的丈夫叫派西，長得和她一樣好看，明顯繼承了自己母親愛倫極其美麗的外表，愛倫是六子之母，自稱一家之主。小時候我見過派西其中兩個姊妹，雅息特的瑪姬姨母和住在泰格茅斯（Teignmouth）的格溫姨母，後者與一位叫潘姨的老太太相伴。我小時候有次在泰格茅斯作客時，一邊喝茶吃餅一邊大聲評論老婦身上的氣味，令母親和姐姐大為尷尬。

派西在獨立釀酒商重樹啤酒廠（Heavitree Breweries）當文員，退休時位居公司秘書，想來是正正常常一直沒甚麼差池的人生，不過，令人不安的意料之外出現了：派西和克拉拉其實生了三個孩子，不是我和姐姐一直以為的兩個。可愛的伊娜姨媽儘管一生充滿失望與疾病，但仍然保持歡樂，她生於一九〇五年，家母則遲十年，在一九一五年出生。我至今才發現外祖父母在生下伊娜兩年後，有了兒子哥連·馬庫斯。為甚麼我們對自己有個舅父毫不知情？年齡差距解釋了家母為何不知道他的存在，但至少伊娜肯定知道。我們只能猜測到底是怎麼回事。哥連一九四五年在德雲郡（Devon）海岸道利什（Dawlish）鎮的一所智障人士醫院去世，人口普查裡的「喪失行為能力」究竟是甚麼性質呢？這件事對我外祖父母來說，是不是既是重擔又是尷尬？我想，今時今日大多數家庭可能更願意公開面對這種悲劇，因為日子確是好過了，但我又怎能論斷呢？父母、姐姐安琪拉和我一家四口以前常去道利什，在海邊租個公寓過暑假。就算她的兄長早已過世很久，但如果母親知道這段往事，會不會為天倫之樂與家庭悲劇的巧合感到彆扭？

家母明顯幸福的童年則與這段慘事相去甚遠，她終其一生都是位非常美麗的女士，很喜歡自己的綽號貝拉（Bella，「美女」之意）。她身材曲線婀娜，中年後期曲線又再誇張了點，出色的長相令人再三回頭：動人的眼眸，散發甜美笑聲與燦爛笑容的嘴唇，年輕時想必十分耀眼，也肯定在雅息特業餘戲劇界引起過一陣風潮，甚至獲得《舞台》（The Stage）等全國發行刊物的好評。職業劇團 Malvern Players 邀請她加盟，但是她父母不准，始終當時演戲比起不務正業還要再邪惡幾分。總之，父母很高興她似乎要過上舒適富足、稱譽一方的本地生活——大美人與當地富商之子訂婚。然後災難就降臨了，我母親去雅息特魯日蒙酒店（Rougemont Hotel）參加舞會，而樂隊鼓手就是家父。愛情樂手敲響了婚事的退堂鼓，也擊潰了雅息特的上流生活。她愛上一個愛爾蘭天主教鼓手，天啊！那陣騷動！愛爾蘭作家柯姆・托賓（Colm Tóibín）應該可以把這段故事講得很好。最驚人的是，她為了嫁這個男人，還竟然告訴父母說要捨棄他們的（輕描淡寫的）宗教立場，做個「羅馬」（這點想必是要強調的）天主教徒。她母親有好幾周沒跟她說話，在父親的遺囑中她一無所獲。

我外公在一九三八年去世，比我出生早六年，外婆我卻是確實認識的。祖輩之中，我就只跟她相處過。她活到一九六七年，享年九十一歲，晚年精神煥發的秘訣是常喝健力士和淡啤酒。她對大多數問題都直言不諱，尤其是對君主制和政治。電視台在女王聖誕文告後播放國歌時，她會起立致敬；她也無疑是家中最堅定的保守黨支持者，選舉時她負責管理委員會，並在雅息特擔任保守黨的出納員。但我從未聽過她說過一句和宗教問題有關的話，記憶中也沒見過她踏進教堂一步。我猜想，羅馬天主教的強烈陌生感，或者再加上一點對愛爾蘭移民的偏見，肯定就是她難以接受我父母婚事的原因吧。

我和姊姊到外婆在雅息特的排屋小住時，她老人家對我們非常好。花園瀰漫著金銀花香氣，是可愛長青的白金銀花（Halliana）品種，開出餅乾色的花。早餐有在菜園裡新挖的小馬鈴薯，用煙肉的油煎過，茶點則是肥大的羅甘莓。她長年收集了一系列略顯粗俗的德雲郡諺語和祝酒辭，裡面和路德所謂「上帝是我們堅固的堡壘」沒有一點呼應。家父雖然不是如意女婿，但外婆最終還是愛他的。每個人都愛他，他太討人愛了。

父母在紙婚的一九三九年有了我姐姐安琪拉，然後，父親一九四一年以皇家空軍軍官身分在德國潛艇和轟炸機夾擊下前往中東，戰時大部分時間都在巴勒斯坦和黎巴嫩度過。他熱愛黎巴嫩，因為那裡有複雜而包容的多元宗教和民族。為保安全，媽媽帶著安琪拉去雅息特娘家同住，直到一九四二年貝德克爾（Baedeker）空襲發生。德國空軍轟炸機摧毀了市中心，幸而沒有炸中大教堂——英國皇家空軍對呂貝克（Lübeck）等德國城市攻擊越發精準，德軍卻是這樣還擊的。我外曾祖母似乎是德軍襲擊的受害者之一，正是我出生當日的兩年前就去世了。雅息特市中心被夷為平地（戰後重建也沒幫上甚麼大忙），迫使母親和姐姐搬到蘭開夏郡海岸，住在我姑媽茉德和姑丈名下的度假屋。姑丈是位成功的馬鈴薯商人，真是一門適合大饑荒後裔的生意。就在克萊維列（Thornton-Cleveleys）這個沿海城鎮，我出生了，日期是一九四四年五月十二日。

復員後，父親利用音樂行業的人脈在倫敦一家名為叮砰巷（Tin Pan Alley）的流行樂譜出版社找到工作，公司在母親常稱為「城裡」的西區。爸爸把全家搬到倫敦，我雙親在城西美度石士的格林福德（Greenford）和紹索爾（Southall）交界處買了一棟新樓房，沒幾步就到格林福德，一個圍繞西部大道（Western Avenue）而發展起來的市郊區，那是通往白金漢郡和牛津的新主要幹道，北面是地鐵中央線和歷史更久遠、連接貝克街（Baker Street）與安瑪森（Amersham）及真正鄉村地區的大都會線。格林福德曾賴以自豪的特色有市場花園、榆樹，還有徜徉的布倫特河，就如桂冠詩人貝傑曼（John Betjeman）筆下描述的「隨意向溫布萊遊走」。它靠近新道路系統和舊運河，吸引了洛克威爾玻璃製品公司（Rockware glass）、Lyons 和 Hovis 烘焙坊等工廠，以及幾個新建住宅區。不論出身二戰前後的新一代倫敦人因而看到假象，以為自己搬到伊靈（Ealing）——當地居民稱之為「市郊女王」——以外的鄉下地方。鄉村感體現在半獨立屋的仿都鐸式橫樑，以及對海森頓山（Horsenden Hill）等綠地的保護，那是我後來幾年在午飯時間或去運動場路上，常常和同學偷偷抽煙的地方。

我們在格林福德的第一棟房子座落山邊道（Hillside Road）的新建排屋，當時購入價遠低於一千鎊。排屋除了前廳的磚砌壁爐以外沒有模仿任何鄉村風格，樸素之餘還有點醜，四周是戰前建造、體積更大的半獨立屋。我們在一九四七年入伙，鄰居多數和我們一樣是年輕家庭。我兩位鄰舍羅賓和凱文是公務員之子，父親像我爸爸一樣在倫敦市中心上班，每天以兩趟巴士啟程，到達格林福德的中央線車站。山邊道盡頭有個給車調頭用的迴旋處，但街上的車其實不多，我們三個人長大了就常拿舊的臭氣管權當三柱門，在那邊打板球。

我小學時期大部分時間都住在那裡。五、六〇年代時沿路居民的族裔比例逐漸改變，有大量印度人和巴基斯坦人遷入紹索爾，據說最初是應一位前英屬印度陸軍軍官招聘，到他的工廠工作。他們也受到其他地方的工作機會吸引，例如一九四六年啟用並發展為倫敦主要機場的希斯路機場。儘管多年來種族關係一直緊張，但我印象中，錫克教、伊斯蘭教、印度教信徒都紛紛落腳，儘管區內人口文化和種族如此劇變，卻也沒有多少麻煩和歧視的跡象。根據人口普查，現時山邊道和周圍街道的居民中最多的是印度人或印度僑民。我不記得父母說過任何一句對膚色或宗教有偏見的評論，隨著亞裔社群改造格林福德，很容易想像這種態度會萌芽。回頭再看今日的山邊道，兩件事顯而易見：首先，很多前院被挖掉，鋪上停車硬地，本田汽車取代了長階花和繡球花；其次，我們這一排許多四〇年代的房子都裝修過，現在有醒目的門廊和佐治風格前門。像我們舊居的那種房子，所謂起居室和飯廳之間有扇趟門的，現在已經賣到三十萬英鎊以上了。

我走路上學，最初由家姊照顧。路程才一英里多，以我們的龜速大概要走半小時。我們以前會沿老家對面、格林福德文法學校操場旁的小巷走，一側鐵絲網夏天長滿顛茄，它又叫致命夜來香，姐姐說塗在箭頭上殺人快狠準，羅馬皇帝就是用它來消滅異己的。她會假裝吃下幾顆黑色莓果，在小巷上演莎拉・伯恩哈特（Sarah Bernhardt）的死亡場景，這齣誇張的常規戲碼總是能把她神經質的弟弟嚇個半死，從無失手。[2]

我們的路線穿過格林福德舊住宅區，最終到達百老匯的有蓋市場，這是媽媽逢星期五早上買魚的地方。百老匯大道一邊有家Sainsbury，當年店家還未轉為自助服務，售貨員穿的是白色工衣和帽。媽媽以前就在那裡買煙肉，就著五花紋理切成薄片，周末早餐就會酥脆得很。有一家好像叫李斯特的麵包店，和作曲家同名。他們家的紙袋可能裝著茶點用的糖霜麵包，上面印著標語「美味人見人愛」，說得真對！再往前是裁縫店Burton's Tailors，曾為戰後復員的英國軍人好好打扮。裁縫店樓上有一家桌球廳，但我們的熟人之中誰都沒涉足過。我們在酒吧旁的紅綠燈處過馬路，我有次差點被撞倒，那車是真的碰到了我。我還記得母親曾苦口婆心諄諄教誨，重點並非左右「看好看滿」才過馬路，而是出門要穿著乾淨的內褲，未雨綢繆意外送院的情況。然後會經過一家糖果店，我們就在那兒花了一九五三年取消配給制後的第一筆零用錢，買了一大堆Flying Saucer、Gobstopper、Lemon Sherbet、Fry's Chocolate Cream。[3] 最後，郵局大樓後面是堂區教堂和以其命名的小學：「聖母訪親」。

2／莎拉．伯恩哈特（Sarah Bernhardt, 1844–1923）：十九世紀末至二十世紀初活躍的法國女演員。

3／配給制（Rationing）：英國在二次世界大戰期間實行商品配給制度，當戰爭結束後經濟漸趨穩定，政府開始逐漸取消配給制度，讓人們自由購買商品。作者指的「取消配給制後的第一筆零用錢」（post-rationing allowance）意思是這個時期人們所擁有的首次自由購買的配額。

格林福德的天主教徒最初由本篤會僧侶照顧，普世使徒會神父後來接管這個日益壯大、有很多愛爾蘭和波蘭家庭的社區，並在一九三七年建成一座紅磚小教堂。學校其後於一九四八年設立，五〇年代後期又有了比原先大得多的新教堂（家母一直覺得像飛機庫）。我不知道教堂和學校為何以新約聖經其中一個最迷人的場景命名，它載於《路加福音》早段，描述天使報喜後不久，瑪利亞拜訪比她年長得多、此前一直無所出的表姐依撒伯爾，告知自己將為神母的非凡消息，地點也許就是巴勒斯坦山區，現今悲慘分裂的希伯倫。瑪利亞入屋問候之際，依撒伯爾腹中的胎兒（也就是後來的施洗約翰）歡欣雀躍，原罪得以赦免。這一幕造就天主教最常用的禱文《聖母經》和最美麗的禱文《聖母讚主曲》中的許多詞句。這次探親是文藝復興時期很多偉大畫作的主題，其中包括基蘭達奧（Domenico Ghirlandaio）的兩幅，我最愛的一幅在羅浮宮，不僅描繪瑪利亞、撒羅默、克羅帕的瑪利亞三位非常美麗的年輕女子，還有一位精緻優雅、安祥寧靜，而且年長得多的依撒伯爾。

我升中學前不久，一家從山邊道搬到哥特普路（Courthope Road）。新屋離車站很近，座落在家母認為是格林福德最好的一條路上，不是雷士廉（Ruislip）、不是諾斯伍德（Northwood），更不是伊靈市中心——這些都是她更喜歡的選擇——但肯定是個進步。現在我看出來了，這就是貝傑曼異想天開的描述之下，魯賓普特（Lupin Pooter）的世界中心。[4] 西部大道主幹道兩側房屋宛如軍團般對稱排列，遠至佩里維（Perivale），那裡的胡佛裝飾風藝術工廠大樓有亮麗的阿茲特克及瑪雅文明色彩條紋，曾幾何時是最宏偉的 Tesco 超級市場。在貝傑曼眼中，佩里維的層層屋頂就像康和郡大風中的一排拖網漁船，我自己沒真正看到過，但有一點他寫得對：以前在格林福德，可以聞到五月花的味道。在哥特普路上，小男孩不敢打板球，但是會在夏天捕捉到金鏈花、煙草、女楨的香氣。而開滿鮮花、沒有雜草的前園，是我們最接近美度石士鄉村魅力的地方。兩門之隔住著一位很嚴肅、臉長得像

4／魯賓普特（Lupin Pooter）：英國作家兄弟喬治及維登．格羅史密斯（George and Weedon Grossmith）喜劇小說《小人物日記》（Diary of a Nobody）中的一角，小說以書寫英國鄉下小市民的家常生活而聞名。

拋光蘋果的園藝師，他種的是華美的大麗花，每年夏天，猩紅色的「蘭達夫主教」都會在他花園小路兩邊值班。我不確定真正的主教看到我們這位鄰居收藏在盆栽棚裡的大膽雜誌會作何感想，每次家父去借除草劑或鋤頭時，園藝師都會拿給他看，讓他尷尬不已。

路的轉角處是保守黨俱樂部，以前是一座農舍。這是黨的地區戰鬥總部，每次選舉都與工黨惡鬥，爭奪伊靈北的邊緣選區，幾百票之差足以決勝。相反，伊靈南則是相當穩固的保守黨議席。俱樂部同時是一家酒館，我估計定位介乎普通沙龍酒吧和哥爾夫球會之間，我們從未踏足過。我父母投保守黨、每天看《每日快報》（那時是一份非常好的右翼報紙）、曾在窗戶貼上保守黨貼紙，但其政治觀點卻令人感覺低調溫和。如果我最終成為社會主義者，他們可能略微驚訝，但也不會覺得是甚麼叛國大罪。無論如何，保守黨俱樂部在街尾默默站崗，是英國市郊崇高價值觀的哨兵。

出門可以步行、坐巴士或地鐵，從我初中開始再加上私家車。冬天步行上學是件危險的事，經常有豌豆湯般的濃霧，光是一九五二年十二月倫敦大霧霾就導致超過一萬二千人死亡。霧想來對肺部沒有多大好處，不過我當然還有更大的危險——致命顛茄——要擔心。搬到哥特普路後，巴士成為我生活的重要部分。去格林福德坐的是92號，後來我轉校到伊靈一所中學，就會接著在 Playhouse 戲院外乘97號。一到伊靈，就有其他路線（例如平易近人的65號）開往基尤、列治文、巴恩斯等更怡人的目的地。家父一直渴望擁有一架路華或積架，但從未實現，不過我們曾有一架藍仕德房車，開著它第一次出國度假是去巴黎和盧森堡，當時父親正和流行電台合作，在那邊追逐與日俱增的音樂發行利潤。這台車有個特點，就是入油要慢條斯理。我們第一次在法國光顧車房時，父親叫我那剛開始在中學學法語的姐姐指示伙計「緩緩給她加油，因為她會回爆」，她很合理地發了一頓脾氣。家父應該很難相信，為這些裝上液壓飛輪的漂亮汽車而創造的工程技術，現在由印度公司 Tata 所有，而車也不再生產了。

像我和我姐一樣享有快樂童年的人，出不了書拿不了版稅，大概可以興訟要求賠償損失——沒有恐怖虐待故事、沒有毆打、沒有缺愛、沒有真正缺乏過快樂所需的物事、沒有重病。我唯一煩惱過的就是有點孤獨，尤其是在少年前期。格林福德離我在學校的朋友是一程巴士之隔，我常常要自己照顧自己，因為太懶而不騎單車，後來又太緊張不敢要輛小電單車。我很慶幸我一直有點想像力，小學我有好幾年在花園娛樂時只需要一根竹杖或是板球拍和球。小時候我會拿著竹杖遊蕩，幻想自己是西班牙國王，打算比拿破崙征服更大片的歐洲土地，後來我把壁球丟到車庫門，試著在它反彈時打中它。從開普敦打到布里斯本打完所有對抗賽賽事，我相信自己一場都沒輸過。

遠比車庫門打得好的是我父親，他在學校時已經是個相當出色的板球員，而且密切關注蘭開夏郡板球隊的命運。一有機會我就徵召他，預備輔助我成為國際球星。母親想保護他免受我苦苦糾纏，但通常徒勞無功，於是板球成為父子關係核心之一。夏天傍晚七點前，我就會在前門等著，他從中央線站一路走來，一轉角我就會揮著球拍大喊大叫。可憐哪，他連溫莎結領帶和西裝外套都來不及脫就被勸進後花園迎戰我的高速投球，或者看著自己投的慢吞吞外旋球被一記重擊轟到草皮邊上。而我自己投球呢，就通常從花園最遠的圍欄開始助跑，衝過西洋梅樹和鵝莓叢之間的小徑，從草坪邊緣向他擲出我的霹靂雷霆球。我們不得不在樹椿後面綁一張網，保護落地窗免受擊球失誤之禍，同時防止破壞我爸特別引以自豪的一棵大絲蘭。有年夏天，我們無奈剪下正在開花的櫻桃樹上一根低垂的樹枝，因為它沒頭沒腦地長在正前野，擋著我爸的旋球。我們去英格蘭海邊度假時會帶著全套三柱門、橫木、球板和球，退潮時就在沙灘上排起陣來，而當年我評價假期優劣的準則主要就是海灘是不是適合當作球場。有一年我們甚至帶齊整套對抗賽裝備去南布列塔尼，日復一日在困惑而不失禮貌的法國度假客面前大打特打。在我十四五歲時，爸爸鼓勵我暑假帶一小本印滿統計表的《Playfair 板球年鑑》，書包裡裝著三文治醬三文治、兩排 Kit-Kat 和一瓶自製檸檬薏米水，自己出門去倫敦和周邊各郡球場看郡級板球賽事。有日我甚至遠赴坎特伯雷（Canterbury）看我偶像蘭開夏快投手史塔森（Brian Statham），拿到他在三文治包裝紙上的簽名後，在回家路上就弄丟了。

真正精彩的是被父親帶著去看大型體育賽事。一九五七年，爸帶我去羅德板球場看西印度群島對瑪莉波恩。西印度群島隊人才濟濟，計有Walcott、Worrell、Weekes、Sobers、Hall、Kanhai、Ramadhin、Valentine等人，最後兩位的名字打入一九五〇年該隊擊敗英格蘭後誕生的加力騷歌謠，成為副歌歌詞。我還記得五句歌詞的兩句結尾：「有我兩個小伙伴，Ramadhin與Valentine。」但是我們去羅德當日並不怎麼看到歌詞所謂「板球，可愛的板球」：天灰濛濛的，細雨綿綿，迫得球員大半天呆坐場館樓閣。難怪加勒比球員投球如此之猛，跑位得分如此之快，一定是想在傳統英國板球天氣再次來襲前，多多把握真正比賽時間。

天氣比較好的一次，是在這次首探板球聖地前四年，父親帶我去溫布萊球場看足總盃決賽，黑池（Blackpool）對保頓流浪（Bolton Wanderers）。由於出生地比較接近，是以我從來都支持黑池，馬菲士（Stanley Matthews）這位偉大的右翼球員為球會效力，讓我更加堅定不移。保頓隊中有位出色的中鋒「維也納雄獅」羅富侯斯（Nat Lofthouse），他是位高大且勁道十足的典型英格蘭球員——在當年來說很典型吧，他會為黑池的致勝入球鼓掌。入球來自優秀傳球手、此前從未贏過足總盃冠軍獎牌的馬菲士。四比三的賽果在比賽僅剩兩分鐘時奠定，也確認了我未來多年對黑池的忠誠，甚至捱過球隊在盃賽敗於韋斯咸腳下的一次。比賽是父親帶我去看的，韋斯咸球迷眼看球隊帶著年輕的摩亞（Bobby Moore）擊潰我的愛隊，就著「再見黑鳥」的曲調唱出「再見黑池」，讓我尷尬死了。

多年以來，我對黑池乃至足球運動的熱情減退了。在西班牙和拉丁美洲（有時還有曼徹斯特）以外，足球似乎美好不再，尤其是英國球隊看來在準確傳球方面有點問題。不過，我有時也會像其他政客一般假裝對足球有興趣：這通常是無害的逢迎之舉，只是人早就意興闌珊了。有些政客在談論足球時很清楚自己在說甚麼，祁淦禮（Kenneth Clarke）是其中一位，不過其他人如果聲稱對某球隊有（不大可能的）內行人專有的歸屬感，則是在自找麻煩。貝理雅可能有（也可能沒有）吹噓過自己看過米爾般（Jackie Milburn）為紐卡素上陣，但米爾般退役時他才四歲，而且住在澳洲。如貝理雅所言，這可能是誤報吧。而甘民樂（David Cameron）則調亂了韋斯咸和阿士東維拉，忘記自己應該支持後者，因為他姨丈正是球會主席。自從我兩個孫子成為狂熱球迷後，我已經放棄了再裝模作樣假扮了解足球，他們倆要是被考問起來都說得出華倫西亞領隊、巴黎聖日耳門前鋒的名字，甚至是阿士東維拉和韋斯咸的中後衛人馬。不過大多數人記得一九五三年的主要原因並非馬菲士，而是英國史上在位最久的君主——女王伊利沙伯二世加冕，她的統治就是「責任」一詞的化身。一九五三年不僅標誌著伊利沙伯非凡年代之始，也是電視機入侵英國人客廳的濫觴。我還記得當年坐在鄰居前廳收看西敏寺的莊嚴典禮，不過那個年紀的我如果可以選擇的話，也未必會認為西敏寺比溫布萊球場重要。

家父是個美男子，像他自己的父親一樣結實、個子不高，但沒有雙下巴，中年生活被定期但短暫而無用的節食打斷。說到減肥，討論肯定比實行多（怎麼好像很耳熟？），但他確實沒甚麼機會變瘦。家母則承教於其母，廚藝超卓，還認為我們應該大量吃喜歡的菜餚：餡餅、烤肉、蛋糕、酥粒、牛油、忌廉。她同時頗有冒險精神，會用到洋蔥、蒜頭、意粉和橄欖油，這在瓶裝油要去藥房買的五〇年代可謂非比尋常。在豐盛的家常菜之上，父親還有商務午餐：要游說歌手及其經理人演出他發行的歌曲，似乎總要帶他們去倫敦西區一些最好的餐廳。爸爸對迪恩街（Dean Street）和老康普頓街（Old Compton Street）兩條街的食肆瞭如指掌，不過後來他肯定忘了一點，就是在餐廳以商務名義賒賬並不代表可以避而不付，這是許多人容易犯的錯誤。誰知道呢，說不定就是 L'Epicure 前菜的質素，說服到美國歌手蓋・米歇爾（Guy Mitchell）唱家父發行的熱門歌曲 She Wears Red Feathers (and a Huly-Huly Skirt)。

父親貪杯但絕對不是酒鬼，他會喝葡萄酒、啤酒、威士忌，工作時則無節制地抽煙。在家或度假時他除了偶爾吸一下煙斗，幾乎從來不吞雲吐霧。他其實是喜歡煙具。他的煙是沒有濾嘴、煙包或煙盒上有個大鬍子水手的 Player's Medium Cut，或是 Senior Service，白色包裝上有海鷗、帆船和「香煙奢華完美體現」字樣，那時「吸煙導致死亡」的字句還未出現。他每一口都深深吸進肺部，然後呼嘯而出，噴出的煙霧足以從千里之外召來一堆阿帕奇直升機，這個習慣想來促成了他早逝。

家母很少抽煙，如果在社交場合有需要，她喜歡抽 Du Maurier，獨特的橙色煙盒印有銀色標記。我十五六歲開始抽煙時，父母兩人沒有一丁點苛評。各種溫和而帶煙嘴的我都抽，唯獨讀大學時試過的 Gauloises Disque Bleu 則是看太多法國電影使然。我一直抽到卅八歲，一九八二年或多或少算是完全戒絕了。醫生明言「要麼吃一輩子西咪替丁」——說的是最常用的胃潰瘍藥——「要麼戒煙」。我把最後一枚煙頭丟進威尼斯大運河，輕輕犯了個可恥的破壞行為。然後我增磅了廿八磅，但至少還活著。[5] 此書下筆之際，我比父親去世時大十四歲。

我說我從沒見過不喜歡我爸爸的人。「哦，法蘭，多可愛的一個人！」人們如是說。他非常好玩，總是有一堆從眾多音樂界朋友處收集到的出色猶太笑話，但更重要的是，他真的很機智風趣。他不常看書，但要看的話就會選擇美式幽默：Runyon、Thurber、Perelman 等作家。他最愛的「名言」來自格魯喬．馬克思（Groucho Marx）：格魯喬提早離開派對，途中撞上女主人，說了句：「我曾歡度良宵——但不是今晚。」[6] 還有一句至愛口頭禪：「這些是我的原則，如果你不喜歡……好吧，我還有別的。」爸善良到過分慷慨的地步，小費給得比別人多，教會、辦公室募款他都捐大份的，而且總是第一個舉手請喝酒或者吃飯埋單。自然，他倒出的威士忌或甑酒份量也大大超出酒館的尺度。與此同時，我懷疑他比他能夠或願意承認的其實要更加拮据，家母深明此道。天主教信仰在他身上是部族式的存在，是文化遺產，而他就是部族的一員。他對此並沒有大張旗鼓，不過家裡樓梯半腰一個書架上確實放著一尊相當華麗的聖母瑪利亞石膏像，睡房也有兩三個耶穌受難像。他逢周日去望彌撒，遵守其他禮規，並很希望我們照做。五〇年代有個由愛爾蘭裔美國神父發起的玫瑰十字軍，口號是「一起禱告的家庭必不分開」，我們去過一次在溫布萊球場的集會。全家偶爾會一起唸玫瑰經，儘管這種虔誠並不常有，但我們還是快樂地待在一起。爸以前常說，善行就是最佳的禱告，他也言出必行，

5／原文為增磅兩石（stones），為英國和愛爾蘭的重量單位，等於 14 磅或 6.35 公斤。

6／格魯喬·馬克思（Groucho Marx, 1890—1977）：美國喜劇演員，機智幽默，比喻生動，標誌是他的透明粗框眼鏡。

參加聖雲先會——一個十九世紀在巴黎貧民窟成立、旨在動員義工幫助窮人和弱勢群體的組織。多數星期天下午，他都會探訪本地一家精神病和殘疾人醫院，還與幾位病人交上好朋友，特別是其中一位相信自己是拿破崙轉世的，我一直慫恿父親就俄羅斯嚴冬向他表達同情。

所以說我父親是個好人、善良的人，不怎麼專制，只打過我一次，原因是我對母親無禮。一切都值得敬佩，只是以世人的標準來看他並不算很成功。事實上，我覺得他有點自欺欺人，認為離成功不遠。而這種態度肯定鼓勵了我媽，可能甚至鼓勵得太過了，讓她夢想著一堆她覺得重要的小小舒適和社會地位提升，但可惜從未實現：我們家開不成路華，也沒有雷士廉的房產。我們從不知何謂艱難，而且享受到愉快假期和良好的免費教育，家裡也看不出甚麼緊張情緒。但面對期望落空、四分之三的承諾都沒有兌現，家母肯定有過傷心失望之時。在五〇年代後期，家父把業務從發行音樂轉型到為電視廣告作曲，這些廣告就是各家新開獨立電視台的米飯班主。起初的生意還不錯，但在我大學畢業後不久就倒閉了。一九六八年五月，他開車去見企業家侄子，想找一份新工作，途中不幸撞車，隨後心臟病發死亡。他帶著滿滿一車商業文件周遊全國，自覺辜負了深愛的妻兒，當時一定很不開心。

父親十分為我自豪，而我最不可原諒的，就是沒有表現出我有多為他自豪。我十幾二十歲時，和他的關係總離不開年輕人自以為是的輕蔑、倨傲。好日子是有的，在我牛津大學時期的最後一個夏天，他來看我代表學院出戰板球賽，我幾乎在他到埗前就靠投球把大部分「牛津紳士」殺了個片甲不留，然後在胡士托（Woodstock）Bear Inn 開慶功午宴。我們之間沒甚麼真正的暴躁氣氛，但內心深處我覺得他並非如我所願般成功。我一直擔心自己可能沒充分隱藏這種冷酷情緒，更不用說將之「消滅於萌芽狀態」。要是我在他死前趕及長大成人就好了。未能與這位親愛的人建立深情的成熟男人關係，我一直傷心難過。在他死後，我把他的私人商務信函和車裡的文件都讀遍了，試圖搞清楚他留下的物事，以及母親的財務前景。我追著令人擔憂的線索，比如未付賬單、拒絕信、融資申請，一路走過他最後幾年之間破滅的計劃和夢想。他歡快熱情的外表之下，肯定多麼擔心，擔心得要命。我看著這堆信件，空前絕後地嚎啕大哭。

和我相比，家姊安琪拉雖然在我中六時就出國工作，但與父親情感上比較親近。她屬於最後一代「本應」上大學的女性，但在當時，我們的年齡層只有6％人接受高等教育，女性的比例就更低了。她離開伊靈一所修道院學校到法國上高中，先後在史特拉斯堡（Strasbourg）和羅馬工作。她能通多語，尤其擅長法語和意大利語，九流的同行會說她「耳朵靈光」，而無視學好任何語言所牽涉的嚴格智力要求。在成長過程中，我們的關係遠不如世上多數兄弟姊妹間一般尖銳。我剛入學時她會照顧我，又有時取笑一下，引誘我參與她非凡超現實的傻瓜幻想遊戲。對於聰明的弟弟大受縱容、溺愛、讚美，她從沒表現出惱怒或羨慕。她也比我大膽得多，住在布里斯托的姨媽姨丈伊娜與米高膝下猶虛，我們去小住時，姐姐總是比她略顯緊張的弟弟更樂意坐上姨丈勁力十足的電單車後座出行，也會帶頭爬樹或在遊樂場玩比較刺激的項目。她像我們父親一樣風趣而善良，是一名嚴肅認真的普世合一基督教徒，從篤信天主教轉為篤信聖公宗，動力來自相當敏銳的智慧，以及一堆通常沒有合意答案的問題。她後來嫁了給一個年長得多的男人，一位才華橫溢的畫家及陶藝家，一個令她非常幸福的人：尤其是，他是我相識之中唯一一個沒說過任何人一句壞話的人。如果要證明原始美德與原始罪惡並存，他就是無罪的地帶。

家母和其他母親一樣，不抗拒偶爾批評別人。我不是說她尖酸或者刻薄，她兩樣都不是，但她有自己堅定不移的標準，通常是針對一些並非絕對重要的事，例如衣著、家居整潔、指甲，還有假設或實際的個人衛生問題。她對個人行為的批判方式對家父來說相當陌生，她最高的褒獎方式之一是把人形容為「硬紙盒」，像她自己一樣整潔俐落。事實上，她打扮得漂漂亮亮跟我爸晚上出去時，可以像影星般明艷照人，來我學校活動、頒獎典禮、運動會看我的時候，必定是場館裡和邊線上最漂亮的母親。她最重要的一個特質是會盡一個母親最大的能力去愛孩子和孩子父親，她著重觸覺，經常擁抱和親吻我們，並為我們的成就煥發自豪的光芒。我提過她熱切希望上流，但家父不盡人意的商業生涯重挫想像。當兒子一身粗花呢斜紋布裝備、行李箱放著人生第一件 Burton 晚宴外套上牛津大學時，她高興得很。我晉身國會，她的喜悅油然而生，濃厚得可以用她珍而重之的牛油刀剖開，我幾乎無法想像她對出身格林福德連綿大片鄉下地段的兒子被稱作保守黨大人物時，到底作何感想。

父親去世一年左右，母親嫁給他最好的朋友、我們在格林福德的醫生。丹尼斯・麥卡錫是個來自梅奧（Mayo）的愛爾蘭人，自國民保健署（NHS）成立之初就為之效力，爸以往和他一起打哥爾夫和喝威士忌。丹尼斯是個好醫生，也是個善心人，讓我母親非常開心，直至他退休之際，我媽在睡夢中心臟病發逝世，享年六十四歲。我與她的最後一次談話是個偶然，我打電話給她說內閣部長史蒂華斯（Norman St John Stevas）臨時缺席 BBC 電視的「與羅賓・戴的問答時間」（Question Time with Robin Day）時政辯論節目，我被空降補上，監製很不高興。我希望最後一次看我上電視不是她病發的誘因，比較可能是乳製品和偶爾抽煙之禍。遺傳學家建議我們謹慎選擇父母——我家兩位都死於心臟問題，年輕得離譜。多虧血管成形術、鎖孔搭橋手術、他汀類（降膽固醇）藥物，我算幸運得多了，我還在世為人，更多是因為現代醫學而不是自律。不過父母遺傳加上弱小的心臟，都不能壓倒我的幸福感——我擁有愛我，而且相愛的父母，他們本來可以更加長壽，活得更加豐盛。

如我之前所言，母親是為了結婚才成為天主教徒。我不認為她花過甚麼時間思考宗教問題，更不用說高談闊論了。但加入了這個不得不加入的教會後，她就遵守所有教會儀式。我對宗教儀式或祈禱最早的記憶來自父親，他道晚安時會親吻我，用手指在我額頭上劃下 INRI 字樣——Iesus Nazarenus Rex Iudaeorum（拿撒勒人耶穌，猶太人的王）。這是比拉多堅持要在耶穌受難時在其十字架釘上的字句，法利賽人吹毛求疵地說耶穌只不過是自稱有這個頭銜，比拉多回答「我寫了，就寫了」。父親在我們額上描劃的同時，口裡唸著他認為戰時在車隊往中東路上保他安全的禱文：「願拿撒勒的耶穌、猶太人的王，保護你免於突然、無準備的死亡。」我對自己的孩子依樣畫葫蘆，現在對孫子也是。也許禱文在戰時的地中海幫助了父親，不過在和平時期的M6公路上卻不然。

我早期的宗教記憶大部分來自學校和負責學校的教堂，這還是在教宗若望廿三世召開第二次梵蒂岡會議之前：會議在一九六二年召開，到一九六五年才結束，改變了教會本身以及人們對教會的態度。雖然我們當時並沒有真正成為大眾偏見的焦點，但人們對我們也不無懷疑，因為我們好像想要延長反宗教改革和否定現代世界，封鎖任何改變自身行為和思想的可能。天主教徒怪不得人家覺得我們古古怪怪——我們有一堆用不知所云的死語言行的繁文縟節、焚香的氣味、絕對偉大光榮正確的意大利佬和他在羅馬的宮廷，還會疏遠其他自稱是基督徒但又放棄唯一真道的最終榮耀的人。我肯定對某些人來說我們就像共濟會人，只是沒有滑稽的握手禮和捲起的褲管。當然，我們和那些曾經抗議和迫害我們（如同我們迫害他們）的基督徒學的是同樣的聖經故事，但在梵蒂岡第二屆大公會議呼籲天主教會與時並進、邀請離散社群加入合一大業之前的那些年，我還不肯定我們認為他們跟我們信的是同一個神。

我早期的宗教教育來得比這些要早。穿著毛衣套裝、胸懷溫軟的和藹女教師教我們聖母經、天主經、玫瑰經，還有主要來自新約而非舊約、比較簡單的聖經故事。我們學會韋斯曼樞機（Nicholas Wiseman）的讚美詩：「滿溢於聖城切慕之心，在聖徒受封穹頂之下」，副歌是耀武揚威式的「上帝保佑教宗」，重複兩次後唱出「偉大、良善」的後綴尊號。歌詞比國歌還長，帶有一種教宗至上的越山主義情懷，引領副歌跨越阿爾卑斯山脈和橫過歐陸平原。「從酷熱南方到冰冷北方」，後者顯然是指我們。每年考核教理問答知識裡的第一題就是「誰創造了你」，西敏寺大主教或其副手會巡遍每個課室，索問教會規定的答案。有一年格里芬樞機（Bernard Griffin）來了，只問了簡單的問題，就算是班上比較遲鈍的孩子都知道誰創造他們和為甚麼要創造他們。第一個問題的答案是「天主」，第二是「今世認識祂、愛慕祂、事奉祂，來世與祂永享福樂。」我一直很喜歡這個答案。萬事通鬼靈精的我知道全部真福之名，但主教沒給我機會表現就繼續行程了，我有點氣惱。

我很早期就加入聖士提反協會，像父親一樣身穿祭壇侍童的長袍和棉布袍，下層猩紅色，上面是帶花邊褶邊的白衣。普世使徒會神父教會我們做特倫多彌撒，那時彌撒必須以拉丁語進行，女孩當然不准踏上祭壇（在外國一些教會，例如美國，極端保守的主教及神父仍然抵制女孩出現）。我們的拉丁語發音和羅馬教廷習慣不同，我們的C和G柔軟如意大利語，V還是V，不是W。我以前平日和星期天各做一次彌撒，領聖餐前必須禁食十二小時。小祭衣室是我們換上法袍的地方，瀰漫聖餐酒和神父的煙草味，我知道所有彌撒用語——「Introibo ad altare Dei」（我登上天主聖壇）。不過，我在家中餐枱上用卡氏水餅和果汁假裝自行做彌撒時——在屋裡做紅衣主教比在花園當西班牙國王要新鮮些——母親就阻止我一字不漏地重複這些語句。我想，她的干預反映她懷疑我的所作所為有異端之嫌，而非有意阻攔我對神職的使命感。

某年我被選中，穿上我猩紅配白色的法衣在五月巡遊帶頭。沁汗的雙手虔誠地合在一起，我那頭稻草般直豎的髮絲用一圈閃閃發光的 Brylcreem 髮膏抿在頭上，走在兩列穿藍蝴蝶結白長裙、手拿小花束、扮演天使的小女孩前頭。堂區神父也在隊伍當中，榮福聖母瑪利亞的石膏像則由聖高隆騎士會人高舉。遊行從學校禮堂開始，繞過停車場，在一名警察陪同下短暫經過外面的街道，一小群觀眾目不轉睛地看著這種異國風情入侵格林福德的日常生活。巡遊在教堂以聖體降福禮與玫瑰經作結，我們還在學校禮堂吃到黏黏的蛋糕。

在聖體降福禮上，至聖之禮放在祭壇聖體匣裡，儀式本身則伴以我最喜歡的一些拉丁文詩歌，尤其是來自最短詩篇的〈Laudate Dominum〉（讚美主）和〈Tantum Ergo〉（聖多瑪斯·阿奎那（St Thomas Aquinas）一首讚美詩的結尾，用來邀請會眾敬拜聖餐）。中學時我發現可以用〈小小姑娘〉的曲調來唱〈Tantum Ergo〉，有幾個同伴就是靜靜地用高音這麼唱的。我生命中有許許多多精髓都是從宗教教育和早期宗教實踐中習得的，我學習的禱文、詩歌，還有熟悉的敘述——奇蹟、寓言、殉道者——賦予我文化框架和個人的救生艇。在畫廊也好，教堂也好，我通常都能記得畫作場景背後的聖經故事，以及那些聖人是誰、死得多麼慘烈：聖老楞佐（St Lawrence）是廚子的守護神，被恐怖地烘死在鐵格烤架上；聖巴斯弟盎（St Sebastian）通常陰柔優雅，萬箭穿身似乎也殺不死他。我人生太遲才看到卡拉瓦喬

（Caravaggio）在羅馬法國教堂那些令人驚艷的聖馬太畫作，它們為甚麼能給我如此深刻的印象？答案有一部分是因為我想起中學時，一位本篤會修士講過最著名的一幅背後的故事：聖馬太在賬房裡得蒙耶穌召喚。對基督徒來說，故事的重點在於馬太最初問「誰？我？」時的那種不情不願，然後歷盡艱辛地追隨耶穌，最終還是同樣身受十架之刑。每當我感到害怕，或者感恩世界朝對我好的方向運轉時，浮現在腦海的是同樣的禱文。我有次把這個想法告訴朋友，他閃過一絲尷尬：「你倒挺像個老愛爾蘭修女。」更差的出路還多著呢。

儘管對幼年所學心存感激，但隨年歲增長，我越來越直言不諱地談論天主教會常讓人感覺像是專制反智主義的那種態度。我希望自己的宗教能以更理性的方式討論，回到根本，回到真正重要的事情，回到正直體面的人（不論是天主教徒與否）如何生活。這是個常遭反對的取向，但實在不應該如此，尤其是教會幾百年以來如此尊崇愛好質疑的阿奎那。大約在我第一次認識神的時候，我就不再相信聖誕老人了。我一直認為兩者之間應有更多哲學思想上的分野。來自巴黎的偉大神學家阿伯拉（Peter Abelard）是當時歐洲最重要的思想家之一，促進了十二世紀的文藝復興，他顛覆了當時主導基督教思想的兩個信仰層面：坎特伯雷的安色莫（Anselm of Canterbury）主張「信仰尋求理解」（fides quaerens intellectum），而阿伯拉則認為理解應先於信仰。我一直覺得這是在智慧方面更令人滿意的立場。

這種想法是我對初次懺悔和領聖體的焦慮的重點，儀式本身是受洗天主教徒小孩總要遇到的宗教大路口。庇護十世是很專制的教宗，決心保護教會免受現代世界干擾，他認為兒童在七歲左右就能理解聖餐本質，同時也能夠分辨是非。七歲時我就告解懺悔罪過，以便領受聖餐。我確信自己承教於充滿愛心的老師，並且知道今時今日多數兒童的教育鑒於近年一些醜聞而更加細緻謹慎。我對於黑暗的告解室也沒甚麼恐懼。告解懺悔正是奧康納（Frank O'Connor）筆下一個精彩故事的主題：孩子在黑暗中困惑受驚，爬上專為懺悔人手肘而設的扶手架，神父拉起窗簾看個究竟時，只見到小孩的一雙膝蓋。

七歲的我懂是非嗎？其中一個問題是，隨著年齡增長，懺悔就變得像處理違規駕駛：簡單超速扣三分，在密集市區開七十則扣六分。問題是：當一個人犯了那種在煉獄中忍受一點痛苦就能赦免的小罪，甚麼時候才會變成大罪，燃起像是喬伊斯（James Joyce）的小說《青年藝術家畫像》裡那場著名講道所描述的地獄大火？講句公道話，我甚至不記得最後一次聽到有關地獄的講道是甚麼時候了，但若然天主教的教誨真的有甚麼變改，到底還是脫離不了天主教徒大衛．羅奇（David Lodge）小說《你能走多遠？》（How Far Can You Go?）標題所諷刺的所謂「邪惡等級」分類。無可避免，這是男孩和年輕男子的主要考慮，想必對年輕女性也一樣。

「性行為」已經成為教會教義辯論中的一個執念，獨身的人對它的了解必然比實踐者的少，而積極虔誠的天主教徒告解數字大降，性肯定也是原因之一。教會要求兒童在領聖餐前告解，但同場只有小部分大人自己參加聖餐，父母們肯定也是知道的。成長中的年輕男子為貝登堡口中的「獸性」懺悔真是無比尷尬，我在這方面有發言權。以我所知，我其實很懷疑他能不能真的阻止到很多男童軍沉迷於此。在小罪和大罪的分野線上，甚麼是煉獄那側或多或少可接受的淫念？甚麼可以碰，甚麼不可以？我身體或你身體的哪個部分，會逾越煉獄與地獄的界線？可以怎樣防止夜裡發生壞事？對於手淫（所謂「道德障礙」）的執念和針對手淫的告解懺悔，肯定對天主教會災難性的虐待兒童史和企圖掩飾的邪惡行為，起著重要作用——這個論點毫不牽強。「讓小孩子……到我跟前來，因為天國正是屬於這樣的人。」

我開心自豪地以天主教會為家，但它在性方面錯得離譜。教會以外的世界對性事痴迷，人們談論它也不無道理，但教會竟也如此執迷。如果我們把精力集中在財富、慈善、收入分配呢？如果我們如《聖母讚主曲》所言，決定要「從高座推下權勢者，舉揚卑微貧困的人」呢？如果「駱駝穿過針孔，比富有的人進天主的國還容易」這句話是真的，我們豈不是應該多談這個問題，而非對「獸性」和安全套孜孜不倦？

一些人爭辯說，要求改變天主教會教義無異於將其女性化，實在是怪誕又非常冒犯的批評。他們說這樣會造就一個「英國聖公會化」的教會，一個輕量版的天主教。我不明白，一個本來就定期更改部分教義的教會，應該在秉持登山寶訓要義的同時，靠攏它所服務的俗世、了解仍然虔誠積極的天主教徒的生活，這樣的主張有甚麼問題？至少，教會應該更公開地討論為何眾多忠實天主教徒過著與教會領袖言論（尤其是有關家庭、婚姻、性與愛的）相悖卻又明顯美好的生活。也許，正如教宗方濟各建議的，他們應該多花時間治療羊群中的傷員，而非對之申斥苛責。不過這一切一切都離我當初學會懺悔的聖母訪親堂和聖母訪親小學有點距離了，我會在書的結尾再談。

第三章

獎學金小子

今天在這裡，明天到那裡，旅行、變化、新鮮、刺激！
世界盡在面前，遠景千變萬化。
——格拉姆（Kenneth Grahame），《柳林風聲》（The Wind in the Willows）

先生，克陀老師教學不為考試，而是讓我們更趨完人。
——班尼特（Alan Bennett），《歷史男孩》（The History Boys）

⋯

在聖母訪親小學和教堂，我們牢記的不只是教理問答，不只是《聖母經》和《聖母讚主曲》那一類禱文。就像一九五〇年代大部分小學一樣，學校鼓勵——不，是逼迫——我們記熟乘數表和詩詞，還有串字。一班的人數很多，可能超過四十個，由一位老師帶著我們踏上旅程：在那裡從小就要求嚴謹，讓我們很快就享受到自行開闢廣闊視野時的興奮。這種說教式的教學方法過氣多年，近年又悄悄重返小學教育了——這本來就是應該的。這些日子，我對於孫輩似乎正在學習的內容頗覺印象深刻。

令環境更有紀律的是校長德思先生的性格，以及大家啟航的起點港：決定我們升讀哪類中學的11＋考試，據稱我們會被分送到最適合自己天賦才能的學校。頭髮又灰又白的德思先生身材魁梧，管理非常嚴格。他也不是不近人情，只是會要求學生與職員都守時努力。他那長期領先同儕的兒子和我同班，在真正應考11＋前兩三年就已經開始操練練習卷了，結果當然是大獲全勝。他跟我上同一所中學，之後考進劍橋讀古典文學。其實不只是禱文和初探《新約》聖經，我在聖母訪親學到的其他事物有些也一直伴隨著我，成為朋友與伙伴。舉例來說，我仍是心算高手，對攝氏變華氏、公里轉英里都很在行。最重要的是學校鼓勵我們廣泛閱讀、享受讀物，也允許我們有別人視為有點早熟的品味。在家家戶戶前廳都放有電視機的年代，似乎有種觀點認為，只要是在看書，就很可能比做其他事更有意義。

我特別記得兩位女老師。威廉斯太太知道我們不高興時，會讓我們坐在她膝上，我七歲左右時依偎在她寬廣的懷中，聽她為全班朗讀《柳林風聲》。升班後輪到連治小姐教我們，她是我迷戀的對象，總是看來很優雅。她穿著粉色的開胸毛衣，戴著單排珍珠或其他珠子，還有一雙美麗的玉手。在《柳林風聲》的獾、鼴鼠、河鼠與蟾蜍以後，她接著為我們敞開大門，讀到布萊頓（Enid Blyton）的《五》和《七》冒險系列，甚至克隆普頓（Richmal Crompton）和她的《搗蛋鬼威廉》（Just William）系列故事，這些對八九歲小孩來說，肯定是翻天覆地的作品。

我那時大概不清楚威廉的父親為甚麼總是肝有事，或是伊莉莎伯的雙親為甚麼要承受鄰居自覺高人一等的輕蔑鄙棄。畢竟，靠「波特消化汁」（Bott's Digestive Sauce）發大財又有甚麼不妥呢？[1] 尤其是我自己的父親就是試圖靠著賣約翰・雷（Johnnie Ray）的哭泣情歌維持生計的。之後從小學持續到少年時期，我在閱讀方面突飛猛進，看法諾（Jeffery Farnol）的海盜冒險小說上山下海刀光劍影。[2] 然後是偉大的柯南・道爾（Conan Doyle）的百年戰爭歷史小說《白色縱隊》（The

White Company）和《奈傑爾爵士》（Sir Nigel）。離遠窺探愛德華三世與黑太子，激起我對中世紀的濃厚興趣，一如薩特克里夫（Rosemary Sutcliff）使我對羅馬和羅馬不列顛著迷。其後我開始看C. S. 弗雷斯特（C. S. Forester）的《霍恩布洛爾傳奇》（Hornblower）系列小說，追尋書名主角從海軍學員初航一直到晉身上議院，還戴上海軍上將三角帽的旅程。整個系列一共有十多本，我一一讀過好幾遍。至於漫畫，我從《雄鷹》（Eagle）一九五〇年初版就開始看，熱衷追蹤Dan Dare與Mekon的爭鬥，後者簡樸卑微的小野心是統治宇宙，簡直超越了我自己幻想的征服目標。我不特別喜歡《兒童報》，但也願意承認它的智力門檻比起今時今日一

1／「波特消化汁」（Bott's Digestive Sauce）：出自英國作家康普頓（Richmal Crompton, 1890—1969）所作的著名兒童故事《搗蛋鬼威廉》（Just William），故事裡有一對夫婦波特（Bott），先生通過消化汁的專利賺取巨富，而消化汁以壓碎的甲蟲製成。而妻子則希望以這筆財富打動上流社會人士。在故事中他們來自較低的社會階層，除了往上攀附外並無負面描述。在本文中，作者以此比喻聖母訪親小學中並非出自上流社會的家庭的掙扎上游。

2／〈Black Bartlemy's Treasure〉和〈Martin Conisby's Vengenace〉，兩書皆無中譯本。

些大人讀物還要高。

參加11＋考試的其實通常都是些十歲的學生，真令人費解。這個考試制度由《一九四四年教育法》（1944 Education Act）引入，是我又愛又恨的保守黨英雄畢拿（Rab Butler）最重要的貢獻之一。後面我會再談到他。戰前有研究建議小學和中學教育的分野應該安排在青春期開始時的十一二歲，而這個考試正是按此基礎設立，目的是引導學生去最適合其能力的學校繼續接受教育。公立中學教育分作三類：智力最高的學生接受文法教育，而大部分學生則升讀現代中學或是工業學校。按照英國模式，學制提供的技術教育其實非常有限。我們一直欽佩德國人自十九世紀以來努力發展技術教育，承認它對德國的經濟效益並且想在英國加以複製，不過就從來沒有真正實現過，可能我們根本就心不在焉吧。顯然，我們的公共稅收投資雖然想要在三分系統當中服務最多數的學生，不過並沒有投入足夠的資源來實行。

在一份一九五五年四月的備忘錄中，聰明的保守黨內閣大臣埃克爾斯（David

Eccles）簡明扼要地探討了政府面臨的問題：戰後學齡人口激增，增加學額的壓力越來越大。他指出，根據《一九四四年教育法》，孩子在十一歲後有20％去了上文法學校，5％去工業學校，75％派到現代中學，以上全由一場考試判斷，這個考試決定了哪一款公立教育適合個別學生的能力和傾向。他寫道：「希望現代中學可以獲得與文法學校的『同等尊重』，消弭家長對子女未達資格升讀文法學校的失望及妒忌。目的仍未達到，但成效與日俱增。」埃克爾斯這篇文章短小精悍，令人欽佩，他如是總結：「11＋考試引起的情緒，無論合理與否，都迫使我們邁向『誰都沒得選』或『誰都有得選』的任何一邊。『誰都沒得選』意味著發展綜合學校並摒棄文法學校，實際上排除了家長的選擇，這個政策得到社會主義者基於公平分配原則而支持。而『誰都有得選』即是讓每所中學各自發展特有的吸引力，盡可能給家長最廣泛的選擇。我希望同事們會認為後者才是正確的政策。」他們當然同意，不過就口惠而實不至，最後無論是當時或以後的三分制度中，有八成學生始終都沒有得到「同等尊重」，家長和選民的結論明顯得很。

結果就是在七〇及八〇年代的保守黨政府時期，包括戴卓爾在內的部長們忙著關閉文法學校，批核新的、不設甄選的綜合學校，速度和工黨執政時一樣，甚至更快。可能是別無選擇吧，在沒有「同等尊重」下，父母就等於被要求支持一個「孩子很可能要接受適合他們的次等教育」的制度——「二流孩子讀二流學校」真算不上甚麼好口號或願望。無論如何，最終一些極好的學校，不論文法或直接資助類（就是我讀的那種設門檻的學校，四分之一學位由政府直接出錢，其餘由學費支付）都被摧毀了，或者被迫完全改變定位。自從亨利八世和克倫威爾（Thomas Cromwell）在十六世紀解散修道院過後，英格蘭就沒出現過如此破壞制度的行為。

的確，文法學校和直資學校賦予了中產階級特權。今時今日，他們有能力在優秀公立學校校網買貴價房產，在現時大致以綜合學校為主的體制下所享有的特權幾乎不變。也的確，十一歲就被這樣甄別實在太過僵化，左山羊右綿羊，學生不論之後發展如何，也很少能夠從制度一端轉移到另一端。[3] 十歲的山羊直到十六、十八歲，甚至更老，總還是山羊。但在不特別富裕的地區，文法學校確實為聰明的孩子提供了擺脫貧窮循環的途徑，後來就更難找到類似的出口或階梯了。經合組織比較了發達國家及亞洲一些新興國家青少年的算術及識字成績，為上世紀最後廿五載的英國教育改革結果（儘管經過多重甚至瘋狂的努力去扭轉下瀉之勢）畫出一幅可怕的圖畫。

我們引入全國統一課程、廢除地方教育機關、阻遏教師公會壟斷對教育的控制、給家長和本地社區賦權、前後左右加點算術和識字課時……不過似乎沒有哪個方法能夠成功解決問題，也許我們需要更多時間來擺脫一個「社會公平」似乎壓倒教育質素、競爭力、紀律與傳統教學方法的年代。一個容許太多人失敗和被看到失敗的時代，借用埃克爾斯的話，因為「同等尊重」逐漸消失，已經變成另一個時代：由於不容許任何人失敗，人人的成功前景都因而削減了。但我並不相信十九和二十世紀英國人勤奮自學成才所反映出的工人階級抱負現在已經完全消亡。

3／左山羊右綿羊：引自《聖經．馬太福音》的比喻，耶穌把信徒分為左山羊右綿羊，能得救的是綿羊，不能得救的是山羊。

我很幸運，不像一些十歲小孩甚至家長般明顯受到考試前的緊張情緒影響。起碼我考過無數數學、語言、推理的模擬考試，所以對真正的那次能夠泰然處之。通過11＋後的一個星期六上午，我到區內一家獨立的天主教直資學校「伊靈聖本篤」（St Benedict's, Ealing）參加入學及獎學金考試，如果表現得夠好，就有資格拿到伊靈市議會地方當局頒發、間接來自政府的助學金。學校作為由修道院社群營運的本篤會基金組織，應該也額外加了一小筆錢。後來我考上獎學金拿到免費學位，父母非常興奮激動，還告訴我其實他們當時已決定好，如果我通過選拔考試，就算成績不足以拿到助學金，還是會為我支付學費。這對他們來說不易負擔，但兩人都相信教育可以開展更廣袤的視野和提供更豐富的機會。

在入讀聖本篤前，我們要去斯隆廣場（Sloane Square）的彼得瓊斯百貨公司（Peter Jones）置裝：鞋底粗縫上我學號119的室內用橡筋鞋、人字紋西裝、綠色帽子和西裝外套、我社顏色的欖球衫。我的社名為傑維斯（Gervase），取自十七世紀初在泰伯恩（Tyburn）受英式車裂之刑的英格蘭本篤會傳教士神父。在以後的日子裡，我還再了解到更多有關宗教改革殉道者的事情，內容當然無可避免傾向天主教而不是新教那一邊。我們常唱的讚美詩是由費伯（Frederick Faber）所作，他畢業於牛津貝里歐學院（Balliol College），與真福者若望・亨利・紐曼（the Blessed John Henry Newman）一樣，在十九世紀中期捨棄聖公會聖職並成為天主教神父。[4] 費伯神父的名曲不像他的肖像畫所見那樣喜樂，旋律以雷霆萬鈞之勢配合相當陰沉的歌詞：

先賢之信，萬世永存
火中不滅，刀下猶生
思念先賢行蹤聖蹟

4／若望・亨利・紐曼（John Henry Newman, 1801—1890）：原為聖公會牧師，後皈依羅馬天主教並成為神父，更升為樞機，但終身並未祝聖為主教。於二〇一九年由教宗方濟各於梵蒂岡封聖。

心中不禁踴躍奮興
先賢之信，聖潔堅貞
我願守信，至死不移

我在聖本篤的中學位於伊靈住宅區，由一棟愛德華時代大別墅和幾間組合屋組成。費伯在另一句歌詞裡說天主教男孩（如果好運的話）終有一天會被鐵鏈拴起圈禁在「黑暗地牢」裡，但照我看來，我們學校是沒有的。我在班上初次遇到其他潛在殉道者時，一開始就暴露出我的膽怯性格了。近來，孫輩讀物《孱仔歷險記》（The Wimpy Kid）裡的反英雄人物某程度上讓我滿有共鳴。[5] 當時我很怕犯一些莫名其妙的「小學雞」錯誤，直到現在也比多數人想像的更害羞緊張。

我很快就發現到同學有姓氏和字母簡寫，但沒有名字，有點像英格蘭板球隊隊員。我們彼此以姓氏加Y尾相稱，像是Broady、Stokesy、Rooty之類的。我還記得其他男生的名字縮寫，有Quinnen P. J.（一個我很久很久以後才喚作Peter的朋友），還有我第一個攀談對象 Bradford P. W.，他所屬的伯波凡社欖球衫是紅色的，就像他們社名之源、另一位英格蘭本篤會殉道者的血那樣。伯波凡（Philip Powell）是聖湯馬士・摩亞（St Thomas More）一類的殉道者，面對死亡時還能若無其事地開玩笑，嚷著要喝一杯最後的雪利酒。學校並不是以全然狹隘的觀點來教歷史，不過我還是直到大學時期才真正了解到新教的殉道者就像其天主教弟兄一樣，為基督教信仰勇敢犧牲。後來，我和一位現已退休的牛津郡郡尉一同籌款在牛津大學教堂豎立一塊石碑，紀念所有在此受審後帶到寬街（Broad Street）柴堆上燒死的殉道者。無論天主教還是新教，我認為，良知是主內普世合一的。

我從一開始就學了很多拉丁語和希臘語，代價是犧牲了很多科學知識。教歷史的老師很多，每位都讓歷史變得生動活潑，有時更是頗具爭議。早年是威丁先生

5／《孱仔歷險記》：由傑夫・肯尼（Jeff Kinney, 1971—）創作的兒童讀物，原名為《Diary of a Wimpy Kid》，作者取其別名。台版名為《葛瑞的囧日記》。

從九月到次年七月用一整個學年的時間講完整套英國歷史，再由次年九月開始重複一次，方式不同但同樣難忘——從公元四十三到一九三九年，毫無間斷。歷史就像西敏宮的壁畫般，從一個偉人、打勝仗、自由崛起的故事，宿命般自然而然移師到下一個。後輩似乎僅僅對我們國家歷程的中途站有一丁點兒認識，我真不太明白他們是怎樣應付過去的。了解醫療器械史或是二十世紀獨裁者的邪惡大概有用吧，但只認識史太林（Joseph Stalin）和希特拉（Adolf Hitler）而對迪斯雷利（Benjamin Disraeli）和勞萊佐治（Lloyd George）幾乎或完全一無所知，就肯定非常可惜了。憂心忡忡而無疑是老頑固的我擔任教育部長時，曾經去過中學和一班歷史課學生交談，赫然發現他們大多以為亨利六世生在佐治四世之後。我估計，這至少說明了他們的算術能力吧。教學行業有若干個威丁先生真是天大的好事。

之後，我在學校裡被三個截然不同的人教過歷史：修士佐治．布朗（George Brown）、迷人的劍橋板球手史提夫．獲加（Steve Walker）和基督教社會主義者保羅．柯臣（Paul Olsen）。布朗神父外型有點像《羅賓漢》裡的塔克修士，快活、紅著臉、和藹善良，和艾德禮（Clement Attlee）一樣是美度石士板球隊的狂熱球迷，能在大多數歷史話題討論中插入體育比喻：約翰國王的門柱在蘭尼米德（Runnymede）被諸侯擊垮，難忘的還有亨利二世被貝克特（Thomas a Becket）的曲線球殺了個措手不及。多年後我首次參觀他被殺之地坎特伯雷大教堂時，這個比喻又回到腦海，著實也有點措手不及。獲加也是個板球發燒友，有比賽時就穿那種讓條紋躺椅也相形見絀的西裝外套。他喜歡學生的文章帶有文學色彩，我就在是那時學會「微不足道」（nugatory）、「波折沉浮」（vicissitude）等詞的。柯臣是個嚴肅的人，頁頁筆記是他努力工作的證據，但他對我的主要影響是，當我越發自以為是想戴頂大帽的時候，他就會提醒我我真正的尺寸。如果真要自我辯護的話，我會說自己的狂妄自大有一部分是因為他的鼓勵，讓我選大學和學院時雖然有點誤打誤撞，但最終還是成功了。

不過，在學校裡我最擅長的科目是英文而不是歷史，會發生這個情況是源於特殊的時間編排所致。這首先要歸功於一位令人振奮的老師康納利（Ken

Connelly），我們給他起了個綽號叫阿積，原因我現在想不起來了。我不覺得他真的喜歡教書。他打仗時沒了一條腿，之後在劍橋師承利維斯（F. R. Leavis）學習英文。他的諷刺可以很狂暴，我們善意地假定截肢殘餘讓他不時疼痛不堪，進而引發他辛辣尖刻的奚落嘲諷。他即將駕到時義肢吱嘎作響的訊號，能讓最吵鬧的班級都安靜下來。大概十三歲時，我某次要回到剛騰出的課室取一本功課簿，但房間已被康納利先生教的另一班佔用來上課了。我緊張地敲了敲門入房問：「請問，先生，我能（can）拿一本書嗎？」他回答說：「我肯定你能（can），但就你原先該問的問題『我可以（may）拿一本書嗎？』，答案則絕對是『不』。」我顫抖著敗走了。

但後來時候對了，我轉而因為興奮而顫抖——他教我們認識他喜愛的作家、認識我們寫作的語言；他介紹鄧約翰（John Donne）、伊舍伍（Christopher Isherwood）、葛林（Graham Greene）、奧威爾（George Orwell），還有兩次大戰年代的詩人。我們和他一起琢磨艾略特（T. S. Eliot），學會熱愛莎士比亞壯麗的戲劇節奏與聲音。十六歲時有一晚我躺在床上，一遍又一遍地朗誦寇流蘭

（Coriolanus）的精彩演講。

把我斬成片段吧，伏爾斯人；成人和兒童們，讓你們的劍上都沾著我的血吧。孩子！說謊的狗！要是你們的歷史上記載的是實事，那麼你們可以翻開來看一看，我曾經怎樣像一頭鴿棚裡的鷹似的，在科利奧里城里單拳獨掌，把你們這些伏爾斯人打得落花流水。孩子！[6]

能喊出那句「孩子」——天啊！

全是用最美麗、最微妙、最柔順英文寫的詞句。康納利教會我們鍾情文字，以及如何僅僅以不同方式組合文字就能製造出不同效果。他會說，想想伍德豪斯（P.

6／取自朱生豪譯本。

G. Wodehouse）吧，他最好的笑話就是文字笑話。「我看出來了，他就算談不上不滿（disgruntled），也遠非滿意（gruntled）。」或是「學生既是她的救贖，也是她的絕望。他們給予她維持生活的方法，但又讓生活幾乎不值得維持。」我想，這就是康納利的感覺吧：教師生活相當令人難受。於是他去了寫公務員事務備忘錄，估計比其他人平常寫的更有感染力。他所留給我的，有些已經成為我一生熱愛。

然而，同樣也是時間編排，讓他錯過了決定我下一階段教育的機會。那時候大部分劍橋大學學院的入學試都在一月舉行，而牛津的則是在前一個月，學生可以兩個都考。柯臣覺得我的歷史知識不足以入選，建議我十六歲時去試試看考牛津的試，好體驗一下整個牛津劍橋的入學程序——陰冷的大堂和熾熱的競爭。他建議我試考他以前讀的貝里歐學院，我懷疑他的戰後社會主義思想正是在學院讀書時，由偉大的馬克思主義歷史學家希爾（Christopher Hill）燃起。於是我申請在貝里歐讀歷史，考的時候滿腦子英文溫習材料，因為我背了大量詩句預備之後一月去劍橋彼得學院考試。讓人驚奇的是，牛津竟要給我多姆斯獎學金（Domus Exhibition）。

也許出於懶惰吧，我當時就決定金盆洗手見好就收。康納利似乎並不介意，而柯臣則認為貝里歐會讓我稍微失色。

過去幾年，聖本篤會發生了一些讓人悲傷沮喪的孌童事件，更成為報紙頭版故事。有人說在我那個時代，聖本篤學校一定是個虐待男童的可怕地獄深淵，這倒是說得遠了。我們雖然不時被打，不過大多數學校都有這種事，十幾歲的男孩還通常視之為成人禮的指定儀式。但除此以外我養尊處優，從不感到無聊，接受良好教育，絲毫不愛惹是生非，身邊都是朋友，有些到現在還會見面。體育是很重要的，所以擅長板球和欖球的我從中獲益，不但在兩者都拿到校隊入選徽章，還當上板球校隊隊長，多年來跟父親去海灘和向車庫門扔球總算有了回報。我還從本篤會修士身上學到一種含蓄的節制之道，即使是在宗教儀式上也應該緊遵不誤。教法語的卡西米神父戰時在北極船團擔任海軍神父，因為凍傷而失去幾隻腳趾。他常常譴責過度的虔誠表現，稱之為「念珠撥得叮噹作響」。我不肯定他是否會欣然知悉，他本人有多討喜，堅持要我們大致上全面認識法文不規則動詞的時候就有多兇狠。多數課堂是這樣開始的：他會不分青紅皂白地將粉擦或文法書丟向滿心期待的觀眾。我們學會躲閃的技巧，也學會了動詞 demander 可以配 à 和 de。

關於我在運動場上度過的午後時光，我只有一件事要羞愧地補充：我成為了瘋狂迷信的受害者。顯而易見、自相矛盾的迷信，我可以一笑置之——是「手暖則心冷」還是「手冷則心暖」？我也不介意踩在行人路的裂縫上。[7] 但出於某種原因，我開始沉迷數字三及其倍數的神奇特性。誰教我們「任何三的倍數，其各個數位總和是另一個可被三整除的數字」誰就應該被槍斃，就像是 27、1008、3942 等等，我完全不知道這個函數在數學上叫甚麼名字，數學家肯定會嗤之以鼻。但一些埋藏在我內心深處的原因令它影響深遠。我會用三、六或九個單字組成的句子發出指令或激勵球隊，即是「Come on, boys」而非「Come on, you boys」。

數字四接近三就和接近英雄九的八一樣不吉利（後來我才知道廣東人也認為四不吉利，原因是廣東話「四」和「死」同音，至於八在中國是幸運數字，因為聽起來像「發財」的「發」，真複雜）。我身為板球隊隊長，投球自然是投三輪而不是四輪、九輪而不是八輪。如果在這種迷信的算術上犯了錯，自然就會招致傳球或接球失敗等體育災難。這種愚蠢舉動在其他時候會滲透到我的行為之中，到現在仍然如此。我今天才突然意識到，我開車時根本沒在做白日夢，而是在計算眼前車牌的數字，直到找出一個可以通過「被三整除」考驗的數字。

我想這種精神錯亂就算發生在內閣部長身上也算無害吧，反正心理學家總能想到一些理由來解釋，比方說我常常背誦的《尼西亞信經》（Nicene Creed）裡面就提到「三位一體」的神性與第三日復活。起碼我肯在梯底下走，也沒有精確計算每頁字數來確保「三」字得勝。可供參考的是，剛才的句子共二十七個字，二加七等

7／踩在行人路的裂縫：傳統迷信，即踩到行人路的裂縫會帶來不幸，下文「在梯底下走」亦同，迷信認為走在靠著牆壁的梯子下面會帶來厄運。

於九，除以三等於三，好險！

十八歲時（又一個幸運數字），我啟程前往長久以來都被視為公共生活成就之始的好跳板。當然，受益於這個跳板的也總是不乏自負之徒。格言收集和創作家馬丹（Geoffrey Madan）一戰前與諾克斯（Ronnie Knox）及後來的首相麥美倫（Harold Macmillan）肄業於貝里歐，馬丹注意到像他們這類人，在上游時始終會碰上一個無情的宿命：「在每棵樹的樹頂，都有一個由貝里歐人組成的樹冠貧民窟。」另一位貝里歐出產的作家貝洛克（Hilaire Belloc）也就同一個主題寫過詩，可喜的是，那首詩在學院外並不如其《兒童警世故事》（Cautionary Tales for Children）般有名，我們都知道被燒死的說謊女孩瑪蒂達（Matilda），以及被派去治理新南威爾士的倫迪勳爵（Lord Lundy）。[8] 不過貝里歐確實在十九二十世紀培養出一批在外營運大英帝國的倫迪勳爵，貝洛克感人的詩篇〈致仍在非洲的貝里歐人〉（To the Balliol Men Still in Africa）讚揚他們，指出學院最著名院長喬維特（Benjamin Jowett）的學生和徒弟的角色——在貝里歐禮堂和卡姆納山（Cumnor Hill）的數千里以外為國家榮譽挺身而出。貝洛克認為學院：

〔…〕賦人以武裝
男童眼睛、遊俠心靈
帶笑踏上世間險途
神聖地飢渴著危難

詩末段的詞句，我相信每逢學院宴會和校友聚會，一定會縈繞貝里歐禮堂：

8／瑪蒂達（Matilda）與倫迪勳爵（Lord Lundy）：皆出自貝洛克一九〇七年出版的著名的《兒童警世故事》，分別為〈Matilda, who told lies and was burned to death〉及〈Lord Lundy: Who was too Freely Moved to Tears, and thereby ruined his Political Career〉兩首詩。

貝里歐造就我、餵養我
我已有的，她再給予
貝里歐以最好的，愛我、帶領我
願神與你同在，貝里歐人

雖然這首詩明言是獻給在非洲的軍人，例如奇葩的德國血統米爾納勳爵（Lord Milner）和他滿是牛津人、主事德蘭士瓦和奧蘭治河殖民地政府的「軍官幼稚園」，但其實考慮到學院在印度的角色，這首詩放在那裡或許更加貼切。[9]在一八五三至一九四七年間，有三百五十位貝里歐畢業生遠赴印度，服務布朗教授（Professor Judith Brown）口中的「貝里歐王國」（Balliol Raj），不過其中有一位的生死榮辱就得不到貝洛克的歌頌了——他是被老虎吃掉的。二〇和三〇年代一所三百人的學院，如布朗教授所言，確是個「國家和公共生活的幼稚園」。

這段歷史典故能不能解釋渴望歷險的我，怎會像我隔兩任前的港督麥理浩勳爵一般加入長長的殖民地總督行列呢？某程度上確實如此吧，儘管到了六〇年代時，人們對任何貴族制度都有種憤世嫉俗的嘲諷心態，更遑論講究帝國義務和雄心了。但可以肯定的是，我的歷史老師眾星雲集，才華橫溢又古裡古怪，每一位都聰明而善良。我只是錯過了修夫恩（Richard Southern），他是我入學的考官之一，但在我真正到貝里歐時，他已經到了萬靈學院（All Souls College）當講座教授了。他是研究中世紀歐洲的歷史大家之一，並因而得到一大筆獎金，他採取典型的做法把錢捐給貧窮的聖曉達學院（St Hilda），建立中世紀研究生獎學金。他幫助中世紀史學擺脫以往對憲制發展的執著，還寫了幾本書，其中三部當時對我影響尤深：極具開創意義的《中世紀之形成》（The Making of the Middle Ages），如今值得重讀的《西方的伊斯蘭教觀》（Western Views of Islam），以及聖安色莫的傳記。聖

9／米爾納勳爵（Lord Milner）：指阿爾弗雷德．米爾納（Alfred Milner, 1854—1925），英國殖民地行政官員，信奉帝國主義，任駐南非高級專員時為居住當地的英國人爭取權益不果，成為第二次波爾戰爭的導火線之一。稱他的政府為軍官幼稚園一部分亦源於他的德國血統，因「kindergarten」一詞是德語。

人的一生激發了作者自己對「信仰尋求理解」的感悟。他是聖公會的忠實教徒，也是一位極好的老師。

貝里歐選出另一位非常優秀的中世紀歷史學者莫里斯・基恩（Maurice Keen）繼任，他身懷英裔愛爾蘭人血統，安靜而迷人、愛好垂釣，寫了一本幾近與修夫恩《中世紀之形成》同等重要的書，名為《騎士精神》（Chivalry），而他本人就是活生生的體現。我第一次「燒腦」的導修課經歷就是循著牛津教學制度，一對一或一對二地上他的課。他在貝里歐後門附近有一系列放滿書、下陷家具和煙灰缸的房間。他有點結巴，抽著骯髒的小方頭雪茄，聽學生讀論文時會在房間徘徊，偶爾停下腳步把手指蘸進一壺牛津粗粒果醬，在兩口煙之間吸吮著，一邊沉思默想。我讀著有關查理曼大帝的論文，起首是華麗的「小學雞」式泛論：「查理曼確實可被視為現代歐洲的奠基者。」我聽到基恩在我身後結巴著：「你……你說甚麼？」空無一物的陳腔濫調活該在良好教育的鞭撻下銷聲匿跡。基恩給我打了預防針，抵抗以後在布魯塞爾擔任歐盟專員時遇到的歐式廢話——即使我一貫的主張都是，要為歐盟找繼續存在的好理由根本用不著這些假大空。我直到今天，凡是聽到人說要有「願景」，就會想起基恩。

基恩第一年以貝里歐院士身分教書時，恰逢理查・科布（Richard Cobb）也開始任教，後者的怪異性格就連法國《世界報》訃聞都提到了──「出人意表的科布」。科布和基恩互相鼓動對方的無政府主義精神，尤其是（而且挺常發生）那「可愛的東西」灌下肚之後。他們歡度一宵的典型結局就是在院長臥室窗下高唱愛爾蘭共和歌曲。院長是北愛爾蘭阿爾斯特憲法史學者，應該沒有人認為他會喜歡雲雀之歌（尤其是在他早早上床之後）。

有天上午我去上導修課時，發現科布正坐在桌底調養著宿醉。他是位出色的法國大革命史家，但他所寫任何有關法國的事物都可以算是文學。他為「邊緣生活」著迷，筆下不乏妓女、小偷、酒鬼、窮人。他意識到自己身為歷史學家，主要的弱點就是對任何尋求權力的人，不論其奪權因由，都相當缺乏同情。自然，他討厭羅伯斯比爾（Robespierre），而如果有學生不和他一樣討厭這個自以為義、寡廉鮮恥的清教徒的話，我不確定他是否會樂意教。[10]不過「懲罰壓迫人類者，是為仁慈；原諒他們，則是殘忍」，這個法國佬的言辭道貌岸然得多麼邪惡，還有多少怪獸能與之爭鋒呢？科布總是在尋找羅伯斯比爾的轉世化身。除了書籍和論文外，科布還是一位高產的寫信人，信中表現出對政治正確完全不屑一顧，並且有一雙相當荒謬的虛榮勢利眼。他喜歡教有錢人，樂於接受各種學術勳章，還不顧一切地追求大致無害的學術宿怨。

他有個要好的舊同學曾經犯下弒母大罪，科布就著這個悲慘事件寫了本很好笑的書，厲害的是，他仍然是這廝的朋友。那人出獄後，科布邀請他去學院晚宴，向其他高桌來賓介紹他時說這是位對刑法政策特別感興趣的人。他臨終前，我一個朋友去亞平敦醫院（Abingdon Hospital）病榻探望，見他睡著了就在他床邊踱步等他醒，瞥見床欄牌板上護士寫的指示：「病人不肯進飲料。」這應該是他人生唯一一次被人這樣描述而無誤吧。

科布本人對身分的概念及其複雜性著迷，部分源於他歷史學家的工作，部分則是因為他雖然是英國人，但法語說得極好，法文寫得極好，要融入任何法國社會環境就像黑加侖子與勃艮第阿里哥蝶白葡萄酒（Bourgogne Aligoté）般水乳交融。科布心目中的惡棍之流，其中就有想用統計圖表和電腦打印文本明確定義「身分」的社會學家。我懷疑對他來說，他寫過文章討論、被指連環投毒的農家婦女瑪莉・貝納爾（Marie Besnard）其實是個寓言。在五〇和六〇年代的一連串謀殺案聆訊中，雖然有律師、犯罪學家和科學家作證，但她還是逃過定罪，因為她證明專家混淆了證據，將一個人的膽囊和另一人的腎放到一處。最離譜的是，一隻眼睛離開它原先的屍體，跑到另一具骷髏骨架上。我常常想，在科布看來，這隻眼睛就是會一眨不眨，滿有懷疑地看著那些以為「身分」可以輕易解釋和定義的人。科布教會我不要

10／羅伯斯比爾（Robespierre, 1758—1794）：法國大革命時期政治人物，雅各賓專政時期的實際最高領導人。執行恐怖統治，以革命的恐怖政策懲罰罪犯和革命叛徒，有許多無辜的人都被誣告殺害，成千上萬的人被送上斷頭台。

相信「一竹篙打一船人」的籠統概括，尤其是排除了人性激情與小罪（pecadillo）的那些。

我另外兩位老師的行為則沒那麼古怪。佩斯特（John Prest）教現代史，並寫了精彩的十九世紀政治家傳記。他彬彬有禮，有著蘋果般的臉頰和優雅的舉止。有一次我睡過頭錯過了導修課，他和我的同學一同禮貌地敲門進入我的睡房：「彭生早晨，馬先生和我來給你讀一篇關於大改革法令的論文，我猜你可能有聽過。」

至於啟發我中學老師柯臣將我推向貝里歐的那位史學家呢？希爾被一位馬克思主義史學家同行稱為「英國歷史學家的元老和典範」。毫無疑問，他是過去七十年最有影響力的兩位英國馬克思主義歷史學家之一，與霍布斯邦（Eric Hobsbawm）齊名，改變了對十七世紀英國史的研究，尤其是對我們自家革命的研究。他直到五〇年代都是共產黨員，當然跟霍布斯邦一樣是軍情五處感興趣的對象，我想那些共諜獵人花在劍橋上的時間比起在牛津的要有意義得多。希爾的聲線平靜，為人和善，很難想像會與一個政權的野蠻行徑有任何關係。他一直捍衛這個政權直到史太林死後，今日看來，我想我們都低估了三〇年代對國內外眾多聰明年輕男女在道德與智慧上的影響。目睹無可辯解的事，促使他們捍衛同等地無可辯解的另一些事，而且還試圖不去看清楚那些事情的真正本質。退一萬步說，他們就是容易上當受騙。

希爾對我的人生有兩個長遠的影響：他是我大學時的道德導師，對我的學術發展特別感興趣，不過他眼那麼尖，肯定觀察到承教於出色的馬克思主義者並沒有令我成為狂熱左派。但是後來我接受政府內閣辦公室的政治審查時，那些面試我的雨衣人顯然深深懷疑希爾可能已經在我身上留下影響，於是審查過程就拖了一段時間。第二是，希爾（其實是他妻子碧姬）給我留下一個更為深遠而重要的印記：沒有他們，我可能不會遇上我的妻子、我最好的朋友。希爾每個學期都為貝里歐的歷史人辨派對——啤酒、蘋果酒、大片麵包、大塊車打芝士〔這是保加利亞馬爾貝克（Malbec）葡萄酒以前的年代〕。為了搞好氣氛，希爾常常叫擔任聖曉達學院財務主任的碧姬邀請她那邊的女生，而碧姬就轉而叫丈夫的姪女佩娜（Pene，現在是退休歷史教授，但當時是聖曉達的學生）找些女伴過來。她其中一個朋友穎彤，就是我幾經波折後娶到的女人。

就像荷里活音樂劇角色一樣（「茫茫人海回眸一笑」，諸如此類），我一遇到穎彤以後，就沒想過會娶其他人，從來沒有。我鍥而不捨地勤奮追求她。她曾告訴我，自己沒收到多少信件。那時學院區每天派件三次，我就把喝茶邀請信分成三份寄出，第三封才說完要說的話。她似乎覺得很有趣，我的小把戲奏效了。不過正如她多年來不時指出，我之後並沒有每天給她寫三次信。我倆牛津時代最華麗的約會是在馬德林學院（Magdalen College）的一個舞會，星級主角是緊繃著臉的滾石樂隊——他們因為一舉成名前簽下了合約協議，在首次美國巡迴演出途中被拖回來。隨後，我太膽小不敢向穎彤求婚（而且當時才廿一歲），幾乎永遠失去她：我拿到獎學金去美國，她則愛上別人。幸好我有第二次機會彌補我的愚蠢，我們又走在一起，至今已經四十六年了。

六〇年代初，牛津大學正處於空前鉅變的風口浪尖之上，年輕女性上的是「僅限女性」的學院，甚至不能加入牛津辯論隊，大學裡其中一個最負盛名的學會。她們只能在下午進入男子學院——更具體地說，是男生房間——學校可能假設了午晚兩餐之間不可能發生性行為吧。學院晚上十點半或之後不久就會鎖上大門，不能準時回來就會受到處分。有些學生會在門禁時間後冒身受重傷（肢體刺傷或骨折）之險攀爬危險路線，多數學院都隻眼開隻眼閉，當是同時訓練他們以後逃離戰俘營（劍橋更進一步將夜間攀爬變成運動，有人以假名 Whipplesnaith 寫書談過）。在貝里歐談政治，例行是左翼路線：越南、核武、南非種族隔離，和平快樂則主要求諸煙酒。

記得我某學期開始喝司陶特黑啤混蘋果酒，那是窮人版的黑色天鵝絨雞尾酒，看來就像舊車機油箱底的油渣。我們從著名詩人拉金（Philip Larkin）身上學到，偶一為之的性行為和濫藥不是甚麼新鮮事。有次我和一個後來成為資深法官的朋友分享一支濕軟的大麻煙（joint），在那次之前我還一直真心以為 joint 是星期天下午一點吃到、配約克郡布甸或薄荷醬的大塊烤肉。那次體驗一般般，主要是因為我似乎沒從吸啜一根濡滿人家口水的煙頭獲得甚麼歡愉。

可能那只不過是另一種花草，根本就不是大麻，但我怎知道呢？可能就像克林頓總統（Bill Clinton）一樣，我根本沒吸進去。[11]無論如何，總之我沒再試了。於是，我錯過了加州最受歡迎農作物的危險（如果它真的有危險的話），但它卻給一位同窗創造出輝煌事業。霍華德．馬克斯（Howard Marks）是我同時代所有人中最有名的，也是我見過最瀟灑迷人的威爾斯人。他認識大麻應該是因為我大學隔壁鄰居丹尼斯．歐文（Denys Irving），他的心靈美麗而狂野，我穿著運動外套和騎兵斜紋呢褲子抵達貝里歐時，迎接我的就是他渾身牛仔布的身影和他的搖滾樂，讓開車送我來的父母十分擔心。可惜，他離開貝里歐不久就死於一次懸掛式滑翔翼意外。馬克斯把自己的國際毒販生涯寫得非常有趣，關於他的電影多不勝數，剪接室也排滿新聞採訪。他有禮、勇敢，很多時很善良，但法庭無可避免要審判他。

據我們所知，自由黨首相阿斯奎斯（Herbert Asquith）就不是大麻常客了，但像我一樣喜歡小酌。他曾描述過包括自己在內的貝里歐人「對毫不費力得來的優勢有種平靜的意識」。好吧，學院是永不會以建築質素聞名了，但貴為全大學最古老的學院，我們倒是可以吹噓自己好像很常慶祝五十年或百周年紀念。有位虛構的貝里歐校友名為彼得・溫西勳爵（Lord Peter Wimsey），如果他在調查究竟是誰在圖書館殺死梅教授、誰在樓下廁所幹掉麥上校以外，還有空去治理一下殖民地，相信就會和阿斯奎斯的描述完全吻合吧。[12] 我雖然愛貝里歐，但並不認為「毫不費力得

11／沒吸進去（did not inhale）：來自於一九九二年克林頓在選舉時表示自己曾經在英國抽過一兩次大麻，不過就不太喜歡，而且沒吸進去，也沒再試過。（didn't like it, didn't inhale and I didn't try it again.）由於辯解得相當彆扭，而且當時大麻尚未在美國合法化，這句句式一度流行，亦被後來的政治家（如彭定康）當作笑料。奧巴馬在二〇一六年受訪時亦說道「在我小時候，我常常都『吸進去』。」（When I was a kid, I inhaled frequently.）

12／溫西勳爵（Lord Peter Wimsey）：出於英國作家多蘿西・利・塞耶斯（Dorothy Leigh Sayers, 1893－1957）一九二三年開始的偵探小說系列「溫西勳爵」，這位虛構的角色在小說中是一名牛津貝里歐舊生。

來優勢」這種標籤有甚麼好處，何況它也不怎麼準確。確實，即使在二十世紀的最後幾十年，貝里歐出產了很多資深政治家、法官、律師、記者和公僕：希思、詹金斯（Roy Jenkins）、冰咸（Tom Bingham）、楊格（Hugo Young）、麥理浩就是一長串名單中的佼佼者。也確實，一些校友的飛黃騰達似乎相對毫不費力，像希利（Denis Healey）純粹就是因為他非常聰明，其他情況例如詹金斯，某程度上是他煞費苦心地讓事情顯得容易，但總的來說，我不認為假裝「得來全不費工夫」有甚麼好處。貝里歐那種公開而相當傲慢的知識分子姿態一直存在到四〇和五〇年代，那時貝里歐學生會在河邊和欖球場上為對手喝彩，原因是怕學院拿到體育方面的榮銜，而且在那個年代，學院沒有人相信吉爾莫（Ian Gilmour）有多聰明有趣，因為他上過伊頓公學，在御林軍服過役。不過這種態度到我那時已經消失，而且現在貝里歐男女同校，就更不可能復見了，畢竟那都是男性荷爾蒙耀武揚威之過。

我有兩位傲視同儕的同輩，他們的成就可能顯得不費吹灰之力，但其實他們非常努力，且對自己的成就極為謙虛。其一是辯論隊主席尼爾・麥可柯克（Neil

MacCormick），他是位出色的律師，後來成為愛丁堡大學公法學教授、歐洲議會議員，以及前任蘇格蘭首席大臣薩蒙德（Alex Salmond）近身而有影響力的顧問。如果不是因為他出自娘胎就是個蘇格蘭民族主義者，我肯定他有朝一日會成為工黨內閣的高級部長，像郭偉邦（Robin Cook）一樣善辯，比白高敦（Gordon Brown）要聰明。他唯一可以詬病的地方就是會吹風笛。英年早逝的尼爾是我最喜歡和最欽佩的本國民族主義者，他的民族主義外向、仁慈、沒有仇外心理。另一個優質頭腦屬於莫蒂墨（Edward Mortimer），他是我一生的朋友，一個才華橫溢的考生、美麗而有說服力的作家，他的作品《信仰與權力：伊斯蘭政治》（Faith and Power: The Politics of Islam）是一部傑作。這個議題如今麻煩重重，但極具當代意義，甚至簡單說句：它就是重要，而《信》仍然是我在這方面讀過最有價值的書。莫蒂墨走過萬靈學院和傳媒界，然後去了聯合國為安南效力。每當我意見與他論點相反時，我都會停下來審視自己的立場。

我也有一些同學踏上從政之路，在我擔任環境大臣時，對應的下議院影子大臣就是工黨的紐西蘭人古德（Bryan Gould）和自由黨的貝夫（Alan Beith），他們兩人都是貝里歐出身的。據說貝夫曾經因為教堂會眾人數過少而詰問過院牧，院牧說，自己從來都沒有把貝里歐的教堂視為上帝落腳之地。在牛津時我完全談不上有甚麼政治傾向，只編過諷刺雜誌《美索不達米亞》、撰寫和演出時事諷刺劇、為學院出戰欖球和板球賽，通常落在大家後頭閒晃，偶爾才發發力。雖然學院也出產過同齡的優秀運動員，欖球隊其中一個愛爾蘭隊員後來還成為了國際前鋒球員，但我們與體育明星的主要接觸，靠的還是傑出運動員服兵役後重返校園，又或是因為嚴重受傷而推遲到校。我大學一年級那年就有兩位，分別有印度板球隊隊長帕陶迪王公（Nawab of Pataudi，他女兒也是貝里歐畢業生，多年後和我小女兒一起出演印度電影）以及前英格蘭欖球隊飛鋒理查．沙普（Richard Sharp）。沙普是我見過最優雅的欖球員，像隻金髮幽靈一般溜過敵方的防線。數十年後，我在校隊比賽見到一位銀髮老人，他向我介紹說，自己就是我前任的貝里歐飛鋒——名望和謙虛就是如此。我們相遇的那年，剛好他正養著被南非隊翼鋒打裂的下巴，所以我跟他始終沒有打過欖球，不過我們有在同一隊學院板球隊效力過，他的守門無懈可擊。我們打第一場比賽之前，沙普問我想投甚麼球，我答：「他們說我投的球很快。」我頭兩三輪投球時他站得比較後，但當我走回去投下一球時，就看見他開始靠近椿柱。我加長助跑投出最快的球，擊球手沒有打中，反而是理查把他擊殺出局。那次是我首屈一指的人生大恥辱，花了大半個夏天才平復下來。

我最親密的朋友除了對任何疑似傳統建制派觀點一概不滿以外，對政治毫無興趣。我相處時間最長的四個人之中，有一個成了成功的電影監製，另一個當了律師和高院法官，第三個出人意表地是位企業家，最後一個去了墨西哥教書。沒有任何一人特別優越，也沒有任何一人特別不用費力，我們就是僅僅做夠，讓導師無法挑剔而已。四人中唯一的運動員是當年的準法官，他是貝里歐足球隊的守門員，魅力和笑聲一樣大。企業家阿諾德·克拉格（Arnold Cragg）是神職人員之子，父親是聖公會最重要的伊斯蘭專家，阿諾德在我們法國的家附近有所房子，多數夏天我們都會見面，繼續近半世紀以來的話題。對話近乎嚴肅，但持續時間不長，兩人都會因為對方對生活的選擇而略感訝異。

我先前提到的諷刺劇耗費的時間很多，要寫劇本、研究角色、還有登台演出，最大的樂趣來自每年夥同貝里歐劇團做為期兩周的夏季巡迴演出。我們演出自己大幅改寫的阿里斯托芬（Aristophanes）古希臘戲劇，劇本與原劇幾乎已經沒有關係了，再加上音樂讓氣氛更熱鬧，我們在粗俗的邊緣反覆試探，偶爾跌入另一邊，還被大量雙關語拖累，經常被某些學校列入黑名單禁止登台，例如傳統老校Shrewsbury。劇團會去公立學校、家居派對、律師學院等地演出，不用說，小男生們當然更喜歡我們的版本多於阿里斯托芬的原版。我懷疑今時今日的政治正確會把我們劇本大部分內容抹掉，但起碼我們自己覺得劇本真的很有趣。

那麼，是貝里歐造就了我嗎？在某些方面是的，一部分原因是期末考試後我就得到了去美國的機會。貝里歐之所以造就了我，最重要的還是那些教我獨立思考的歷史學家，以及我在學院認識到的朋友。如果不是貝里歐，我可能會更拘泥傳統，更不願放開思想。在貝里歐時我變得更有好奇心，更懂得爭論而不爭吵，更有能力梳理論證，更加敢於冒險。畢業時，我已經不——嗯，不那麼——窩囊了。我的成長路上充滿著老師和朋友的印記，但真正造就我的，首先是我當初考入貝里歐這個事實。我就是典型獎學金小子的例子，是畢拿的《一九四四年教育法》給我敞開道路，結合努力、優質父母的影響、遺傳的機智頭腦和一點運氣，攀上了英國精英制度的第一梯隊。

我來到建制階梯並不是因為出身和社群關係，但當然，我在牛津開始建立的人脈有助我繼續向上前進。我也毫不過分自負地，認為一路上幫助過我的人，對我在仕途各個階段所做的工作應該都有不錯的評價。我們這個民族往往很痴迷於階級、「用人唯才」，以及被認為是掌管一切操作的「建制」的存在。在這「三位一體」組合中，最值得我們關注的是階級，並不是因為它應該是（或者正正是）持續鬥爭的核心，列寧（Vladimir Lenin）一九二一年說過：「整個問題是『誰將超越誰』。」托洛斯基（Leon Trotsky）和史太林用的則是簡化版公式「誰？對誰？」二〇年代這種對階級的想法，在廿一世紀不應再成為執念。英國最偉大的工黨領袖艾德禮做的就是試圖結束階級鬥爭，而不是要在鬥爭中取勝。

今時今日的挑戰是，儘管經過了七十多年的福利民主，但經濟上的不平等仍然嚴重（雖然最近可能因為低收入群體就業增加而下降了一點），而教育領域的不平等亦未達到應有的縮減，部分原因是階級鬥士通常都選錯對象。在教育方面，除了甄選和文法學校之外，為甚麼連設題、改卷、紀律也要管？為甚麼他們一直表現得好像公共服務的主要受益人應該要是提供服務的人，而不是需要服務的人？為甚麼他們要擺出如此這般的言行舉止，彷彿節儉、審慎、家庭責任、擁有權等等的特質和抱負就只是中產階級的特性，而並非不分階層？正是他們幫助創造條件，讓放浪無賴往往只和工人階級背景錯誤地聯想在一起，但根本各行各業各個階層都有暴民惡棍。當代英國國內面臨的最重要問題並不是侵略性的階級政治，而是那些讓那麼多人在教育和經濟上都遠遠落後的政策。這是惡劣政策的結果，不是階級政治的結果。再者，政策制訂中最嚴重偏頗之處乃是讓利益按年齡而非階級傾斜，讓老人得到好處，要年輕的家庭和個人付出代價。

然而，對於這些論點我有一項保留。英國確實有建制，確實有一群人往往互相認識，上同一所大學甚至中小學，從事同樣的職業，營運著國家的一大部分以及其各種機構制度。同樣也有一個相似的建制在營運著傳媒，那些純粹因為名氣而引人談論的人（因此我很可能並不認識他們），不論是幹甚麼的，他們「上位」成名的過程，其實都比較隨機。但英國人晉身高層（其實低層也是）的方式比起其他國家要靈活得多。比如在法國，各地大部分工作都肯定由國家行政學院（Ecole Nationale d'Administration）或礦業學院（Ecole des Mines）的畢業生拿到，而且考試文化激烈。美國制度則將英國創立建制的推動力，跟一種驚人的、通常是世襲式的賺錢行為結合在一起。英國制度並非如另一位牛津畢業生奧雲・鍾斯（Owen Jones）在他暢銷但荒謬的書中所講的，是自由市場先知海耶克（Friedrich von Hayek）信徒所策劃和維繫的知識分子陰謀。[13] 舉個例說，社會民主左翼的男男女

13／海耶克（Friedrich von Hayek, 1899－1992）：知名經濟學家及政治哲學家，一九七四年諾貝爾經濟學獎得主，為二十世紀最重要的思想家之一。在經濟上提倡「自發秩序」，認為經濟體裡的每個參與者都能透過自發來自我組織。是以，海耶克思想與本文中的「專制社會主義」站在對立面。

女擁抱某些市場經濟原則，是因為專制社會主義已經行不通了，而且專制制度既不成功又專橫霸道，在民主制度當中因為不受歡迎而處於嚴重劣勢。政治光譜另一端的右翼人士接受福利國家和偶爾政府干預的重要性，因為這些做法在成功而和諧的社會不可或缺。共識多是基於理智而非意識形態，當然，如同其他人間事業一樣，共識有時會犯下可怕的錯誤，但至少不會是那種破壞多元、製造古拉格勞改營的錯誤。[14]

我們自己的建制，五十多年來主要以才幹能力為基礎，這並不是純潔無瑕的，有時父母、財富、人脈有所幫助，運氣也起到作用，肯接受別人給的任務也是個因素——有時確實能得到豐厚回報，但有時只能拿到一兩個「荷蘭水蓋」，有時除了私人生活的末日和媒體嘲笑之外一無所獲。[15]也可以這樣說，人們假定了走上建制崗位的人身懷某些才能價值，但當發現那只不過是海市蜃樓的時候，便會對他毫不留情。不過整體來說，根據我的經驗，建制工作者都是憑能力勝任的。（例外情況大家都數得出，足證規律的存在。）麻煩的是，願意為我們秉文經武而又才能兼備的人，數量正在穩步減少。我們一邊高喊「一起落水吧」，一邊極力掩飾水裡所見越來越多的鯊魚鰭和不斷蔓延的血泊。

所以總括而言，我認為最終勝出的是頭腦和努力。各行各業的頂尖人物很多是牛津劍橋畢業的（包括奧雲．鍾斯），因為首先必須很聰明才能進這些大學。貝多芬（Ludwig van Beethoven）被問及名字中的 van 是否代表他擁有土地時，他粗魯地反駁說他有的是腦袋。今時今日比起上世紀中葉，有腦的人更有可能主事。確實，二戰和戰後的間諜醜聞是由富家子弟校友的網絡孵化成形再竄端匿跡的，情節令人震驚。但此情不再了。在今天，難道像伯吉斯（Guy Burgess）般笨手笨腳的酒鬼

14／古拉格（Gulag）：蘇聯的監獄和勞改營網絡，全稱勞動改造營管理總局。最初由列寧政府籌建，後在史太林時期廣泛擴張。古拉格包括不同類型的罪犯，主要為鎮壓異議人士及政治犯。於三〇年代開始至五〇年代廢止期間，有近二至三千萬人被關押，約三百萬人死亡或被流放。

15／荷蘭水蓋：原文為 bauble，指廉價首飾或裝飾品，戲謔獎座、紀念品、勳章等，此處取廣東話俚語「荷蘭水蓋」譯之，籠統解作獎章、勳銜之意，諷刺其物形似飲品瓶蓋。——譯者註

間諜，還能因為家裡有一整櫃的伊頓公學領帶就能在離譜行為後倖存嗎？[16] 費爾比（Kim Philby）能因為父親是印度高級公務員而隱匿如此之久嗎？[17]

但是，今天的建制面對著另一個挑戰：用人唯才可能是一種相當不具吸引力的暴政，有能者可能有各種動機看不起功績不夠明顯或是能力沒有市場的人。在一個經濟上沒有增長或變化的社會，用人唯才還有一個令人尷尬的實情：想「用人唯才」名副其實，那麼每當有人要爬梯上升的同時，就有人要下來。這可不是中產父母能欣然接受的訊息。但如果「用人唯才」主要指的是靠能力晉級，那它顯然比其他組織社會秩序的方式要好。最重要的是，要確保「用人唯才」說話算話，制度就必須要保持開放，確保人才可以來自自身梯隊及家族以外，能使制度持續自我更新——不能對這個過程的重要性視而不見、漠不關心。偉大的美國社會學家貝爾（Daniel Bell）主張「溫和有節制的用人唯才」，當代歷史學家軒尼詩勳爵（Lord Hennessy）對這點也論證得很好，他相信建制中人要記得自己從哪裡來，需要多少公眾支持才達到現在的地位，以及為何要努力增加修繕良好的階梯，讓身後的其他人都能攀上。他們應該要意識到，能循此途徑攀升的女性太少，要多下功夫糾正。建制精英還必須由始至終對選擇不爬梯或是嘗試爬梯但失敗的人表現出平等的敬重。英國的社會流動問題並不在於有多少建制人士進入我們多麼少數的頂級大學，而是在於要如何在不降低入學資格的情況下，讓更多青年男女有機會入讀這些學府。精英教育機構本身沒有問題，事實上還應多多設立，但條件是，要不論出身背景，向最優秀的人敞開大門，而且是透過提高而非降低標準去推動社會包容。

16／蓋伊．伯吉斯（Guy Burgess, 1911—1963）：英國外交官和蘇聯特工，由一九三〇年代開始運作的蘇聯間諜網「劍橋五人組」（Cambridge Five）的成員之一。在外交部工作期間估計上報了數千份文件給蘇聯上級。在一九五一年叛逃到蘇聯。

17／金．費爾比（Kim Philby, 1912—1988）：蘇聯在冷戰時期潛伏在英國的雙重間諜，間諜身分在一九六三年曝光，同屬「劍橋五人組」之一。

第四章

「世上最好、最後的希望」

非唯倚東窗，
白日光穿堂。
金烏緩又緩，
西野暉滿地。

——亞瑟·休·克拉夫（Arthur Hugh Clough），
《別說奮鬥終究徒勞無功》（Say Not the Struggle Naught Availeth）

美國！紐約！多麼璀璨奪目！

——差利·卓別靈（Charlie Chaplin）

·　·　·

我自然沒有像大將軍寇流蘭般闖入伏爾斯人的鴿棚打他們一個落花流水，但作為速球派板球投手，我確實偶爾演出優秀的開局投球，例如是在貝里歐板球場讓牛津紳士隊兵敗如山倒的那個早上。比賽過後，爸爸一位生意上的朋友跟著我們去Bear Inn吃豪華大餐，那時離期末考試和告別牛津只有幾星期，那位和藹可親的朋友說道：「那你現在已經成功了，世界任你翱翔。」

但我到底「成功」了甚麼？我父母為著兒子在學校的表現感到非常自豪，但對於接下來應該發生甚麼、可能發生甚麼卻全無概念。而兒子自己呢，就太過安於在沿岸航行，不敢做任何大膽的事。我十六歲時就意外獲得小筆獎學金入讀貝里歐學院，本來可以休學一年去第戎（Dijon）隨便找家中學讀讀法語，又或者去泰國海邊研究女生，但從來沒人真的建議或強迫我這樣做，於是我就這樣浪費了擴闊視野

1／「世上最好、最後的希望」：出自林肯於一八六二年發表的《國情諮文》（Annual Message to Congress）。在南北戰爭期間，林肯呼籲國會採取行動，確保聯邦政府能夠繼續為奴隸解放和保護自由而努力。「我們在場的每一個人，都擁有力量並承擔著責任。當我們給予奴隸自由時，就確保了自由的存在——我們給予和保護的，俱為光榮。我們將要崇高地拯救或卑劣地失去世上最好、最後的希望。」

的真正機會，又在學校呆了一年，不必要地增加預科修讀科目，當板球隊隊長和領袖生長，寫矯揉造作的論文，指尖拈著施托伊弗桑特（Stuyvesant）的書頁，穿越年青守舊派的山麓。現在已經沒有任何藉口了，不得不冒險一試。學徒生涯結束，廿一歲並非生活的終點，誠如老爸這位叫阿 Roy 的朋友所言，這只是生活的開始。

但到底怎樣開始呢？我茫無頭緒。我是挺會分析蘭尼米德（Runnymede）貴族們的動機，或是羅蘭夫人和吉倫特黨人的垮台，但對於迪斯雷利和格萊斯頓（William Ewart Gladstone）以及近東問題就不那麼熱衷了。我寫得出尚算好笑的滑稽小品、歌曲、諷刺劇，娘娘腔地模仿維多利亞女王也維妙維肖。我有魅力，也很會演講。在哪種事業上——哎呀，這個「要開展事業了」的想法——這些個人特質足以將我淘汰出局？我幾乎沒有花過力氣求職，還曾被兩家國際廣告公司拒絕，其中一次發覺那公司沒有我的幽默感。他們的心理測驗有「想變成甚麼動物或鳥類」這種傻瓜問題，我寫上「海鷗」做答案，然後下面每一道題都當自己真是一隻海鷗般作答。「你最喜歡做甚麼？」「在海浪上低空俯衝突擊捕魚」，林林總總。

老老實實，我覺得這比廣告公司認為的要好笑。也許是因為這次經歷，我自己對心理測驗從不感甚麼興趣，總體上完全依靠面試、履歷和推薦信，從沒試圖了解求職者是不是想做隻貓做隻狗。畢業翌年我還申請加入 BBC 畢業生實習計劃，同時安慰自己說我拿到古列茲橫渡大西洋獎學金（Coolidge Atlantic Crossing Fellowship）已經相當於在貝里歐中彩票了。後來事實證明這確實是翱翔之機，儘管我當時還不知道有甚麼奇珍異寶等著我。

我現在已見識過很多美國慈善事業的驚人慷慨度和想像力，古列茲獎學金不過是第一個例子。古列茲（Bill Coolidge）當年六十幾歲，是波士頓上流社會的創始成員——先天富足，後靠精明投資。他就讀於哈佛大學，然後是牛津貝里歐，是聖公會的忠實成員。古列茲一直單身，院校就成為他家庭的主要成員，經常得到他的慷慨解囊。在貝里歐，捐贈的形式主要是每年向學院幾名成員頒發獎學金，獎勵其整體全面的優秀表現。古列茲出資讓你坐郵輪去紐約，與他同住在他的麻省鄉村莊園裡，豪飲他的一級酒莊紅酒，去哈佛合作社置裝：西裝外套、斜紋布褲、鈕扣領牛津恤衫、啡色便士樂福鞋；然後拿著赫茲（Hertz）信用卡、可續領的一千美元津貼和美國各地的古列茲之友和貝里歐校友名單出遊，他們都預備好讓你留宿，一連幾天帶你遊歷自家城市或州分。出遊是兩人結伴，我和莫蒂墨從波士頓出發，逆時針方向周遊美國。這次旅程和貝里歐一樣造就了我，幸運之神再一次把我庇之翼下照拂。

一九六五年六月下旬，我們乘坐法國號遠洋郵輪前往紐約，第一次了解到牛津人的自信加口音的假象是多麼容易打開大門——這次的大門通往郵輪的頭等艙酒吧和休息室。問題是，雖然我發的元音賺來免費的冰凍德貴麗雞尾酒，但頭等艙的氣氛實在太拘謹：年輕人穿著白色燕尾服，額頭一撮黑髮，好像正在受訓成為雷普利（Ripley）一類的小白臉角色，去追求美國大公爵夫人，我懷疑他們的黑色假前襟也不是自己繫的。[2] 一晚足以說服我們，還是該和沒有燕尾服但過得更愉快的無產階級在一起。幾位頭等艙乘客顯然有同感，他們飄過服務生身邊，穿越階級壁壘，享受「無套褲漢」尋常人家的郵輪之旅。[3]

同船的兩位乘客非常符合典型美國人的形象，他們的照片應該直入我們的美國探險相簿。一位是直接從費茲傑羅（Scott Fitzgerald）作品或《紐約客》（New Yorker）雜誌跳出來的，他的棉質鈕扣領牛津恤衫（就像我們很快會買的那種）和藍色西裝外套肯定來自Brooks Brothers，內衣褲多數也是。他是個和我們年歲相當的大愛國者，我還記得他的憤怒：安德魯・約翰遜（Andrew Johnson）總統的女兒上課嚼口香糖，他最喜歡的曼哈頓包厘街餐廳和第五大道服裝店即將關門大吉。我想像到，在小販式交易員充斥的年代前，他應該會成為華爾街銀行家，不過幾年後我才知道這位阿標最終在越南的稻田之間衣糜肉爛。我認為沒有其他國家會產出

2／雷普利（Ripley）：出自犯罪小說家海史密斯（Patricia Highsmith, 1921－1995）的小說系列《天才雷普利》（The Talented Mr Ripley）的反英雄角色，為職業罪犯、騙徒和連環殺手。小說後改編為電影，香港譯為《心計》。

3／無套褲漢（sans culottes）：又稱長褲漢，名詞於十八世紀晚期指法蘭西的低下階層，服裝象徵了他們的下層階級，與之相對的是上層階級的裙褲。無套褲漢代表了低下階層的激進思考，原意代表支持雅各賓派的大革命激進分子，而在本書中，彭定康前往美國的一九六五年亦為反越戰的高潮時期。

完全相似的一類人：體面、可親、彬彬有禮、有點沉默寡言、守舊，這太容易畫成諷刺漫畫了。上世紀有太多這樣的年輕人，連同更多的美國工人階級男孩，為著多數是其他人的事情而死。在我們看來很「典型美國人」的是乘客阿莊，身在（嚴格來說是「來自」）巴黎的美國人。他渾身散發出一種在蒙馬特修道院廣場對面住了一年的年輕人那種成熟氣息，帶著一整箱書回美國惡搞他的朋友，當中有薩德（Marquis de Sade）和亨利・米勒（Henry Miller），自然包括露骨的「殉色三部曲」《情慾之網》、《春夢之結》和《性愛之旅》（Plexus, Nexus and Sexus），最後這本我在一個聖安妮學院讀哲學的年輕女生書架上見過，趁她出房門泡伯爵茶時偷偷看了一點。阿莊廿幾歲，舉止態度相當厭世，顯然對女性吸引力甚大。他似乎已經見過又經歷過人生大半的內容，尤其是淫穢與下流的部分。這種迷倒萬千女性、隱隱透著危險的形象，我自己是絕對無法駕馭了。不過船上並不是每個人都像阿標和阿莊一樣有趣，一天早上我跟一個瑞典人吃早餐，他在韋林花園市（Welwyn Garden City）工作，很是推崇市內的夜生活。

廿一歲小伙子初探美國，心中留下了許多令人訝異的印象，又在後來多次重訪（我估計現在總數已經達到一百次了）得到證實。首先我們當然知道美國人說英語，但他們有時也講其他語言。例如在一九六五年那次旅程，我們開車穿過德州時，就遇到以德語和西班牙語為主要語言的社群。隨著中美洲和拉丁美洲移民增加，越來越多美國人口使用西班牙語，現在也越來越多美國政客覺得有必要至少懂幾句西班牙語。德語的使用反映出十九至二十世紀初德國移民的數量，不過第一次世界大戰就讓人們不那麼熱衷說德語了。雖然美國大多數人使用英語，但來自英國的遊人還是要時刻提醒自己：美國是外國。在俄亥俄州雅典，我比在希臘雅典更感到自己是個外國人。

早在我們對各大洲全球化的概念入迷前，美國就已經在自己的大陸上實現全球化了。美國身分由如此多小部件組成，是怎樣做到如此全球化，又如此孤立的？最近有天早晨，我在麥迪遜大道靠近聖巴德利爵主教座堂（St Patrick's Cathedral）一家熟食店窗邊坐著，看蹣跚而過的上班族。他們首先會怎樣界定自己身分？越南裔美國人？紐約客？白人盎格魯撒克遜新教徒？非裔美國人？華裔美國人？或者紐約黑人天主教徒美國人？又或者，他們純粹認為自己就是護照上所描述的——美國公民。不過，他們當中可能十個有六個沒有護照，數字比幾年前低，但與類似國家相比仍然高出很多：加拿大是四成，英國兩至三成。但正如美國國徽借用西塞羅或聖奧古斯丁所言：「合眾為一」（E Pluribus Unum）。雖然近代祖先大多來自海外，但很多美國人對美國境外發生的事出奇地不感興趣。作家巴恩斯（Julian Barnes）曾說過，如果想讓你的國家在眼前消失，只需要到訪美國並打開一份報紙。

儘管許多美國人某程度上會說他們離散族群的語言，但本身似乎並非特別優秀或有興趣的語言學家。我想，就像我的同胞一樣，他們都是被寵壞的一群：既然全世界都說英語，為甚麼還要說意大利語、法語或日語呢？美國既是民族、種族、語言、宗教身分的萬花筒，目前仍是世界最大經濟體以及全球政治和安全領袖，同時又懷疑與外間有太多聯繫是否有好處。這種弔詭的情況，一方面構成了美國現在並不是、過去不曾是、以後不會是羅馬那樣的帝國的一個主要原因，另一方面也構成了美國具備不可言喻的魅力和吸引力的一部分。它是一個商場（emporium），但一般而言不是帝國（imperium）。

它可以傳教、在偏遠的沙漠和沼澤作戰、向世界售貨、嘗試像雅典教導希臘那樣教導世界，但不像當年英國人般，真的變得熱衷於講當地方言、掌握其他人的習俗，或是處理腹瀉。遙想當年，美國可能還需要大量大學來教出帝國政務官去改變這個狀態，而滿飛機的美國版米爾納勳爵則肯定對世界徹底不利。[4] 我們一直所見的美國，比一些人認為可能對我們更有用的美國——更世故、更無所不知——要好得多。美國的天真是讓我們經常受益的一種特質。

4／米爾納勳爵（Lord Milner）：見前註，頁99。

也許美國一直對世界感到有點不自在，因為要自在地應付自家的千差萬別已經夠難了。正如一九六五年夏天，莫蒂墨和我開著用赫茲卡租來的道濟汽車所發現的：美國實在太大了。不少好路始建於艾森豪總統的《國防公路法案》（一項龐大的共和黨公共工程計劃），我們用得可多了。在停歇點之間，我們飛越美國大陸的大片土地——從芝加哥到蒙大拿州比靈斯（Billings），掠過小大角高地（Little Bighorn）高處——那時我們才意識到波士頓、紐約、華盛頓有多遙遠。中國有句老話，「山高皇帝遠」，美國也是如此。難怪這麼多美國政客，例如民主黨議長奧尼爾（Tip O'Neill），認為所有政治都是本地政治。這句話在比靈斯或是我們的下一站鹽湖城都肯定錯不了。就在前幾天，一位聰明、年輕的美國人、現職國務院的牛津博士生向我坦承他從來沒去過華盛頓。

美國的異國情調體現在食物和運動中。我還記得在俄亥俄州一家餐館裡初嚐雞尾酒蝦和T骨牛扒，蝦大而無味，淹沒在粉紅色的漿糊中，盛在花瓶大小的磨砂玻璃杯裡，而牛扒足以餵飽發展中國家的小村莊。份量以外的另一極端是歌頌一切天然成分，伴隨（其實是灑滿）矯揉造作的描述。名廚愛麗絲・華德斯（Alice Waters）在柏克萊開的餐廳 Chez Panisse 會宣講 Tom Thumb 和 Iceberg 生菜之間的區別，好像真的很重要似的。人的體形反映階級，這點在美國比我去過的任何地方都更真確。窮人常常大吃快餐，富人則靠蔬菜沙律、維他命片、健身房會籍修身。美國的蛋白質消耗還曾引起過外交風波，事源第二位布殊總統（正確地）指出，世界肉類價格上漲的部分原因是亞洲經濟發展引致更多印度人和中國人吃肉。這弄得印度政客怒不可遏，說同胞的吃肉量和美國人相比簡直是小巫見大巫。在美國的豪華餐廳裡，侍應生收著天價小費但態度卻比巴黎的還要傲慢虛偽。有次我在紐約一家餐廳點了鰩魚，侍應評論了一句：「真是很歐式的選擇。」我問他甚麼意思，搞得他茫然無措，這個做法可沒讓我在店家眼中更討好。

美國最具代表性的運動是棒球和美式足球，這兩種運動在其他地方幾乎都無跡可尋，至於籃球嘛，在找到足夠數量的巨人來打好它的國家，倒也還是存在的。足球也或多或少滲透進美國人心理，成為某種中產母親的名銜（soccer mom），而且美國女士自己也踢得擅長。[5]我第一次看棒球比賽是被美國職業外交官西茨（Ray Seitz）帶去的，他是我所認識最聰明的公務員之一，最終還當上美國駐倫敦大使。棒球是那種造成錯覺的運動，場內發生的事情明顯比門外漢眼中見到的多很多。它也像板球，讓喜愛體育競賽數據的人痴迷不已。我曾去過聽蘇格拉底式哈佛哲學巨擘桑德爾（Michael Sandel）有關棒球的演講，他熱情地從一個小數點跳到另一個，但沒有一樣比他的論點更讓我印象深刻：現場看比賽所意味的大眾化、具有社會凝聚力的體驗（排隊上洗手間、吃芝士漢堡、淋雨淋到一身濕），已隨著球賽加入為贊助商及富人而設的特殊座位及包廂而消失。[6]

我看美式足球的體驗不及看棒球般享受，在美式足球比賽中，長時間的靜止狀態會被突如其來的體能迸發打斷，就像董事會會議因精心策劃的暴力事件而中斷一樣。這項運動在大學非常受歡迎，也是校友心繫母校的方式之一。有次我去和我同期的貝里歐人、前州長兼參議員博倫（David Boren）做校長的俄克拉荷馬大學（University of Oklahoma）演講，被帶了去參觀大學可容納近九萬人的美式足球場。

美國的大學足球運動有鉅額資助，而且絕非毫無爭議，舉例來說，出身貧窮的健碩黑人孩子就會受到大量批評，因為他們很多時在運動期間受重傷，最終只能接受免費但不太有用或不夠全面的教育。但我最喜歡的美國美式足球大學——印第安納州聖母大學——則不是如此。在那裡足球很重要，校隊「愛爾蘭戰士」夙負盛名，還有一幅耶穌復活、高舉雙臂的壁畫俯瞰球場，稱為「達陣耶穌」（Touchdown Jesus）。但你不會覺得大學裡一切都次於足球：聖母大學成功確立其學術地位，既是學界中心地，又是真正的基督教（天主教）基金會，代代致力改善美國的公民權利。

正如古希臘作家希羅多德記述呂底亞人、巴比倫人、埃及人和波斯人所說的，

5／足球媽媽（soccer mom）：指北美中產階級家庭賢妻良母型婦女，通常住在郊區，花大量時間接送小孩去參加像足球等的課外活動。在媒體中的形象通常是駕駛休旅車、終日忙碌、且經常坐在場邊看小孩踢球。

6／麥克・桑德爾（Michael J. Sandel, 1953—）：美國政治學家，從八〇年代開始於哈佛大學開設著名課堂「正義」，並於網絡流行。

最偉大的帝國也有衰落之時，因為它們會變得軟弱。即使憲政安排已是久經考驗，國家還是可以從內部遭到個人野心之類的東西侵蝕，而西塞羅之死，就有一部分源於他在古羅馬提出這個論點。國家也可以因為人們不理解複雜而細緻的政治平衡而變弱，白芝浩（Walter Bagehot）早在十九世紀中葉，當英國為適應不斷變化的需求而努力調整不成文憲法時就已經明白這點。吉卜齡（Rudyard Kipling）的詩句如輓歌一般：「我們昨天的一切烜赫，就如尼尼微和推羅。」[7] 美國的經驗已經教會我們，成功的政治體制和經濟方案能如何被意識形態和簡單、尖銳、看似能解釋一切的想法削弱。列根總統最喜歡的笑話之一——可以追溯到他受僱於通用電氣做勵志演講的年代，及後在一九六四年支持高華德（Barry Goldwater）競選總統時再加雕琢——將這個教條演繹得淋漓盡致：「美國最可怕的一句話，是『我來自政府，是來幫助你的』。」席間多不乏大笑和掌聲。這種譁眾取寵的右翼言論反動到超越保守主義界限，成為一次極具影響力、精彩演繹的演講的一部分。這次演講題目叫作《抉擇時刻》，發表於高華德對戰林登．莊臣（Lyndon Johnson）並鎩羽而歸之前。

高華德失敗的一個主要原因是他明確主張使用核武結束越戰，而列根的精彩演講用豐富的三〇年代反綏靖言辭論述戰爭與和平，拖摩西和耶穌基督下水支持高華德的軍事學說。演講的主要部分接下來匯集反國家的重砲言論，隨後成為共和黨右翼未來五十年的聖經，誠然是美國政治家數一數二最具影響力的演講，讓最初擁護羅斯福新政的民主黨人搖身一躍成為共和黨籍加州州長，不久再擊敗美國首屈一指的偉大前總統卡特（Jimmy Carter），登上總統寶座。

像我這樣的一個政界小生，後來就把列根的演講當成大師班，學會撰寫和演講簡而有力的講辭。我完全不同意講辭內容，但它寫得漂亮。列根表現完美，把傳統、極保守主題與俄裔美國作家蘭德（Ayn Rand）的救世主式自由意志主義市場經濟學

7／尼尼微和推羅（Nineveh and Tyre）：典出《聖經》，兩者皆為被上帝揚言即將毀滅的罪惡之城。

糅合在一起。[8]演說不對比左右，而是上下：上是自由，下是極權，似乎沒有任何中間著墨的地方。按列根所言，美國面臨對自由的攻擊，政府決心試圖解決苦難，彷彿這是人類能力範圍之內的事情；據稱每晚餓著肚子上床睡覺的美國人，其實很多只是節食；華盛頓的政府部門是世上最接近永生的例子；美國在內面對社會主義步步進迫，對外則對聯合國大會低聲下氣，再不振作就會跌入千年黑暗深淵——神經脆弱的膽小鬼是受不了列根演講的。

有趣的是，這種出色的反動胡言跟列根真正在任時的行徑相去甚遠。莊臣可能在國內支出計劃方面推迫得太過分，而且想在不要求納稅人作出任何犧牲的情況下，試圖同時打越戰和增加社會支出，這肯定是錯的。然而，對政府規模和國家支出喊打喊殺的言論，與列根的實際行動差天共地。身為政治家，他最大的優點是和藹可親、明智地選擇舒爾茲（George Shultz）等幕僚，以及煥發自信與希望的才能——希望，多崇高的兩個字。

隨之而來的不是針對國家干預的閃擊戰，也沒有對維持國家機構所需的支出開刀。在國會支持下，列根任內最後幾年很大手筆——他是最大手大腳的總統之一。他第一個任期內的聯邦支出增長8.7％，第二任期為4.9％，佔國民收入比例高於前任卡特的數據。聯邦預算赤字從九千九百七十億美元增加到二萬八千五百億，這種程度的赤字支出，特別是債務水平，列根毫不出奇地（至少在口頭上）認為是其總統任期內「最大的失望」。這些數據助長了長期不平衡的經濟擴張，同時鞏固了列根的幸福日子。這個來自政府的人，好像真的是來幫忙的。列根漫步經過自己意識形態的墳塚時口哨吹得可高興了，拍拍屁股留待後兩任的克林頓總統把支出增長控制在４％以下，再製造預算上的「驚喜」。奧巴馬任期內的支出增長數字更低——考慮到他當選前不久爆發的金融危機，倒是不足為奇。

8／艾茵·蘭德（Ayn Rand, 1905—1982）：俄裔美國籍作家和哲學家，著有《阿特拉斯聳聳肩》（Atlas Shrugged）。

寫六〇年代，為甚麼要糾纏於列根（來自迪士尼樂園的海耶克）及其哲學？因為無論共和黨總統實際做過甚麼——兩位布殊也是大手筆之人——都會像浮木一樣，拋蕩在反政府、反監管、反稅收言論的浪頭中，跟他們的民主黨對手沒有兩樣。赤字整體上升，監管限制減少。太多美國人開始相信，他們自由國度裡的自我定義和光輝歲月，僅僅憑個人主義和否定政府在美式生活中的角色就可達成。他們受傳揚的福音是，任何政府行為都是邁向社會主義暴政的一步。這種論述是個破壞性的歷史騙局，與真正的保守主義毫無關係，但就與捍衛財閥政治、拒絕接受公民身分的代價，還有民粹主義息息相關。換句話說，極端主義穩步上揚，共和國黨的貴族核心傳承已被掏空。共和黨內對「平衡」的直覺及傳統理解，包括國家與公民之間、稅收與支出之間、國際事務與國家利益之間的平衡，隨著時間的推移，很大程度上被茶黨的虛幻信仰與財閥和說客的特殊利益所取代。

我們在一九六五年遊歷的美國，正在享受五〇年代艾森豪總統保守主義的成果（除了一個巨大例外）。漫長的艾森豪時代孕育出新政成功的經濟及社會進步，他是一位偉大的統籌將軍和優秀的總統，讀的歷史夠多，也很夠智慧認知到「山上之城」並非僅僅靠個人汗水和祈禱就能建成，而是很大程度上歸功於社區團結和有能政治家指導的國家行為。華盛頓的首席助手兼財政部長咸美頓（Alexander Hamilton）就是帶頭大哥，他信奉強大的中央政府，支持工業、商業和銀行業發展。一個世紀後，共和黨人總統老羅斯福打擊美國礦產、商品、鐵路和銀行業的強盜大亨，監管壟斷，並訂立反壟斷法將之擊潰。快進到大蕭條末期民主黨人小羅斯福總統新政期間，政府積極干預經濟以促進增長、就業和現代基建建設。艾森豪並不認為這是在侵犯自由，他是個有智慧的保守主義者，像近三十年後的鄧小平一樣，明白交出好貨的務實主義勝過充斥研討會大廳的意識形態。

因此，五〇年代帶來了龐大的住屋和高速公路計劃、一流大學融資、用國防預算支援新科技，包括數碼經濟、半導體、電腦、噴射機航空等核心科技。艾森豪治下的聯邦開支佔國民財富比例是羅斯福時期的兩倍。這是白人中產階級實現「美國夢」的最佳時代，隨著收入日漸平等，中產階級蓬勃發展，金融業佔經濟3.7%，如今是8.5％；當年美國企業行政總裁的薪酬是其公司平均薪酬三十倍，今日則遠高於三百倍。

查看當年「收入平等」的變化特別有趣。國際公認的衡量標準是人人都信服的堅尼系數，以致有人（像是中國）試圖在數字上作弊，擔心數字會向世界揭露「中國特色社會主義」的真正本質。堅尼系數以一位同情法西斯的意大利統計學家命名，計算基礎是如果一個國家所有資源由一人獨佔，其他人甚麼都沒有，系數就是1；反過來如果國家資源完全平均分配給每個人，系數就是0。美國的堅尼系數在一九四七年至七四年間下降，此後開始攀升。莫蒂墨和我同遊美國時，系數正跌至歷史最低水平，在一九六八年觸及最低點0.386。二〇一三年時系數攀升至0.476，高於所有繁榮民主國家。看似平淡無奇的數字，卻相當準確地衡量了「不平等」的變化。我們可以稍後再思考美國收入不平等的結果，但此刻我只想指出一點：對於大多數人，尤其白人公民，五〇和六〇年代的美國社會比今天公平。更為公平，而且可能更為滿足，活出了美國夢。來到今日，美國脫口秀演員卡林（George

Carlin）提出，它之所以稱為「美國夢」，是因為唯有人們睡著才會相信它。

在一九六五年時，我們穿越一個個極清醒的美國社區，「夢」看起來就像是荷里活式電視喜劇裡的生活。「郊區情意結」（Suburbanophilia）所頌揚的幸福家庭，就住在充滿電視、洗衣機、冷氣機這些最新玩意的舒適房屋裡，四周是修剪整齊的草坪和白色的柵欄，還有前廊，騎單車經過的送報童會把早上出版的《水牛城號角》（Buffalo Bugle）扔上去，這些都是有天早上我親眼見到的！連續劇《我愛露茜》（I Love Lucy）一家人誠然住在公寓單位，但我們都知道他們代表的是幸福的家庭和日子。但漸漸地，對中產郊區生活的熱愛受到小說家和電影人挑戰，郊區主婦所受的壓迫，甚至是被外星人入侵綁架的可能，都為田園詩篇的良辰美景蒙上陰霾。我們環遊美國之旅所見的是田園生活的巔峰：郊區、購物商場、尖塔隔板教堂，這些舒適的社區，在物理上由出色的公路系統連接，精神上則由美國強烈的社區意識維繫。

這樣的美國，是「事在人為」（can do）的企業家精神與務實的政府干預相結合的產物。艾森豪和同僚不同邊沁（Jeremy Bentham），他們沒有事先假定政府干預通常「不必要且有害」，正如艾森豪總統給兄長艾嘉的信中所言，「要取得任何成功，很明顯，聯邦政府不能避免或逃避大眾堅信應由其承擔的責任」。聯邦住房管理局幫助建造房屋，高速公路信託基金支付建設州際公路系統的大部分費用，背後有受嚴格監管的銀行體系為商業和置業提供資金。對華爾街有利的，對大街小巷就有利：華爾街受到限制，變得枯燥而安全，因而避免了周而復始破壞生活與生意、使經濟倒退的泡沫、恐慌和崩潰。

這到底發生了甚麼事？一九八〇年代（雖然更早就開始了），海耶克奧地利經濟學佔據公共辯論的制高點，常常得到富人資金和金融服務說客的支持，而一些為確保銀行存款安全、嚴格控制股票市場、使投資銀行和商業銀行業務涇渭分明而訂立的規則被廢除。比方說，在一九三〇年為了分隔商業及投資銀行而通過的《格拉斯—斯蒂格爾法案》（Glass–Steagall Act）後來在一九九九年廢除，於是銀行可以在更少監管下冒更大風險，是導致快槍手銀行業操作及〇七〇八年崩盤的幾千項監管放寬中的最大變化。自第二次世界大戰以來，從沒發生過像〇七〇八那樣的崩潰——吃幾口意識形態菠菜還是有益的。

此外，有了放鬆管制的狂熱，伴隨而至的就是美國不平等日益加劇。美國中產階級收入受壓，家庭和個人透過大量借貸來彌補可支配收入的減少，銀行和其他機構又用一系列神秘而可疑、特別是與置業掛鈎的工具去鼓勵借貸。於是家庭債務從一九七四年的六千八百億美元增加到二〇〇八年的十四萬億美元，其中更在二〇〇一至二〇〇八年間翻倍。當時，每個業主平均擁有十三張信用卡。此數據急增的同時，聯邦債務也在飆升，當年年底達到超過十萬億美元。美國舉國支出遠超收入，成為世界最大負債國和全球的「最後貸款人」。如此依賴借用他國賺的錢去抵付自己的花費，實在很難得到世界的尊重，這就削弱了美國的全球領導地位。但銀行卻很高興，銀行家收入高得驚人，大銀行給華盛頓建制做高層指揮。蘇格蘭作家卡萊爾（Thomas Carlyle）認為，資本主義壓倒所有社會關係，使之淪為金錢紐帶，美國民主政府可能實際上正正已經成為這個金錢紐帶了。

如果說六〇年代的美國社會有一大部分人似乎比今天更幸福，那麼這種中產幸福感並沒有落到黑皮膚的家庭身上。我今天翻看當時的旅行日記，就注意到我有時會把非裔美國人稱為negroes，當時沒人認為有甚麼不妥，就是禮貌的通用叫法而已，馬丁路德金在一九六三年的偉大演說《我有一個夢想》裡就已多次用到。但隨著六〇和七〇年代過去，民權運動開始傾向以其他用詞描述黑人身分，「非裔美國人」就是其中之一，不過我一位身為黑奴後裔的記者朋友就拒絕使用這個稱呼。他曾為報社擔任駐非洲首席特派員數年，在非洲大陸的盧旺達和索馬里見證過最人神共憤的暴行，故此他希望被視為美國人，而不是非裔美國人。即使是當今最敏感、最無意冒犯的人，一不慎失足還是會陷入水深火熱之中。

曾經有一位白人英國演員發表論述，為與他膚色不同的演員講好話，但他用了「有色人種」（coloured people）字眼，而非該用的「非白人」（people of colour），可憐哪，他尷尬地敗走收場。我們不應該存心冒犯其他（多數是受壓迫或弱勢的）種族群體，事實上，還應該盡力主動避免。但是我懷疑，在這個議題上，有人會在他人無意冒犯之時再加挑剔，以特別尖銳的方式維護身分認同。我希望三個混血孫輩——三個聰明、活潑、漂亮的孩子——成長的社會中，對這些議題的神經過敏已經被平等的尊重和機會邊緣化。我欣賞英國組織 Black Boys Can 的工作，我觀察到那些男孩確實是黑人，但問題是（根據前面提到的語法區別）他們雖然「能」（can），但不一定「可以」（may），因為太多太多時候，他們的出身背景已經把他們推向次等的中學教育了。

在一九六〇年代的美國，種種可怕證據證明了美國夢並不包括黑皮膚的非裔美國人社群。馬丁路德金夢想從「絕望之嶙」鑿出「希望之石」，自由的呼聲要響徹每座山頭，從佐治亞州的石山到密西西比州的小山與丘陵，而這遠遠未實現。幽谷未有隆起，高山也未有陷落。這點我們在兩個地方看得特別清楚：洛杉磯和阿拉巴馬。我們八月下旬抵達洛杉磯，首先去了迷人地乏味的森林草坪紀念公園，那裡不僅複製了衛科陵園教堂（Wee Kirk O' the Heather）——安妮・蘿莉（Annie Laurie）就在那兒伴著那冗長浮誇的蘇格蘭民謠等待和祈禱，還有應該是美國乃至世界上最大的達文西《最後的晚餐》複製品。[9] 來到一座埋葬超過廿五萬人的墓地感覺有點奇怪，因為在這個地方，如同在美國很多文化之中，死亡的概念已經過去，前行，離開，去到一個更好的地方。而我們則不然，下個目的地肯定不是個「更好的地方」，我們要到的是華茲（Watts）郊區。在到達南加州的前一周，有一名開車的非裔美國人被捕，引發了持續六天的搶劫縱火騷亂。我們進入郊區時是大部分國民警衛撤走的翌日，那裡被一些洛杉磯人稱之為「體面的貧民窟」，大多是獨立的破舊平房。華茲充斥著暴力的痕跡：被子彈打成蜂窩的牆壁、燃燒中的翻倒汽車、被砸碎的商店櫥窗，成群結隊的年輕黑人通常喝醉了聚在街角。我們在芝加哥見過更嚴重的都市貧困跡象，但毫無疑問，華茲是相當陰沉和貧困的地區，原本已經高企的失業率因更窮的南部農村人口不斷湧入而更加惡化。

阿拉巴馬情況更糟，吉姆・克勞法（Jim Crow Laws，即種族隔離制度）是至高無上的。一九五七年，副總統尼克遜應加納總理恩克魯瑪（Kwame Nkrumah）邀請出席該國獨立慶典，據稱在一次官方招待會上，尼克遜和黑人賓客交談，他說：「你們現在成為可以自由投票選政府的國家公民，一定很棒。」其中一人回答：「我不知道那一定會怎麼樣——我們是阿拉巴馬州來的。」一九六五年，民權運動仍在爭取非裔美國人的投票權，以及與白人同胞全面平等的待遇。在華盛頓，莊臣自己憑藉沉著立法加上政治欺凌，也正在就這些問題與參眾兩院的反動勢力交戰——這將會是他最大的勝利。戰鬥未竟之際，我們就出現在阿拉巴馬州的一個城市，到一位彬彬有禮的報紙編輯處作客。我們從新奧爾良起飛再在機場取車，沒注意到它掛上的是賓夕法尼亞州車牌，不過就算我們看到也好，大概也意識不到那有甚麼要緊的。一兩天後，我們在一家酒吧前停好車走向櫃枱，留著披頭四髮型，一口英國口音，霎時間整個地方都陷入不祥的沉默。幸好主人家和我們一起進去了，

9／安妮・蘿莉（Annie Laurie）：一首民謠，歌詞原是一首寫於一七〇五年的情詩。

及時大喊：「老友，別擔心，他們是英國人，不是北佬，他們跟我們一樣。」之前不久，就有北方來的民權運動人士遭到槍擊，當中不乏賓夕法尼亞的大學生。有主人家同行真是走運了。

我們和他過了兩三天。我估計他是個鰥夫，由黑人僕人照顧，上班也是由其中一位開車送去。他解釋了其中規矩：他不可以和黑人女人司機一同坐在前座。如果由他自己開車，僕人則必須坐後面；車裡如果有一位白人女性及兩位黑人共三人，兩位黑人即坐前座，衣冠楚楚的黑白大腿不能有任何形式的接近。他是個溫和、飽讀詩書、討人喜歡的男士，經營在當時當地立場相當溫和的報紙，與三K黨或暴烈偏見扯不上任何關係，但他並不打算挑戰邦聯政治的舊文化：變革可能終需到臨，但不能急於求成。也許人人生而平等，應該可以上同一所學校，爬上同一輛巴士，在同一家餐廳吃飯，睡在同一幢旅館，但需要時間才能實現。「尊嚴」可以通過有尊嚴的方式，一步一步地獲得。他希望「崎嶇處移平，彎曲處取直」，但也許現在還不是時候。他是個善良正派的人，溫和寬容；你可能自以為知道他應該怎麼做，但當你真正易地而處時就難得多了。當你有能力揚帆起行，當然更容易自覺比留在原地、錨定自己文化和社區的人更勇敢。「自以為義」是愛批判人的自由主義者的詛咒。

所以，在二十世紀六〇年代，美國榮譽的最大污點，就是種族問題。我當時能想像到僅僅四十多年後，會有黑人做總統嗎？二〇〇八年十一月，奧巴馬獲勝的消息傳來那晚，我在香港，鮑威爾（Colin Powell）也是，我倆正在香港演講。10 他之後來我房間喝了一杯，看選舉結果。以一位將軍自我容許的標準而言，他相當激動。要同情他並不難：「終於自由了。」只是，奧巴馬整個任期內，都要應對他國家之船背後水面的一抹種族主義。正如我們將要在特朗普選戰途中和勝選過程所見，種族主義沒有死亡，也沒有埋葬。從一開始他就在白宮打種族牌，針對墨西哥

10／鮑威爾（Colin Powell, 1937－2011）：第六十五任美國國務卿，四星上將。美國史上首位任職國務卿的非裔和牙買加裔美國人。

人和其他移民（尤其是穆斯林），並似乎為白人至上主義者的惡毒行為開脫。

我擔任歐盟專員時與鮑威爾密切合作，之前與他前任、克林頓政府國務卿奧爾布賴特（Madeleine Albright）也共事數載，尤其是在科索沃戰爭後有關巴爾幹地區的工作。我們很少和她意見分歧：她精明、觀點堅定、有魅力，非常清楚我是突然加入一個大人物聯盟裡打拼，當歐洲對外事務專員的，對我特別好。我記得她喜歡珠寶首飾，尤其是大塊的胸針。我告訴她布魯塞爾有家賣經典「朱義盛」的小店（我在那裡買了幾件給穎彤），她每次來布魯塞爾都會去看看，然後我就會很高興地看見她戴著壯觀的戰利品。[11]就像其他美國政府中人一樣，她有時對歐盟難以迅速採取並堅持共同立場感到沮喪和困惑。

至於和奧爾布賴特的繼任人、來自布殊團隊的鮑威爾，要維繫關係就比較困難了。這不是他個人的問題，他是我見過最正派、最聰明的人物之一。我見過最能散發優雅氣質和自然權威的三個人都是非洲人或非洲裔：曼德拉、安南和鮑威爾。鮑威爾的問題在於，他所服務的政府當時正在做一些滿瘋狂的事。他從不推卸為布殊政府辯護的任務，但我有時覺得他的肢體語言有一絲絲暗示著其真實想法。貝理雅政府如此熱心支持布殊和切尼（Dick Cheney）一些狂野計劃（尤其是在伊拉克），毫無疑問削弱了鮑威爾說理智話的能力。[12]我一直覺得，軍官身分有某種力量，導致鮑威爾即使不同意政策，還是會與其總司令保持一致。有次我在華盛頓時，當地《郵報》記者撰文指稱歐盟的中東政策反猶，我寫了一篇「強烈憤慨」的反駁文章，《郵報》也刊登了。兩日後我乘車穿過馬德里去和西班牙首相阿斯拿（José María Aznar）會面時，手提電話響了，是美國國務院。接線生說：「國務卿找您。」電話馬上接通了。「今天在《郵報》的文章很棒。」他說。我當下簡直心甘情願追隨這位將軍去了。

11／朱義盛：原文為 costume jewellery，廉價珠寶首飾之意。粵語俚語以「朱義盛」稱假金銀首飾，典出同名廣東商號，謂其鍍金飾品手工精巧、幾可亂真。——譯者註。

12／迪克．切尼（Dick Cheney, 1941—）：第四十六任美國副總統，總統為喬治．布殊。被廣泛認為是美國歷史上最有實權的副總統，在九一一後策劃一系列反恐活動。

莫蒂墨和我從阿拉巴馬去到德州，再北上紐約，大概這時，莫蒂墨決定要回牛津參加萬靈獎獎學金考試。他本已獲得可喜可賀的一級榮譽學位，就像棒球打出全壘打，或是在羅德打板球對抗賽，中午吃飯前就打出一百跑。如果他再贏得萬靈獎獎學金的話，就相當於接連完成這兩件創舉，而他隨後確實做到了。莫蒂墨的決定完全可以理解，但給我留下一個難題：我應該縮短美國行程，跟他一起回家，還是留下來找點別的事做？我請教了古列茲和他令人敬畏的私人助理瑪麗，她負責處理獎學金計劃的具體細節，也是諸位獎學金受益人一位親切但強勢的阿姨。古列茲立即建議我去紐約找他一位朋友，他正為剛宣布參選市長的共和黨人連斯（John Lindsay）籌款，我可以去看看競選團隊是否有空缺讓我加入——有，所以我加入團隊，在麥迪遜大道和東四十五街交界的羅斯福酒店工作，安身於第五大道和六十九街交界一套幾乎空置的公寓一個房間。這又是一個相當偶然地贏得人生彩票的例子，不僅改變了我的人生，而且它推送的方向帶領我一路走來，最終寫成這本書。

連斯是位高大英俊的耶魯畢業生和律師，早前被選為曼哈頓所謂「絲襪區」（上東城）的國會代表，是位非常溫和、思想獨立的共和黨人，溫和到足以吸引在紐約規模較小的自由黨的支持，也招來同樣規模小但吵鬧的保守黨尖刻的敵意。其主要對手是個叫貝姆（Abraham Beame）的民主黨政治機器，一如紐約既往，民主黨是要輸的。連斯的競選口號取自當地記者：「他精神，其他人疲憊。」更新穎的是，時代廣場有個燈箱廣告，借用瑪麗・包萍（Mary Poppins）的金曲，說連斯 supercalifragilisticexpialidocious——超級勁爆宇宙世界霹靂無敵強。

連斯組建了一支由充滿活力的年輕男女組成的團隊，各人後來發展出從政治到大都會藝術館館長等各種光彩奪目的職業。我上級是個聰明迷人的耶魯兼貝里歐畢業生、一位來自德州的律師，名叫高文（Sherwin Goldman）。我們為連斯的辯論準備了大量簡報。高文是我政治教育的啟蒙，也一直周而復始給我上紐約研討課程。他很有文化，博覽群書，帶我遊遍全城：爵士樂俱樂部、最好的餐廳、美國芭蕾舞劇院、弗里克收藏館……在東岸的這個燦爛秋天裡，我白天上政治導修課，晚上和周末就研討紐約對文明的貢獻。高文隨後成為一名成功的經理人，協助營運紐約市歌劇院和閃亮歌劇節（Glimmerglass Opera Festival），還在我小女兒上劍橋前給她找了份市立歌劇院的後台工作，然後是幸福的結局——法律趕上了愛情，他與男朋友結婚。他是我一生的朋友，如果知道自己對我的生命影響何其深重，一定會很驚訝。令我自己驚訝的是，我當年年輕又沒經驗，但得到認真對待，非常享受自己所做的事，並發現自己對之很擅長。我找到了政治，或者說，是政治找到了我。

連斯是位出色的競選人，無論人群多有敵意都從來不怕投身其中。他贏了選舉，第一日上任就遇上交通罷工，如是者在格雷西大廈（Gracie Mansion）的市長官邸度過兩個艱難的任期。當時紐約負債累累，且定期被惡劣的工會拖垮，幾乎無法治理。他的最佳政績之一就是在六〇年代末七〇年代初，種族緊張局勢在其他城鎮沸騰、演變成騷亂之際——部分原因是白人、中產逃離市中心，貧困、毒品交易和罪案與日俱增——仍然把煲蓋套得好端端的。這項成就一部分歸功於連斯自己的個性，以及其處理初期種族敵意的勇氣。連斯為政界增添光彩，但可能更擅長當選多於擅長執政。他穿梭政界的旅程，最終一路將他帶入民主黨。

他的政治生涯始於共和黨，當時它仍然接納觀點溫和、對意識形態持合理懷疑的保守派。直至一九六五年一月波比．甘迺迪（Bobby Kennedy）當選紐約州參議員前，紐約有兩位共和黨參議員，基廷（Kenneth Keating）和渣維茨（Jacob Javits），他們都是國際主義溫和派，州長則是洛克斐勒（Nelson Rockefeller），我挺懷疑今時今日他們當中有誰還能獲選為共和黨候選人。接下來的幾年，傳統共和黨人一次又一次被右翼狂熱分子針對，然後砍掉，黨的基礎變得越來越窄，支持者減少，一小撮好戰人士的力量更加強大。這是民主政治的常見模式。失去群眾支持的政黨成為極端分子的獵物，夠成熟就可以全盤接管。這就是最終發生在共和黨身上的結果：被一個熟知程序的大師級人馬接管，周圍太少明智的領袖，太少高喊「買者自慎之」的成員。

經歷一九六五年那個夏天，以及後來與美國政客共事的經驗，世界上哪個國家是帶頭大哥根本已經毫無疑問。密特朗（François Mitterrand）總統顧問、後來的法國外交部長韋德里納（Hubert Védrine）過去常常談論美國的超級強權，它結合了經濟實力、人口結構、公眾支持、歷屆領袖以及轄下機構的意志。

美國的經濟實力一直很強大，它擁有世界4%至5%人口，一百三十多年來佔世界經濟產出的兩至三成以上。其他國家一部分因為人口眾多，開始趕上美國的整體經濟規模，但在人均財富方面仍然遠遠落後。中國經濟按某些標準可能比美國的還大，但是人均財富只有美國的五分之一。此外，其他國家的崛起很大程度上是因為受益於美國——主要是美國而非其他國家——在六十多年前開始建立的經濟結構，也是因為美國對它們而言是如此開放的市場。中國對美出口數字在十五年內上升1600%，這正是千禧年前後中國極速增長期的高峰。我初次到訪美國時，其經濟約佔世界36到37%，今日約為22%，這主要證明的是世界其他地方表現多好，而不是特朗普口中所言美國表現得多差勁。所以，如果要打賭誰會保住第一，好的做法是套用作家魯尼恩（Damon Runyon）的法則：「快跑的未必能贏，力戰的未必得勝，但下注就該這樣。」人均財富巨大的大型經濟體根本難以超越，但特朗普總統和他那經濟文盲的「美國優先」保護主義似乎執意要推翻這個規律。

固然，美國在二戰對納粹德國和日本兩國戰敗的貢獻良多，有很多美國人在歐洲和亞洲喪命，而最終之所以獲勝，美國的海軍軍力和工業實力是特別重要的因素。但是，美國遭受的直接攻擊僅限於其夏威夷領土，其他國家與之相比，在人命傷亡和經濟破壞方面的代價更大。二戰期間，蘇聯死亡人數為二千七百萬，是美國的九十倍，後者幾乎無人死於軍事行動。傑出的德裔美國歷史學家馮勞厄（Theodore von Laue）——其父是諾貝爾物理學獎得主，也是愛因斯坦的遠足「山友」——在其著作《西化的世界革命》（The World Revolution of Westernization）中勾勒出一九四五年的政治環境：

「戰爭結束時，美國是唯一毫髮無損的參戰國，其繁榮與政府體制得以加強，在世界上的力量空前強大。無論其戰後立場如何，它成為世界翹楚不僅歸功於當時廣為宣揚的公民美德，而且還有賴特殊的歷史條件與地理優勢，使其巨大的文化資源（包括其美德）得以發展。」

美國戰後領導力的關鍵在於負責任的氣度，馬歇爾計劃（The Marshall Plan）就是其中典範。自然，這種領導力有時伴隨著幾乎同等力度的偽善和雙重標準，就像當年維多利亞時代一般。[13]若然他國的「民主」搞出個左翼政府，華盛頓就不那麼喜歡了。「道貌岸然」沒有護照也能走得很遠。同樣，美國在世界舞台的角色也惹來批評。既有人認為美國應該做更多或付出更多，也有人認為美國應該做得少一點，有時兩種批評同時出動。左翼非常偏好這種行為，法國人也是，常常好像在同一段話裡爭論說美國應該多給援助，同時又不應該提供任何援助。為甚麼美國不開出更大額的支票？為甚麼華盛頓要開支票來羞辱受益者？然而，整體來說，美國作為勝利者的表現，可謂前無古人，後無來者。它為自己設定任務，要建立一個更好的世界秩序，裡面的規則既適用於贏家，也適用於輸家（主要的例外是美國拒絕參與國際法庭體制）。

美國在制訂其戰略和用美元支持戰略方面非常慷慨。第一次世界大戰後，威爾遜（Woodrow Wilson）雖然提出讓世界更美好和更安全的十四點和平法則（Fourteen Points，那是美國對列寧的民主主義回應），但美國還是抱著不想受歐洲內戰牽連的心態歸家，結果就是另一場歐洲內戰。一九四五年，杜魯門總統與同僚認識到重蹈覆轍實在危險，尤其是在共產蘇聯橫行肆虐的情況下，美國的安全與歐洲的安全密切相關。然而，令人擔憂的是，如果美國繼續在歐洲部署軍事人員和裝備，但歐洲自己卻未解決歷史爭議，年輕美國人可能會再次發現自己要為阻止歐洲人自相殘殺而戰鬥和犧牲。這裡隱含著一個交易：美國會和西歐盟國合作張開北約的保護傘，希望（根據其首任秘書長、英國伊斯梅勳爵所言）「讓蘇聯人出去，讓美國人進來，讓德國人安分」，歐洲則把導致兩次世界大戰的數十年仇外民族主義拋諸腦

13／馬歇爾計劃（The Marshall Plan）：官方名稱為歐洲復興計劃（European Recovery Program），為二戰後美國對西歐各國進行的援助重建計劃，後亦擴張到東亞各國等地。

後作為交換。歐盟前身的最初設計師在戰後的華盛頓比在倫敦受歡迎，因為他們孕育出法德之間的歷史和解計劃，將兩國一同鞭策到歐洲體系的「核心內圍」。英國很遲才要求加入這個體系，時維一九六一年，我上牛津前一年。戴高樂將軍在我去美國後兩年再次否決英國的申請，這次似乎是一錘定音了。

美國在二十世紀下半葉的歐洲政策是其戰後地緣戰略最成功的案例：西歐國家幫助美國設立全球組織和協議，例如聯合國、布雷頓森林體系組織、世界貿易組織等，而美國以馬歇爾援助回報，給予大額財政支持，讓歐洲得以自戰爭瓦礫中重建。援助不僅幫助歐洲重建工業基礎和大城小鎮，也維持了福利民主制度核心的資格權益計劃。蘇聯及其中歐與東歐帝國解體，美國的歐洲策略迎來成功。蘇聯垮台，軍備卻是完好無損的，因為它根本不是一個能讓百姓過上好日子的模式，其管治方式也吸引不了他國去複製——如果這些「他國」有選擇的話。

在歐洲以外，美國的政策就沒那麼有效了。誠然，資本主義、法治和民主慢慢在世界各地贏得信徒，開始廣為世人接受的環球經濟規則也傳播了繁榮，尤其是在東亞。但因著「共產主義無處不在」（所以要處處抵制）這個假定的前提，歐洲冷戰往往轉化成其他地方的熱戰或危險對峙。有時，美國所謂明智又關係特殊的英國朋友會慫恿美國採取愚蠢的行動，例如游說華盛頓指伊朗的首相穆薩德（Mossadeq）正要變成共產主義的走狗，誘使美國在一九五三年推翻他。英國真正不滿的是穆薩德威脅要讓伊朗國內從英國的石油獲利中多分一杯羹。不過至少，美國沒有相信倫敦所言，胡亂視納薩（Abdel Nasser）為對全球自由的威脅，艾森豪總統最終在一九五六年制止英法以三國入侵埃及。然而，隨著時光推移，美國的中東政策被以色列騎劫（既是因為大多數阿拉伯國家的愚蠢，也是因為華盛頓不斷壯大的離散政治）。冷戰其中一場較小的代理戰爭，在越南爆發成大規模的危險對峙。莫蒂墨和我縱橫美國大陸時，這場對抗正處於早期階段。越南的悲劇在於，共產主義最終在當地和其他地方敗北，靠的不是美國的武器，而是全球化和資本主義。尼克遜總統明白這點（值得一讚），他那有時用站不住腳的方式來追求的宗旨是擺脫衝突，並專注於更大、更重要的問題，例如是美中關係。尼克遜垮台的原因也不在越南，而是在於美國法治凌駕政治權力。這種對多元主義、問責制和正當程序的承諾，是美國七十多年來在全球獨佔鰲頭的原因之一，加上軍事優勢在冷戰最寒冷的日子裡保障了微渺陰森的和平：華盛頓和莫斯科都明白，一子錯就會引發核末日。

美國如此長期穩佔世界主要強國地位，有三個突出的原因：其一，美國制度大體上有效，為自家人民和其他人送上經濟利益；其次，美國運用軟實力的能力不比使用硬實力差，可以在不使用武力的情況下要其他國家或多或少順從美國意願；其三，美國一直是唯一一個在任何地方都很重要的國家，某程度上是因為它本來就為此準備好了。達到這點的條件是要保持認真，而且在任何地方都要保持一致。總體而言，美國從沒令其他國家措手不及。

美國人也通常選出有能力把其他國際玩家拉攏到美國陣營的總統，這可能有一部分源自美國本身的超卓地位。與我打交道最密切的兩位總統在這方面截然不同。克林頓總統有建立共識的天賦，反映出他的迷人個性，他喜歡被愛，不論對方是男人、女人（當然啦），我相信甚至貓貓狗狗亦然。小布殊是個和藹可親的人，而且比外間通常認為的要精明得多。我一位朋友認為，他在學校一定是個更衣室百厭星，個子小，愛招惹人，很難讓人討厭，但應該不是你會想仿效的人。

克林頓奉行相當常規的海外政策，可能是因為比其嚴肅而更睿智的前任老布殊更在意國際政治的經濟後果。克林頓不願意牽涉在國際衝突之中，但在利用美國的國際權威方面，又不如老布殊老練。在行動上，克林頓是我見過最令人印象深刻的政治家，部分原因是他智商很高，而且能輕鬆地把軼事化成概念。他口才特別好，對政策的高低細節滾瓜爛熟。但最重要的是，他顯然喜歡人，這跟很多政客大相逕庭。以我的經驗來看，不太喜歡人（也就是選民）的政客，數量其實多得驚人，有點像醫生見不得血一樣。克林頓可以讓最憤世嫉俗的頑固「專家」、最抗拒拙劣政治表演的人，在他點燃魅力射燈的一刻瞬間膝蓋發軟。我記得首次參加聯合國大會會議的一幕：第一天有場頗嚴肅的午餐，秘書長和美國總統向聚首一堂的政府首腦、外交部長和聯合國要人演講。我所在的桌子離總統進出場地的路線大概隔兩排，旁邊是一群西非、海灣及東歐外交部長，實在不是特別迷人的午餐伙伴。當時我才剛發表關於北愛爾蘭治安的報告，美國人非常喜歡。克林頓被耳朵裡塞著膠粒的保鑣簇擁著護送出門時，突然發現了我，馬上擠過保鑣和一堆其他名人來給我一個擁抱，說我是個「了不起」（helluva）的傢伙，大概是鴿子飛出方舟以來最偉大的和平使者，我謙虛地眨了眨眼。整整五分鐘——可能超過五分鐘——我想我真的會天涯海角都跟他去了。多麼圓滑老練的人！後來有人對我說：「你真是不得不愛上他。」確實如此。

學校成績表，至少是舊式的那種，肯定會質疑他——不是他的能力、成就或智力，而是他的性格。少年性行為可能為人詬病，但年長成熟的人做同樣的事，理所當然受更嚴厲的譴責。將軍兼外交家馬歇爾（George C. Marshall）是二十世紀其中一個主要人物，他的偉大毋庸置疑。據說，他拒絕了史上第一次七位數回憶錄潤筆費，理由很簡單，就是不想要一百萬。沒有人覺得克林頓和貝理雅會給出類似的答案，不難推斷這是前總統和前首相陣營時至今日不受歡迎的原因之一。兩人都散發著一種無必要但貪婪的、理所應得的權利感，頗為欠缺吸引力。

第四十三任總統喬治．布殊像克林頓一樣會施展魅力。伊拉克戰爭我是公開批評過的，戰事剛爆發不久，在愛爾蘭一次會議開始時，他跟我來了個豪氣的德州式握手說：「老爸要我打個招呼。」依我看，「老爸」說過這種話的可能性極低，他純粹是友善地想我自在一點。我永遠無法真正理解他如何擺脫父親及斯考克羅夫特（Brent Scowcroft）等前朝顧問的明智政策，與最粗野的新保守主義者和他們的「午夜判官」切尼為伍，他一點都不像他們。也許他注意到父親儘管在外交政策上很老練，但連任的努力卻落空了。也許是他太懶惰（雖然比奧巴馬少打哥爾夫，且比特朗普少得多），覺得要看世界的灰色地帶而非單純的黑白實在太累人了。無論原因為何，我看到的是，他本人比他的政府好得多，後者將美國的軟實力一耗到底。

我敢肯定，古列茲一直藏於心底未曾告人的一個希望，是受益於他獎學金的人離美回國時，不僅能對他的國家更加了解，而且會對它萌生熱愛。多年來，這種感情在我心中一直增長，雖然公道地說一句，我是針對我所認識的美國而言。美國基本上算是一個以身作則領導世界的國家，通常（但不是每次）都站在世界大事的正確一邊，會因為參與解決國際問題而更加壯大，只是在其他人佯裝沒看到時，美國有時就很困惑要不要干預。美國一直對其他國家開放，對象通常都和美國接受相同的規則，故此，美國在各大洲都是一股龐大力量。實際上美國一直是「第一」，正是因為它保障了其他國家在經濟和政治遊戲中可以分一杯羹、佔一席之地。這種做法顯然受到特朗普總統的挑戰。例如，他在敘利亞和俄羅斯問題上偶爾翻臉不認人（顯示他可能對較傳統的建議耳朵特別軟），隨後總是會突然變成在推特上頻繁地攻擊國際合作與法治，並任命相應的高級職位。選戰期間，他成功讓足夠數量在前幾年過得不好的人相信，個人的不幸可以歸咎於美國的國際領導地位和責任。

我有多了解這些選民？雖然我們在一九六〇年代到訪過現在稱為「鐵鏽地帶」的舊工業區，又去過城市貧民窟，但多年來我沒再回過那些似乎與繁榮失之交臂的街區。[14] 我的美國是海岸、城市、頂級大學（不過要去印第安納聖母大學還是要穿過鐵鏽地帶）、芝加哥、博物館、《紐約書評》、唐餐館和意大利餐廳，還有華盛頓的大使館和會議室。我不認為上次總統選舉足以撼動這個美國，視美國總體為失敗國家也是全然荒謬的論調。但我們這些被美國打上終身烙印的人，為著對偉大美國的這種積極看法，以及它以往所做、未來可做的美事，將不得不努力奮鬥。

令我驚訝的是，我不單愛上初次旅美的許多所見所聞，還尤其愛上了美國人。在海湖哥爾夫球場與全國步槍協會以外，還有一個優秀、勇敢和善良的美國。更重要的是，我愛上政治，以及它作為事業的危險魅力。於是，連斯的選戰結束後，我仍然穿著便士樂福鞋、斜紋布褲，一九六五年十一月下旬離開紐約和「自由之地」，登上老冠達郵輪，船在洶湧的波濤之中搖滾著送我歸家。我回來時，所有在英國認識我的人都大吃一驚：我身上注入了一種政治病毒，它塑造了一個不怎麼成熟老

14／鐵鏽地帶（rust belt）：見前註，頁25。

練、甚至有點無知的廿一歲小伙子的身分。在顛簸的回家路上，我似乎是為數不多能把氈湯力雞尾酒留在肚內的乘客之一。我要回格林福特的爸媽身邊。我開始尋找一門事業，但無論我還是父母，以前都從未預料過它最終的所在。

第五章

「濕柴」

「喔，咿唷，你濕透了。」小豬邊摸邊說。
咿唷甩動身體，然後叫人向小豬解釋長時間泡在河裡會怎樣。
——A. A. 米恩（A. A. Milne），
《小熊維尼和老灰驢的家》（The House at Pooh Corner）

世事唯變不改。
——朱塞佩．托馬西．迪．蘭佩杜薩（Giuseppe Tomasi di Lampedusa），
《豹》（The Leopard）

．．．

大多數人被定義的標準，都不是完全由政治背景所框限的，甚至連其中一部分也說不上。其他因素顯然更重要：種族、國籍、宗教、語言、外貌、銀行存款餘額、工作或職業等等。但政治上的成功（或不成功）確實能帶來一定的名氣，又或

者純粹意味著你因為某種普遍為人接受、或令人厭惡、或特別奇葩的一套觀點而被記住。

我常常和的士司機聊天，他們多數是好旅伴，觀點通常比想像中更難預測。我坐過一個為沒穿藏紅袈裟道歉的佛教共產主義者的車，還被看來是退役拳手、對性別自我認同抱有強烈自由主義觀點的男人載過。我遇過很多懷念戴卓爾的的士司機，他們很想後座坐的是「那個利文斯通（Ken Livingstone）」，以便告訴我他們對於在任倫敦市長政績的意見。近日，Uber 和單車路往往是交談的主要話題，這並不奇怪，因為它們攜手把倫敦帶進了停滯的狀態。

前幾天，一個司機讓我十分為難。他似乎認出了我：「你不就是以前那個保守黨人嗎？」他到底要說甚麼？他是否想強調我以往正式的保守黨事業生涯——保守黨部長或國會議員？他是否在懷疑我現在是否仍是保守黨人嗎？那個「那個」是否暗示著一種特定的保守黨人——怪人、內奸、可疑的無賴，或是最糟糕的：可能是梅勒

（David Mellor）或約翰遜（Boris Johnson）的朋友？這到底是怎麼回事？這個問題當然會得到肯定的答覆，現在式和過去式皆然，我以前是保守黨人，現在也還是。

不得不說，有一個更根本的問題，是我的牛津朋友要問的，他們也確實問了。當我在一九六六年大選前夕從紐約回來時，寫信給保守黨研究部求到一個職位。我在美國嚐到了政治的甜頭，心想在英國從事選舉工作說不定也會頗有趣，還希望幾個月後能轉職去 BBC 當大學畢業實習生。結果我享受政治享受到直接拒絕了 BBC 的工作機會，BBC 明顯認為是大不敬，而朋友則覺得我完全是精神錯亂。

但為甚麼是保守黨？朋友問。事實是，我很清楚自己在政治上的兩個重點：首先，我不是自由黨人，儘管我當然是自由派；其次，我也不是工黨人。我也不是、以後也不會是右翼保守派。有個說法我是強烈贊同的：政治上的對手總在其他黨派，而敵人則通常是自己同門。我雖然是個相當冷靜的傢伙，但右派的一些所謂同事有時讓我氣得發抖。對於政治上最重要的事情，我一直自覺是個溫和的保守派。

戴卓爾夫人雖然對我很好，常常讓我執筆，又在政府提拔我，但——借用公立學校的奇怪語言來描述任何多多少少比她左傾的政見——她肯定覺得我是條活躍的「濕柴」。帖木兒肯定不是她眼中的濕柴，但成吉思汗我就不肯定了。暫時容我先迴避戴卓爾自己也不時有濕氣回潮的跡象這個事實。

我的第一次政治行為發生在在學時期。那時我才十五歲左右，和一群朋友在伊靈一個露天集會上向一位相當有禮的工黨候選人叫囂。那時是五九年大選，而我們全然不覺自己看來多麼像個老頑固，還質問他工黨在文法學校和獨立學校方面的政策。我們身在區內的保守黨安全地帶，而他站在臨時演講台上，腳下是本地優秀的文法學校門外的草坪。我希望我們沒有真的像許多戲仿《邊緣之外》（Beyond the Fringe）的人般大叫「那公立學校呢？」但我不能鐵定保證這點。以上就是我少年政治經歷的全部了。我學校沒太多「造反」的熱情，但班裡有個同學曾經戴著核裁軍運動徽章，每年和父母參加奧爾德瑪斯頓反核遊行（Aldermaston March）其中一段，高喊「禁絕核彈」。一比之下，「拯救公立學校」果真自私愚笨多了。他後來成了特許會計師。核裁軍應該得到比平常更嚴肅的政治和道德關注。後來我做選區國會議員時，也沒有迴避與布魯斯．肯特（Bruce Kent）等人辯論此事。[1]

「革命」與我的青春日子——板球與欖球、沙林傑（J. D. Salinger）與伊舍伍、在體育館後面吸口小煙——最近的距離就僅止於此了。但，萬一革命沿著中央線從霍本（Holborn）咆哮著西進到伊靈大道，我到底還有聯合軍訓團學員身分，而且是個副官，有頂叫 caubeen 的愛爾蘭貝雷帽，上面還有與軍銜相稱的綠色羽毛。如果有甚麼敵對行動，我大概派不上甚麼用場。我是我所知槍法最差的人，差到令人尷尬，連穀倉都打不中，更不用說是穀倉門了。當有喜歡打獵的朋友問我是否會燒槍時，我只能說：「我不殺生。」

擾攘這麼些年以後，難怪我總會對那些似乎一上大學就完全破繭而出的政客嘖嘖稱奇，他們從學校走進辯論隊，再移到奸狡的政治社團選舉，一律「無縫交接」。在十八歲或更年輕時就對自己有那麼大的把握，真了不起。我可能有點幼稚吧。我覺得兩個主要政黨都很幸運，有這麼多聰明的年輕男女早早就毅然跳出陷阱，堅持到底。無論是工黨還是保守黨，領導層都充滿特別是牛津劍橋所能供給的最佳人才，他們是大學時期就開始當學徒的政治家，滿腹夢想和計謀。問題是，到政治不應再被視為歡樂遊戲時，他們其中一些人行事仍照舊不誤。當年在牛津，我去看了一場我挺喜歡的辯論隊活動，克羅斯曼（Richard Crossman）對政府「不信任」動議的演講很好笑。但那真不是我的地方，周圍的野心濃烈得要撐爆血管。無論如何，我自覺多少是個保守派，主要因為我不信任制度和確定性，但我還沒有完全和堅定地確認這個想法。在像是死刑和同性戀權利的議題上，我毫無懷疑，但並未準備好要全盤投身教條，不論左還是右。事實上，我對所有事情都沒有看法，這是我一生內疚的秘密恥辱。

1／布魯斯．肯特（Bruce Kent, 1929－2022）：一九七七至一九七九年擔任核裁軍運動（Campaign for Nuclear Disarmament，CND）主席，倡導英國單方面進行核裁軍的反核運動。

那麼，大學畢業後發生甚麼事，讓我稍稍右轉？我幾年後試圖得出的合理結論是，有三個主要因素悄悄從腳下爬到我身上，而不是閃電式的清晰和突然來襲。首先，在貝里歐讀歷史讓我意識到，宏大理論和一概而論令我焦躁不安。你可能還記得我最初對查理曼大帝的不明智評論。我發現輝格黨的歷史觀——英國勢不可擋地崛起，自由主義勝利與日俱增——跟努力將一切歸諸階級衝突的馬克思主義者一樣無法令人信服。我喜歡全面敘事的歷史，這種歷史寫得好時是真正的文學探索，但我也敬佩史家追查糖業大亨、警察線人或是外省法國妓女的人生。如果有人向我自信滿滿地為五百年前（或昨天）發生的事下定論，我通常會想找個「但是」或者值得警醒之處。

其次，這種健康的懷疑態度，使我能夠認真對待任何反對一概而論地分析世界的政治哲學。這類政治哲學反對為世界及其問題給出以偏概全的簡單解讀，且反對這些解讀所催生、聲稱能夠糾正一切的精確計劃。唯一與刻板計劃一樣糟糕的是其鏡像：一個反駁計劃的計劃。這一點，屋索特（Michael Oakeshott）對海耶克的批判就言簡意賅地直接指出過：「一個抵制所有計劃的計劃，可能比其對立面好，但終歸屬於同一種政治風格。」屋索特是現代最偉大的保守派政治哲學家，常常有種隱晦美，我認為他的這種看法與現實相符：人在一個又一個困境中摸索前行，從未找到「應許之地」，最後逐漸接受所有政治生涯（尤其一開始以為很快就會看到康莊大道那種）都註定如鮑爾（Enoch Powell）觀察所得的一樣失敗告終。所以，如果你經年累月在生活的漩渦中掙扎，就一定會像《小熊維尼》中的驢子咿唷一樣渾身濕透，除非容許教條擠走你不願面對的事實，再為現實塗脂抹粉。通常「濕」才是政治世界的現實氣候。

第三，在一九六四年工黨勝出大選後的早期，我就開始厭惡首相韋爾遜（Harold Wilson）。他是個聰明人，成功結合專業、現代無階級化，以及科學為本的經濟進步，創造出一種吸引力，讓保守黨一度看來像伍德豪斯筆下的老懵懂。從一開始我就覺得這不是真實的，六〇和七〇年代的政治故事，有一部分在韋爾遜精心經營的公職身分中迷失了，本來抽煙斗、不苟言笑、精明的政治管理人與演員，被其他人和一些黨友描繪成痛飲拔蘭地的偏執狂陰謀論家，而他太多朋友駛得太近風浪，甚至直接一頭撞入其中。說句公道話，當時確實有針對韋爾遜的陰謀，他也肯定被情報部門及其嘍囉組成的醜惡集團誹謗過，只是從一開始我就不信他會從本質上結合社會主義和科學，並計劃讓英國創造經濟奇跡。這個「計劃」最初掌握在精明但經常醉酒的佐治・布朗（George Alfred Brown）手中，這就大致說明了一些人對韋爾遜的不公平評價：報社編輯斷言酒醉的布朗比清醒的韋爾遜還要好，而人們也不怎麼感到憤慨。

後來，有人嘗試為韋爾遜先生平反：他嘗試平衡黨務管理和挽救經濟衰退，最重要的是，他讓英國遠離越戰。後來貝理雅先生報名參加布殊在伊拉克發動的戰爭——一場自願參與的戰爭（war of choice），當時明明可以從韋爾遜的經驗中汲取教訓。對韋爾遜的平反已經有些進展，然而，韋爾遜政府看來更明智的目標其實摘自麥美倫的治國手冊：加入歐洲共同市場，並嘗試手把手教工會規矩——在溫和的社團主義組織（例如一九六二年成立的國家經濟發展辦公室）給了工會一席之地，給它們分一把打開經濟前門的鎖匙。所以，如果真的有誰要來爭奪我青睞的話，麥美倫穩勝韋爾遜。這位愛德華時代的老先生勝出，促使我應用貝爾福（A. J. Balfour）建議過的測試方法，在決定加入哪個政黨前先看歷史。我由伯克（Edmund Burke）開始，踏上保守黨英雄忠烈祠之旅。保守黨的歷史估計可以如此追溯：伯克痛恨眼中所見的法國大事，聯同波特蘭輝格黨一起走過下議院議事堂，與小皮特（Pitt the Younger）聯手協助國家「抵擋」一七八九年法國大革命釋放的「風暴」。伯克如是描述大革命的理論家：「在他們學院的樹林裡，在每一個遠景的盡頭，除了絞刑架，就甚麼都看不到。」自此就有了一個持續、明確的保守主義傳統和政黨。伯克以三股思想為脈絡來反對法國大革命，後來貫穿該黨整個歷史。首先是反對烏托邦主義和政治藍圖，同時對過度理性主義的生活方式持懷疑態度；其次是愛國主義，捍衛王權、國家及民族利益。換句話說，社會是一個活生生的關係集合體，由傳統、感情、相互依存去維繫。它不僅僅是活著的人之間的伙伴關係，而且是生者、逝者、未降世者之間的契約。若是不慎將一個價值或制度連根拔起，後果就會蔓延，結局無從預估。第三，捍衛財產、秩序以及有機的社會觀。

伯克之後是皮爾（Robert Peel），他可以說是創建現代保守黨的政治家，在自由貿易問題上分裂了黨，並在《譚沃思宣言》中制訂了一個大刀闊斧的變革方案（Tamworth Manifesto，提出保守黨人要「改革求存」），建立現代警政和解放天主教徒。皮爾是最後一位沒有拍照存檔的首相。他遭到右派反對，或者應該說保守黨有兩個右翼派別反對他，關於這點韓達德（Douglas Hurd）在他精細的皮爾傳記中描述過。懷舊右派哀嘆美好時光流逝，刻薄右派對外國人、移民、天主教徒、猶太人和穆斯林有偏見。皮爾態度逆轉得很壯觀，但也很正確。他廢除維持玉米和麵包價格的《穀物法》（Corn Laws），部分原因就是要應對愛爾蘭馬鈴薯枯萎病和饑荒。這就分裂了他自己建立的保守黨，並使之成為反對黨長達二十年。迪斯雷利某程度上將之從政治邊緣拯救過來，他知道怎樣吸引勞動者，也知道怎樣吸引他的女王。他自己雖然是個異族人，但他很明白，如果想治理一個迷霧繚繞、擁有大量中產的國家，嚴肅而非輕浮才是必要的品質。我和他的拙劣的小說擦身而過，只是微微點頭表示敬意。保守黨人演說常常提到這些作品，但很有智慧地沒有真正嘗試讀過。我也非常敬佩鮑德溫（Stanley Baldwin），他是位偉大的政治藝術家，能夠好好處理黨派爭論而非化之為你死我活的意識形態角力。他慷慨大方，能跨越中間偏左到中間偏右的黨派界限，部分原因是他願意認真看待其他觀點。他認為保守黨應該「避免一切極端」，英格蘭對他來說比保守黨重要得多了。他對國家有種真正的感覺——它的歷史、風景、制度，還有語言，他用得很漂亮的英格蘭語言。例如看看他在劍橋大學史葛極地中心（Scott Polar Research Institute）為紀念大探險家英雄所做的演講，以及在那裡向英國史上英勇失敗事跡的特別致敬辭。鮑德溫是我心目中的俠客英雄，雖然這樣形容一個對個人抱負如此矛盾甚至怯懦的人，可能太過斬釘截鐵了。

在從政的歲月裡，我從一個辦公室搬到另一個辦公室時，總是帶著畢拿的照片。我對他了解不多，但非常敬佩。在諸多做不成首相但本身理應拜相的人之中，他總是名列前茅。他擔任下議院議員卅六年，其中超過廿六年身居部長之位，他形容部長生涯中的三個主科為自己一生的基礎：印度、教育和保守主義。畢拿擔任過所有重要的國家職務，五〇年代初是非常出色的財政大臣，試行偉大的一九四四年教育法案（法案以他命名），並利用他在保守黨研究部的辦公室在戰後的保守主義知識復興中發揮關鍵作用，這個辦公室就是我一九六六年初就職之所。他曾說過：「我可能對雪貂或插花知之甚少，但有件事我是確實知道的，就是如何管治這個國家的人民。」沒有人比他更清楚了，就連鮑爾也承認，畢拿是政治行政藝術的大師級人馬，他設法在眼前的權宜與保守的原則之間取得合適的平衡，成就非常英式的「實用加戒律」組合。他辯稱：「經濟學若然不受道德和理想主義干涉，就是一種枯燥的追求，正如『無利可圖』之於政治一般。」他批評過那些呼籲實行老舊的諾曼（Montagu Norman）式緊縮經濟學、不計後果的人，他們視公共開支為敵軍軍團，應該一有機會就格殺勿論。畢拿說過：「那些說要製造失業大軍的人應該被扔進去服役。」政治和經濟的這個道德層面，跟他沒有意識形態狂熱，兩者息息相關。雖然他的決策總有個哲學框架，但他並不會將自己的哲學推到別人的極限上，部分原因是他對社群的概念有強烈依戀。任何政治哲學都不應「煽動嫉妒、惡意或冷酷不仁」。政治家的天職是將人連繫在一起，而非分裂他們，並且要認識到在任何真正的社群之中，若是沒有寬容，正義就不完整。就是這些想法，幫助他成為如此精通公共事務的人。

我曾聽過法國總統密特朗一位前助手一邊為自己所謂糟糕的英語道歉，一邊聲稱他形容舊老闆常對事物感覺矛盾並不代表他模稜兩可。他抗議道：「不，不是模稜兩可（ambiguous），是心態矛盾（ambivalent）。」我感覺畢拿也是這樣——我這樣說是出於褒揚——當然，有時他會故意模稜兩可，故意含糊其辭是他許多絕妙笑話的核心所在。我喜歡他稱病缺席保守黨大人物榮休晚宴時發出的道歉電報：「沒有我更想參加的告別晚宴了。」但我指的是比這種帶刺笑話更深刻的事情。某個夏末下午，他在他雅息士郡的美麗花園裡為一位助手的妻子剪花，助手問他在從政學到的最重要一課是甚麼，他回答：「很簡單，大方比高效更重要。」他當然非常清楚知道，要大方往往需要先有效率，但我明白他的意思，政治如生活，價值高於價格，這是一定的。

畢拿是個偉大的愛國者，雖然熱愛蘇格蘭高地，尤其是馬爾島（Isle of Mull），但當寫到他時，不能不注意到他深厚的英格蘭自覺：他毫不出奇地喜歡書本、花園和狗。他的身分認同感注滿並且反映其哲學，而且令他以及其他英國保守派有別於許多現代美式保守主義——後者秉持小政府、低稅收、少監管的意識形態狂熱，為反對性行為方面的修例而發起文化戰爭，僵化地按當年通過時的理解去解讀十八世紀美國憲法。這些美國保守派贊成學校強制祈禱，多數反對教授達爾文進化論，堅決反對美國槍支法律的任何變更，且通常堅信促成敵視國際機構和國際法的「美國例外論」。近年來，在美國保守派之間，巴克利（William Buckley）等作家賦予經濟問題更大的新自由主義（現在是這樣叫的）傾向。

當然，不一定要全盤接納這大雜燴，也可以在美國做個有保守傾向的人。但即使如此，美國與英國保守派通常擁護的政治、道德及經濟立場之間，還是有非常明顯的差異。我有時在大西洋彼岸表達在溫和保守黨政治人物中一些相當主流的觀點時，美國保守派聽眾明顯感到驚訝。北加州有俱樂部為富裕的保守派商人、政治人物、記者和學者舉辦非比尋常的仲夏夏令營，我在其中演講過兩三次。夏令營名為波希米亞樹林（Bohemian Grove），向與會者提供舒適的小木屋住宿，讓背景各異的來賓聚首一堂享受音樂、講座、研討會、溫和的大自然體驗與乾馬天尼。我作為一個有點異國情調的歐洲人去演講，聽眾早被告知我是保守黨人，但其中一些明顯認為我是個狂熱的社會主義者，因為我顯然不認為政府是敵人。

我一直像其他保守黨人一樣，認為最佳狀態的保守黨不需要拋書包來解釋自家哲學，不過我承認我寫過一本，叫《保守黨案》（The Tory Case）。書中最重要的論證是保守主義的本質根本難以形容，既不能給出精確且放諸四海而皆準的政治或社會操守規則，也沒有揭示可能解釋我們所處世界的真理。古希臘哲學家色諾芬尼（Xenophanes）寫道：「至於某些真理，從來沒有人知道……一切都只是一張由猜測織成的網。」所以說，保守主義並不是教條式的，它提出了一種看待世界的角度，而非確切的運行方式。雖說保守主義並非意識形態，但也不代表它就一無是處，就只不過是一種宏大的實用主義。對政黨來說，試圖維持國家政府的運轉誠然是一個好的出發點，但英國保守派比政治世界大多數其他地方的保守派存活更久，是因為他們總是比對手更有能力與現實世界打交道（至少直到最近都是這樣），而且反映出我們國家群體最美好（偶爾也有最崩壞）的一面，尤其是講求實際、溫和、寬容和大方。

對很多美國保守主義者和包括英國的歐洲社會主義者來說，國家與個人之間的關係會誘發問題。兩者的界線應該在哪裡？英國保守派也因而有類似的焦慮。我們是否應該如此擔心國家變得太妄自尊大？我們應該抗拒這種在個人和國家之間找尋對立面的誘惑。舉個例，祭出完全基於個人的信條去抵制社會主義，認為社會只有提供法律框架這一個作用，讓個人機會在不至自我毀滅的情況下蓬勃發展——這是錯的想法，卡萊爾稱之為「無政府狀態加警察」。（戴卓爾雖然一時否認過「社會」的存在，但其實心知肚明，社會是真實存在的，由家庭、教會、志願組織、公會、企業等組成。）[2]若真是這樣的話，保守黨所代表的其他一切——愛國主義、責任、忠誠，都會變得毫無意義。我覺得這一點都不難明白，也沒有甚麼好爭議的地方。如果有辦法確定人們對政治的看法，我懷疑大部分不把自己視為政治動物的人都會同意我這個觀點反映了他們的想法。人不僅是對自己負責的個體，不僅是「命運的主人」或「靈魂的船長」，同時也是一種社會動物，只有在比自身更大的群體中才能達到完全的高度，透過家庭、工作、教會、國家或可能所屬的許多其他群體或組織，得到更廣泛的單一或多重身分。這種平衡是保守派從幾十年甚至幾個世紀之間變動的知識潮流中，憑直覺心領神會所得，而不是明確表達出來的，它與生命整體的其中一個基本平衡相胳合。在所有文明和生物之間都一定要有這麼一個平衡：一方面是創意和增長的力量，另一方面是秩序，二者不可偏廢。失去平衡的話，一是導致混亂，一是死氣沉沉。

同樣，我也不想在國家和個人之間作出一勞永逸的選擇。有時我傾向一側，有

2／社會不存在（There's no such thing as society）：一九八七年，戴卓爾受訪時表示「關於社會，我認為它不存在。世上只有獨立的男人和女人，以及家庭。政府除了透過人民的力量之外，沒有辦法做到任何事情。我們的責任是先照顧好自己，然後再去關心周遭的人。」

時傾向另一側。你可以說這是見風使舵，但它當然有助防止翻船。人生並非一套有明確答案的明確問題合集。我認知中最深刻的政治洞察是屋索特的觀點：生命是困局，而非旅程。

國家的主要作用是提供秩序與和諧，使個人及其社會群體能夠在穩定的環境中蓬勃發展，否則就很難有文明的行為。政府運用權力需要有制約，而制約要由權力和責任的分散、財產的擴散，加上伯克所謂「小單位」（little platoons）的健康去達到，一切在法治的框架內運作，而法治既適用於被統治者，也適用於統治者。我對狂熱有懷疑，我尊重制度和歷史力量，贊成一切可行的共識與合作。

這些就是我成為保守黨人的一部分原因，這就是我努力要做的那種保守黨人。我以前很驚訝，原來只要嘗試按照這些準則行事以應對生命的困局，就會被自己政黨的右翼視為「濕柴」。現在，除了說他們從時間和經歷所學甚少以外，就再沒有讓我驚訝的地方了。因為閱讀小報而加厚的偏見外衣，正好抵禦真實世界的兩難。

除了因政治方向而受到批評，我還常常因為在政治工作外所做的其他事而受抨擊。這些事情本來就很有趣，而且我之所以要做，正正是因為我剛才試圖闡明的一套信念。現在回想，最覺得震撼的是我花費了過多的生命在政治磨礪中度過，有好些年我真的沒做過其他事情。

一九六六年大選前夕，我加入保守黨研究部，主任舒爾（Brendon Sewell）是個和藹可親的人，如果「跳出框框」這個詞當時流行的話，人們肯定會認為他就是個例子。他似乎對「招攬一個剛從美國選戰歸來的人」這個想法相當感興趣，我的第一個任務是溜進工黨記者會，向希思及其高級顧問報告會上的情況。這讓我接觸到黨內的大人物，當然同時也讓他們接觸到我。他們似乎通常同意下議院領袖的意見，倒也不是奇事。在保守黨敗選後，我一路在各個後座委員會和政策小組任職直到一九七〇年。而保守黨獲勝後，我就成為政治任命的公務員，在內閣辦公室做社會政策協調。這已經是將近五十年前的事了，但人們仍然同樣努力協調出方向去解決許多相同的問題。做了兩年之後，我得到機會擔任保守黨主席卡靈頓勳爵（Lord Carrington）及副主席普賴爾的政治助理。我走在內行門道，見證國家被礦工要脅之際，政府就是否和何時舉行一九七四年大選猶疑不決，經歷痛苦的幾個禮拜。保守黨落敗後，有兩份工作向我招手：英國的歐盟委員會專員之一蘇姆斯（Christopher Soames）請我去布魯塞爾為其工作，面試時我們相談甚歡，還花了二十分鐘在卡列治酒店（Claridge's）的椅子前後左右追老鼠，但我最後還是決定回到保守黨研究部當主任。那時我才三十，雖然薪水微不足道，但已認為自己置身天堂。研究部是個有點古怪但運作良好的機構，也許這就是保守黨的典型吧。

研究部是張伯倫（Neville Chamberlain）在戰前創立的，實際上是他的私人辦公室。戰後在畢拿的領導下重新設立，作為保守黨智庫。當時保守黨是反對黨，正試圖接受福利民主的概念。研究部同時也是託兒所，有很多才華橫溢的年輕政治家在軍隊服役後加盟，進而投入顯赫的政治生涯，諸如麥克勞德（Iain Macleod）、麥德寧（Reggie Maudling）及鮑爾等等。研究部在黨的各個組織中享有相當大的特權地位，某程度上是因為它為一九五〇年以後的保守黨政府供給了好幾位領袖，以及大量知識火力。六〇及七〇年代，它安身於西敏區兩棟漂亮但組織混亂的佐治風格大樓內，員工約六十人，一半以上是以男性為主的研究員。輔助人員則是由歷任退役女軍官從較好的秘書學院挑選的年輕女性，就是今天會上大學的一類。退役上校們叫她們做「我的女孩」，她們全部都長得很漂亮，還善於為對於工時看法比較跳脫的老闆掩飾。常有一兩人光穿著長筒襪不穿鞋，周圍還有幾隻貓貓狗狗。我早年在的時候，一股刺鼻的濕水狗氣味貫穿煙斗和香煙的空氣。

我做主任時，團隊在年齡、怪異度和性取向方面有很好的平衡（我通常都注意不到他人的性取向，我不確定這說明我有甚麼特質——可能根本沒甚麼。總之我從不認為別人的私人行為是我要管的事）。職員多數都很聰明，年輕的大多雄心勃勃要從政。我們招聘的主要是剛畢業的大學生，有些後來有了自己的名氣，例如帕里斯（Matthew Parris）、博文高（Michael Portillo）和杜布斯（Michael Dobbs）；有些則在西敏政治圈的邊線上成就事業，計有雷德利（Adam Ridley）、杜立勤（Nick True）、格里森（Dermot Gleeson）、舍本（Stephen Sherbourne）及羅克

（Patrick Rock）。後來我任黨主席時的「佳釀」包括甘民樂、歐思邦（George Osborne）和黎偉略（Edward Llewellyn），後者曾有十年左右受聘於我，在香港和布魯塞爾等地不同崗位任職，其後成為甘民樂的幕僚長。他非常能幹、非常謹慎、非常友善，是那種令我人生更快樂更成功的人。甘民樂辭任首相後，黎偉略被任命為駐法大使，當然完全是憑實力。他是個絕佳的榜樣，示範政治任命的幕僚長身在政府應如何表現。好的政治顧問不引人注目，要是做不到的話，結局就是「車毀人亡」。

研究部裡，受「親切地輕度管理」的人才奇葩綻放，那些管理顧問公司肯定不會讓這樣的部門存活到五分鐘，但它就是大致運作良好。這裡有年長世故的賢人哲士，例如選舉統計學專家占士．道格拉斯（James Douglas），他夫人是社會人類學家瑪麗．道格拉斯（Mary Douglas），如果有人想要了解到底是何事何物成就了研究部，瑪麗的一些學術興趣可能很有幫助——她畢竟試過研究狗會不會笑，所以沒有甚麼題目她不會做。研究部裡有些懶懶散散混日子的怪人，也有些學富五車的有識之士，他們想像不了要離開這裡，去「正正經經」的地方。有位睿智的老同事熟知保守黨有關文法學校的角力，其中曲折倒背如流，又有另一位充當戴卓爾及其任何政策問題的知識防火牆，還有一位對磚瓦業瞭如指掌的同事，行內似乎總是存在如火如荼或蓄勢待發的危機，他知道的細節實際上比任何人想知的都要多。部裡還有極少數執著的理論家和手段尖銳的政治攀山家。私人收入並不罕見，胡說八道也時有聽聞，酗酒和性事對人才造成了一點損失，但影響不大。總的來說，它是一艘極好的小型海軍驅逐艦，而且確立到自己的地位。或者說不止如此：一九七四到七九年，前國家衛生及社會服務大臣、社會市場經濟理論家祖瑟夫（Keith Joseph）獲准設立一個更具意識形態的智庫，名為「政策研究中心」，專門狩獵保守主義的痛苦靈魂，嘴裡偶爾銜著點戰利品回來。只是它深受教條拖累，以致稍稍欠缺在英國勝選所需的一類想法。更重要的是，保守黨研究部多有妙筆生花之人，於是政策文件、講稿、宣言之類往往落在我們手中完成。那裡是個快樂的地方，只是如我所說，有點怪誕。鮑威爾（Anthony Powell）或者雷文（Simon Raven）那些寫英國上層社會的小說，在那裡可以直接寫出半打。

從研究部出來後，無可避免會聽到國會生涯召喚。確實如此，但我似乎從來沒真正決定說這就是我想走的路。我沿著認可的路線，首先在琳寶（Lambeth）挑戰一個強勢的工黨議席，這區包含了馬卓安的成長之地，但像他那樣的保守黨人很稀少。區內西印度人社群很大，還有太多電梯故障的高樓住宅。點票當日，年邁的工黨議員立頓（Marcus Lipton，其實當時也不比現在的我老多少）把我拉到一邊說：「輸了也別擔心，保守黨中央派了很多優秀青年下來挑戰我，他們全都輸了，然後被選去大片綠草如茵、有更大多數民意的好區。」

他說的只是「部分正確」，就我而言起碼如是。在七〇年代中期，我開始尋求一個有保守黨佔多數、風光明媚的鄉村或市郊議席，但總是不得要領。人們常常認為我是熱門，我不覺得這有甚麼用，作為一個來自黨總部的知識分子，我從一開始就受到懷疑。而且，我還可能聰明到被提拔當部長，抽離選區的紅酒芝士派對。（我也被認為有點不修邊幅，在擔任牛津校監時，為我畫肖象畫的歐根（Bryan Organ）初次見面時就說：「我認為你天生邋遢。」）芸芸敗選經驗中，我在亨廷登（Huntingdon）輸給馬卓安，在切柏咸（Chippenham）又輸給倪德漢（Richard Needham）。我又再是南多實（South Dorset）的摯愛人選，然後巴芙把選拔會議提前到比多實的早，他們在會上選中我而不是另一位較年長的貝里歐人布魯克（Peter Brooke），失望的他返回倫敦，不久就被選中去參加十拿九穩的倫敦市補選。巴芙則捉不穩，事實上，那裡的議席非常邊緣，多數票取決於工黨和自由黨之間的票數分布。如果今天誰要踏上政途，我會強烈建議瞄準十拿九穩的議席。邊緣選區的工作無可避免更加艱鉅，還威脅要在出錯的時候令你失去議席和政治事業，而且原因通常與你堅持的程度和表現都無甚關係。

我的選區是一座美麗的城市，本地保守黨支持者友好、勤奮、善良。我擔任內閣大臣時，鄰近一個擁有龐大保守黨多數、原議員即將退休的選區想我轉投他們。我無法想像要對巴芙的團隊不忠，不過有一兩個朋友認為我這個決定非常不專業，但是，即使我本地的保守黨委員在全沒諮詢我的情況下反對更改選區邊界且上訴成功（重劃該區本身對保守黨有利，但我不記得他們反對的理由了，如果真的有的話），我還是不能想像如何向支持者解釋我要辭職去別處玩選舉投機。舉例來說，有位真正優秀正直作鹽作光的女士，在一個困難重重、以工黨為主的選區主持保守黨委員會。我怎麼可能告訴葛藴（Joyce Godwin）我要走人？她會忠心耿耿為我辯護，但肯定是會受傷的。她從來不知道這件事：其實她一直是我檢驗政策或政治行為是否可以接受的試金石。（後來她不喜歡人頭稅，但誰又會喜歡呢？）

我在選區努力工作，做部長時比以前更加努力，但爬得越高就有越多的本地自由黨人說我為了西敏宮的政治野心而拋棄巴芙城。根據我和我大多數政界朋友的經驗，自由黨光明磊落的乾淨形象與其打選戰的方式總是有落差。我最後一次選巴芙區時，他們就針對我的政黨代理人展開攻擊，有周日小報「揭發」他是一個地區同性戀組織的人員。自由黨其實也不必費心，我身為部長時在人頭稅方面的職責就像接手聖經裡的十災，再加上新的地方業務稅，就足以將我擊沉了。在人頭稅出台那年，我就被調到環境部了；至於地方業務稅，儘管它比前身更公平，但在巴芙這樣本地經濟經過蓬勃發展的城市裡稅率卻更高。自由黨人大可以在這些問題上擊潰我，而不必將我可憐的代理人拖入選戰。

我對巴芙的感覺算不上純情的愛。我覺得要定時定候接待選民很麻煩，但也很值得，有時可以解決問題，改善選民生活。我很幸運身邊有位出色的下議院議員助理，她叫弗麗達．伊凡斯（Freda Evans），現在是聖公會堂區牧師。她（還有日夜守在她腳邊的迷人獵犬Sammy）孜孜不倦地幫助來會見我的人，她以牧師的善意去照顧伯明翰破舊地段的教友。然而，我經常要花唇舌向選民解釋一番，例如告知他已經獲得國家認為適當的一切援助，我確實再也無能為力。我可以肯定，在邊緣議席上，說「不」的頻率比在坐穩的議席上高很多。我喜歡和本地教會、大學、藝術節、民間社會組織打交道，不過，區內也有一些相對缺乏吸引力又有點勢利的中產選民，想要一個夠強大的保守黨保護其免受工黨稅項之苦，但說到要真正投票給保守黨，又緊緊捣住鼻子勉為其難。他們有點自鳴得意，好像光是住在美麗城市一棟整潔的佐治風格房子和有葡萄酒協會會員身分，就令他們鶴立雞群高人一等了。於是，當我在巴芙落選，隨我走的離情別緒並非純粹的憂鬱，還有很多例外：比如說，我曾為一位單親媽媽爭取多年，要求正視其患有讀寫障礙兒子的需要，我輸掉議席，他卻贏了大學學額。每當解決到居民住屋問題時，我就感到特別滿足。巴芙有個很棘手的房屋維修問題，源自一段混凝土品質成疑的時期。同類的案例很多，足以令我覺得經營整個選區關係是值得的，儘管有時我對自己是否能滿足所有要求也是摸不著頭腦。天曉得今時今日有了互聯網和電郵，又是甚麼滋味。

在選區努力的回報，是在自封「議會之母」的西敏宮佔一職位。現在回頭看來，人生要有個絕妙伴侶，才真正有可能、有成果、有樂趣。我不肯定當時是否正確意識到這一點，我最親近的政界朋友——渥德格雷、馬卓安、加雷鍾斯（Tristan Garel-Jones）、倪德漢和巴頓（John Patten）——都有了不起的妻子，在陰霾鬱悶、眾目睽睽下失敗、小報攻擊、無聊乏味，還有極苛刻的工作制度中支撐著他們。當然，世上也有成功或生存門檻與從政同樣高的職業，但我認為政治生涯之所以困難得要死，乃是源於特定的環境因素組合。與平均收入相比，它確實報酬很高，而且今天比以前好得多，不過話說回來，我想不出我的政界朋友中有誰不能從事其他賺得更多的工作，壓力也很可能沒那麼大。我成為國會議員時，薪金是九千四百五十英鎊，今天這個數字是七萬四千英鎊，辦公室、房屋、退休金等所有津貼都大幅增加。國會議員制度之所以聲名狼藉，是因為捨棄加薪一途，反而眨眨眼睛縱容津貼在沒有嚴謹監督的情況下水漲船高，結果媒體對議員誇大開支義憤填膺，國會承受猛烈撻伐。這固然不可原諒，但確實讓人聯想到「鍋嫌壺黑」、「五十步笑百步」之類的俗語。

其他壓力呢？首先，如果你已婚或有伴侶和家庭，應該如何安排家庭生活使家庭、西敏宮和選區有所平衡？我們說好了，我們結婚不是為了分居——有很多國會議員和太太就是這樣安排的，所以多年來，我驚訝的不是有多少議員婚姻破裂，而是有多少得以倖存。只是，擁有兩頭住家為我的家人帶來很大壓力，我們在倫敦市中心有個單位，選區邊外另有一間小屋。我通常星期五早上坐火車頭等艙去選區，穎彤就開車跟著，車裡有大喊大叫的孩子、一隻狗，還有周末的補給，剛好趕上交通最繁忙的時間，冬天時再加上渭州郡西邊的黑暗森林和狹窄小道。這種玩法，你覺得誰撿到的便宜比較多？星期日晚，我們就開著二手旅行車在尖峰時間踏上歸途。我加入內閣時才買人生第一輛新車，那是一輛獲素（Vauxhall）。如此舟車勞頓移形換影之後，接下來就是怎樣向伴侶解釋所謂成功與失敗之間的荒謬差距。你要麼太過受注目，要麼不夠受注目。你本來就不一定要從政，沒有人強迫你，無謂流淚搏同情。今時今日我有這麼一個印象，就是越來越少真正優秀的人認為政治遊戲值得一試——雖然這可能只是上了年紀的觀點。

我的朋友很幸運，我自己也是，我們都一直保持著和伴侶的婚姻。我不能想像沒有穎彤的人生，事實上一想到她有機會比我先行一步（不帶感情的用詞是「先死」）我就遍體驚懼，不知道可以怎樣處理停電、漏水、車子或是絕大部分其他技術問題，還有賬單和報稅。但更更重要的是，我生命中會出現極大的空虛。因為我們早在大學時期相遇相愛——她今日仍然像當年一樣漂亮、瀟灑、有幹勁——我從未想過和其他人共度一生。穎彤出生前就已失去她的奧運選手父親（我們最近發現他是在諾曼第被「友軍炮火」誤殺的），母親則在她十六歲時死於車禍。這可能幫助了她，令她成為如此優秀的母親。她是三位女兒最好的朋友，也明顯是女兒眼中偶爾有點神經質的人，就像她們父親。她就像《舊約聖經》的盧德一樣，我去哪她就去哪，我住哪她就住哪，不是全無疑慮，但總是從不責備。她還為我犧牲了大律師事業（不過我們從香港回來之後，她經過再培訓，成功轉型為家事調解員）。近年我有時見到夫妻情侶在餐廳吃飯，除了「把電話拿開」之外沒有一句交談。這不是我眼中的生活。我們一起變老，興趣大多一致，例如運動、旅行、書和狗，當然還有與之相關的爭論；我們一起忘記很多事情，互相幫助對方記憶朋友、書本、花卉的名字，身受（只是一點點）類似的疼痛。我常常知足感恩，但可能慶賀得不夠頻繁，或者不夠吵鬧。

對我來說，進駐西敏宮並不像大多數新晉議員般大件事：在任職保守黨研究部時，我就常常進出國會，而且還是保安不那麼森嚴的那些年頭。我對這座宏偉的新哥德式建築瞭如指掌，它的壁畫訴說我們想像中的英國歷史——偉大的航海民族崛起，一次又一次見證自由主義問責制的勝利。到處都是在我們之前的議會巨人的雕像，他們大概也和我們一樣，當遇上政治麻煩又得面對滿廳同事時緊張不已，而同儕意識往往會被愉快喧鬧的騷動所淹沒。對我來說，能引起興奮的是議事廳，我其實從來沒有那種俱樂部會員式的對整個會所的熱烈感情——至少直到我失掉議席後，和仍是議員的朋友吃完飯道晚安，讓他們九點五十分衝回去投票那次。在那之前我從未有過這種感受，當晚有那麼一小陣，我真的覺得很失落。

那時所有投票都是晚上進行的，意思是你不得不在大樓裡遊蕩好幾個小時。事實上這對我來說並沒有那麼難受，因為我們的單位是「響鈴」公寓，真的會在我們前門響起來，召喚我履行民主職責，我剛好可以在投票時限的十分鐘內回到分部大廳。這樣做其實比較手忙腳亂，所以我和其他人一樣花太多時間在圖書館和酒吧閒晃。我當上部長後有個合理的小小辦公室，必要時可以消失在裡面，繼續處理充滿各種摘要、委員會文件和信件的公事皮箱。酒吧對某些人來說是危險地帶，我們以前可以一年一度去聖多馬醫院做身體檢查，報告匿名處理後可能會被用於比較流行病學研究。我有次問醫生西敏宮跟聖多馬比起來怎樣，他說國會飲酒較多，但性行為比醫院少。

議事廳以前是（興許現在還是）一切的真正核心，我之所以對它的中心地位提出懷疑，純粹是因為今時今日參與辯論的人明顯少了。在全院滿座的議事廳演講可以很可怕，只要一個口誤，比如說停頓的位置錯了，就會迷失在一陣暴烈的笑聲和吼叫聲中，尤其是夜深時分，正如高奧（Ian Gow）會說的「酒過三巡」後，議院裡更加喧鬧混亂。在本恩（Tony Benn）或鮑爾這些吸引人群的好手演講後輪到自己被叫去發言，對後座議員來說是很恐怖的事。除非你一開始就說出引人入勝甚至有趣好笑的話，否則你只能對著離開議事廳去喝茶、喝威士忌或幹活的議員的背脊演講。像在其他公共平台一樣，給人以最佳印象的是說話（看來）不用講稿的人，甘民樂在競選保守黨領袖時在黨大會發言，憑非凡精彩的演講傑作做到了。當然，今時今日有表象和現實的問題：多少公眾人物使用玻璃鏡片，將講稿文字映到眼前，聽眾就會覺得講者是在眾人跟前即席演講，實際上他們卻是在閱讀精心準備的講稿，而反射講稿的玻璃平板，電視攝影機根本不會拍到。想想美國總統吧。這玩意我用過一兩次，實在是討厭極了。我越講越慢，講台下某處的翻頁機也越翻越慢，結果演講淪為單字和短語的送殯隊列。以那種速度，連《蓋茲堡演說》（Gettysburg address）都可以變成卡斯特羅的節奏。[3] 無稿演講之所以有趣得多，是因為聽眾知道你只是籠統地確定了要講的內容，實際上是在踩一條言語的高空鋼線，講辭還可以隨聽眾的情緒和插話調節。講原創的內容、對眾所周知的議題提出有趣見解，也很有幫助。按這些標準，我年輕時的同僚中以帕里斯為最佳講者，他後來又成為睿智而有趣的評論家，點評其他人的議會表現。總括而言，我在下議院時，最佳講者是老派的激進分子富特（Michael Foot），他的突襲和停頓，還有通俗與文學的混合，使他在各個層面都很有趣、尖刻、有效，除了一個例外：他很多有關經濟和社會政策的意見都像從挪亞方舟走出來般陳舊過時。到頭來，像主教們所說的，話要說得好之餘，還要有道理。但是，就辯論風格而言，他是我最想模仿的人。

西敏宮乃至我們整個政府系統的主要問題在於，制度當初如此運作良好的原因和方法已被遺忘了，而且我們似乎沒有能力改革它，恢復它的意義和活力。國會本身太大了，太多議員、太多部長。第二議院，即上議院，議員太太太多，整個議院對自身存在的目的只有模糊概念。幾十年來，人們一直預計巴西將是下一個成為超級巨星的新興經濟體，但巴西似乎從未超越這個「將要成為」的地位。同樣，上議院改革也「被預測」了好多年，也會一直「被預測」下去。改革的主要原因是想它更可信，配合其民主運作部件的身分。但主要的民主議會——下議院——又有甚麼理由投放精力去創造一個真正的對手？所以上議院改革仍然會是辯論隊的長青辯題。目前，我們至少應該處理一下它亂七八糟的增生，這個情況一部分是將任命和榮譽制度混為一談的結果。國家對政黨適度補助、更嚴格限制私人捐款，也可以淘汰一些主要因為在政黨募款箱投了幾張支票就一躍躋身英國立法機構的富商。

3／《蓋茲堡演說》（Gettysburg address）：林肯最著名的演說，於一八六三年美國內戰蓋茲堡戰役結束後發表，哀悼陣亡的將士，儘管只有短短兩三分鐘，卻成為了美國歷史上最偉大的演說之一。「民有、民治、民享」即出於此處。至於作者用以對比的古巴前總統卡斯特羅（Fidel Castro, 1926—2016），即以滔滔不絕長篇大論的雄辯著稱，曾於古巴的共產黨大會上發表七小時的演講。

在縮小下議院、削減部長人數的同時，應該將更多權力下放予地方政府，計劃現時初見端倪，但應更進一步——我們仍在一個極其過度中央集權的民主制度之中。我擔任環境大臣時，大部分要下的決定本應是地方議院的專門領域。我通常只睡四五個小時：議會開到午夜之後，早上五六點又起來處理更多工作，然而這大部分都應該在遠離白廳的地方解決。我們在維多利亞的公寓離西敏大主教巴西爾・休謨（Basil Hume）住家僅一街之隔，有天我跟他提到，我清早起床拉開窗簾下樓上班時，經常見到他在屋後走來走去，手裡拿著祈禱書唸誦。他說：「是啊，我也看見你了。我覺得你拉開窗簾前應該先穿上晨衣。」

隨著國會議員人數減少，專責委員會權力亦應進一步增強，尤其是在草擬立法方面給予更大責任。建立專責委員會體制的，是我在議會的第一任上司史蒂華斯，我當時給他打雜，是西敏階梯的底層。一些專責委員會做得很好，例如財政部專責委員會，最近由極為獨立的保守黨員泰利（Andrew Tyrie）主持得頭頭是道。當然，有時我們要容許某些議員在鏡頭面前在專責委員會上炫耀他們的垃圾。我擔任

BBC信託基金主席時，不得已要和一位國會議員打交道，他竟然能夠擁護各種各樣驚人的化石級原始人觀點，而且看來對自己的荒謬沒有一絲尷尬。當然，他表現得越像個右翼小丑，就越受到媒體關注。你還會注意到，有些議員在面對重要證人時，沒有能力區分強硬質詢和純粹無禮。

我很幸運有國會的朋友，而且還做了這麼一段時間的部長。我最親近的同事都是一個非正式吃飯群的成員，這群人在一九七九年大選後不久就很隨機地聚在一起了，嘗試在爬上政治扶梯時互相照顧。黨鞭叫我們做「藍籌股」，聽起來就像是一群個性軟弱、自鳴得意、自以為天生就該統治別人的傢伙。裡面確實有四個正式的紈絝子弟：兩個侯爵之子，又有兩個伯爵之子（其中一個是愛爾蘭人，所以他可能算是五分之四個）。但我們其餘人等是相當混雜的，總體上都是些中產獎學金小子。我們也不全然是黨內的左派，除了那些討厭的右翼以外，我們代表了保守黨的大部分立場。克蘭伯恩的羅拔（Robert Cranborne）代表幾個世紀以來的深藍祖先（他們都叫 Cecil）；深陷抑鬱不幸開槍自殺的卡伯里（Jocelyn Cadbury），曾是最好的那種社工議員；屈臣（John Watson）是個有激進傾向的約克郡商人；我認識最久的朋友是和我同姓的巴頓（John Patten），我們家暱稱他叫「非親非故」。在我主管研究部的時候，他是牛津教員，召集了志同道合的學者幫我們做政策工作。我們之間最聰明的是馬卓安和渥德格雷，後者在任何聚會組合裡都是最聰明的人之一，是個博覽群書的古典學者，他自學的科學政策和工業知識足以讓他在這兩方面自成理論且有所超越。他和家人一直是我非常親密的朋友。而他近乎憂鬱的謙遜就像詛咒一樣，令他很多時候都無法認識到自己多麼優秀。馬卓安我之後再談。另外兩位很熟的朋友是倪德漢和加雷鍾斯，前者成為一位了不起的部長，但沒有得到充分提拔，因為他做到這麼多事情的原因之一正是他不安分，他是世上最會引我發笑的人。加雷鍾斯是我們飯聚的主人家，給我帶來的痛苦和悲傷比幾乎任何人都多，因為他一輩子都在用生命值抽煙。如果他比我先死，我會很傷心，因為我從來沒想像過沒有他在電話那頭的日子。[4]他出名詭計多端，主要是他沉著地故意容許別人散布這種基本上虛構的陳述。他行事不易預測，但肯定聰明機智，而且通常非常樂意把自己做的事公告天下。

還有其他一些我非常欽佩的、稍老一輩的國會議員，比如楊佐義（George Young）和高普（John Cope），兩位都是幫助整個政治制度發揮作用的國會議員典範，後來在上議院也再接再厲。無論獲派甚麼任務他們都會盡職盡責完成，沒有半點個人野心的跡象，是最佳規格的和藹可親、無私、正派的公僕，而且總是極好的伙伴。

我自己的第一份部長級工作是在北愛爾蘭，故事單獨開了一章來寫，因為那段經歷直接影響了我的政治和身分觀。在貝爾法斯特擔任國會政務次官兩年後，我在一九八五年晉升為教育及科學國務大臣，度過做祖瑟夫副手的悲慘一年——倒不是因為他本人，而是在教育政策這個陰沉的世界，要做任何改變都幾乎全無可能。教育應該是家長（代表孩子權益）、政府（代表國家利益）、教師工會（懷著盡可能

4／編按：加雷鍾斯已於二〇二〇年三月二十三日去世。

為學生提供優質教育的專業承諾）、地方教育當局（在社區層面組織教育系統的各個部分）之間的伙伴關係，但到了七〇、八〇年代，其中兩方已被淘汰離開認真參與者的行列。政府做任何事的能力是如此受限，以致負責料理政策空白的官員質素節節下降，部門空有一個出色的常務次官（部門負責人）——他上任是因為戴卓爾不喜其中間路線經濟觀點，要他離開財政部。家長則自然而然被指，由於孩子的教育結果太過切身，所以，嗯，不應該切身參與其中：有人認為其角色應局限於校外的事。剩下的就是教師公會和地方政府。教師工會容許其專業承諾被最差的「公家捍衛特殊利益」侵蝕。有次祖瑟夫去工會發言，工會高層戴著橡膠手套、外科口罩和圍裙來迎接他，搞得好像他是個愛滋病患似的。地方政府用上很多專業人才，但太傾向將一切都簡化成現金爭奪戰，還通常與工會雙雙墮入雙頭壟斷的境地，難捨難離。祖瑟夫是個知識分子，不是硬漢，儘管對提升教育質素有一腔熱情，但打破這種對教育的束縛耗時多年，並非他能在短時間內做到的事。

我們部門設在窩打老站（Waterloo Station）旁一棟破舊的大樓裡，很像我以前待過很多年的兩個辦公室——史密斯廣場（Smith Square）的保守黨中央辦公室，以及附近馬斯咸街（Marsham Street）的環境部。一進門，甚至只是走近入口，你就會感覺到魂魄在退避三舍尋找掩護。在環境部辦公室工作的少數好處之一是，從裡面看出去，你就是倫敦少數見不著其全盤野蠻恐怖的幸運兒之一。我在窩打老站大樓的辦公室和祖瑟夫的房間僅一扇趟門之隔，有點怪怪的，我自從離開格林福特山邊道的家後就沒見過這種門。我背對著門，如果錯過了祖瑟夫向來謹慎的敲門聲，就會突然發現他從我後面清著喉嚨掩至。他是個善良的好人，但委婉地說，他並不是天生的政治人，而且太容易被瘋狂或壞的理論家左右。很少人像他那樣對自己無法改變國家靈魂如此失望，在教育部，我們會花好幾天時間與他來回爭辯，但最終他每次都違背自己的哲學，選定最中央集權的做法。有次我在一個校長會議演講，說如果我們不想見證流氓社會誕生，就應該設置國家課程的一些內容要素，引起一陣轟動，祖瑟夫對我很是滿意。

我在教育部一年，然後平行調任（實際上感覺像是大升職）到海外發展部。我是那邊唯一的部長，通常就是外交大臣忙到沒時間管的那種封建臣民。英國有世上最好的海外發展計劃之一，規模比之前小了點，比現時要小得多，但仍不失氣派，在全球廣受稱譽，還有一個全心全意投入工作的一流官員團隊。環遊世界（對不起，穎彤）處理各種貧困問題（主要是在亞非兩洲），是非凡的地緣政治教育——老實說，還有純粹的地理學。我從頭到尾都很開心，身邊還有兩位非常好的私人秘書，首先是後來和我一起來香港的戴彥霖（Martin Dinham），他是我下屬之中最好的一個（這個名銜競爭很激烈），然後是域斯特（Myles Wickstead），他之後任職駐埃塞俄比亞大使及貝理雅的非洲委員會秘書處主任。

當國內朋友與棘手的經濟問題搏鬥、自我折磨試圖理解和改革社會保障、發明人頭稅等等時，我四處奔走營運一些相當有效的援助項目，期間達到了發展的一些基本目標，例如防止嬰兒夭折。我很少需要參與國內政治爭拗，很少去和財政部或內閣委員會開會，英國政治的滋味大部分來自我的選區及每月三次星期五會見選區市民。

當我回到地球表面時，伴隨的是一聲巨響。一九八九年歐洲議會選舉，綠黨得票超過預期，有想法認為明智的方向是，找個很可能不會嚇到馬匹（確切點說，是選民）的人來替換聰明但對用家不太友善的環境大臣尼古拉斯・雷德利（Nicholas Ridley）。命運的無常之指指中我，於是我就被提拔到內閣，管理最大的政府部門，和七位初級部長起草和推廣政府有史以來第一份環境白皮書，還要實施人頭稅——這個消息我還是從小道得來的。在我晉身內閣的第二天，下議院反對黨就開始辯論人頭稅。我首先要學習地方政府融資的基本原理，然後通宵達旦琢磨比較聰明的幾位同事所發明的這個計劃。我發表了一生之中在下議院最差的演說，包括那句令人羞愧難當的台詞：「社區徵費（保守黨語言的『人頭稅』）令社區負責。」（The community charge puts the community in charge.）那是羅克寫的，不計這次的話，他其實是我精明的政治顧問。但我不怪他，他是個極有天賦的政治操盤手，我也是因為他才躋身語錄集，和其他珠璣妙語平起平坐，例如瞠目結舌（gobsmacked）和禍不單行（double whammy）。人頭稅的故事已經有太多人寫過太多次了，而由於我想將它連繫上戴卓爾的首相年代多寫幾句，此刻暫且擱筆不提。當日那種手忙腳亂，就是管理龐大部門最難受的一件事。部門常務次官是自學成才的克澤（Terry Heiser），是個傑出的倫敦東區人，辦事不比我見過任何同職位或做類似工作的人差。他十幾歲就輟學加入公務員隊伍，一路工作攀升到最高層。他幫我編寫了一份相當不錯的環境白皮書，算是減低人頭稅破壞的其中一著。《這份共同遺產》（This Common Inheritance）白皮書自然讓想每個綠色目標都一蹴而就的環保主義者失望。在環境方面，我們最主要的成就是羅致了認真的經濟學家皮爾斯（David Pearce），他使可持續性成為以後政府政策的核心特徵。他英年早逝，但卻是讓環境經濟學在白廳得到尊重的關鍵人物。

我從一九八九年開始在環境部任職，直到一九九〇年戴卓爾下台。新揆馬卓安邀請我做保守黨主席，計劃和開展下次大選活動。我被任命為蘭加士打公爵領地事務大臣（Chancellor of the Duchy of Lancaster），多了一些和王室有關的禮節性職責，但除此之外，我還是主要在史密斯廣場的保守黨總部上班。從某種意義上說，我的西敏宮生涯兜了個大圈回來，算是圓滿結束了，剩下的政治人生就在離倫敦很遠的香港、北愛爾蘭和布魯塞爾度過。

多年來我周旋於下議院和各個政府部門之間，從貝爾法斯特的斯托蒙特（Stormont）到窩打老，再到維多利亞街和匹黎哥（Pimlico），這些地方形成我對「英國管治有多好」這個問題的一些強烈看法。[5] 答案是，沒有我們想像中好。整個戰後時期，我們的管治都比意大利等一些其他國家好，避過災難（有時避得好險），解散帝國——這可不是小事。我們變得更繁榮，雖然就相對的經濟和政治影響力而言，我們確是衰落了，而且脫歐有可能引致進一步衰退。我認為英國現在比以前更公平，而且對社會多元更為包容，我希望我這個想法沒錯，但脫歐公投運動及其後續又產生了一些令人擔憂的不包容跡象。有些問題似乎超出政府的解決能力，例如生產力低下、福利改革、受長壽和社會護理需求拖累的醫療服務、過度中

5／斯托蒙特（Stormont）：北愛爾蘭議會大廈。

央集權的政府體系、監禁太多人並淪為罪案旋轉門的刑法系統、一代與一代之間日益嚴重的不公平現象。想在解決這些問題方面再有進展，應該不是不可能的。但是，提出「我們的政府到底有多好」這個問題的，正是過去幾年一些令人震驚的政策失敗，例如人頭稅、第二次伊拉克戰爭和脫歐公投。這些都不是一個領導良好的國家的跡象：伊拉克戰爭調查揭示出可悲的失敗背後，責任應該分攤得多廣——政治、外交、公務員、情報和軍事機構，全都有份書寫這個恐怖故事。政府體制的任何根本變化，都被一種堅定頑固的自滿情緒壓倒，認為我們在管治國家方面已經多好多成功。

造成麻煩的主因有三個：首先，政策和解決問題的首選方案都來自一個非常狹窄的漏斗形渠道。政黨及其選擇的人主導政策制訂，提出的選擇很少考慮建立共識及著眼長遠的需要。太多的注意力放在小報上，但小報的商業價值越來越低，於是變得更尖刻刺耳。「政黨主導」更荒謬的一點是，黨員人數（除了最近一個例外）像自由落體般急墜，保守黨情況尤甚。我從政初期，黨員人數約為一百五十萬，我擔任主席時是四十五萬左右，今日則少於十萬，不久就可以全部坐進溫布萊球場，雖然以他們的年齡而言，有些人應該會發覺梯級很難走。英國政黨黨員人數遠遠不及歐洲多數國家，在本世紀頭十年，英國的政黨黨員佔全國選民比例低於波蘭及拉脫維亞以外任何歐洲國家。意大利民主黨黨員數目為五十萬，在最近英國工黨黨員人數增加以前，比全英所有政黨加起來還要多。而在政黨成員減少的同時，其他志願組織的成員人數增加：皇家鳥類保護協會有過百萬名會員，國民信託有超過四百萬，皇家全國救生艇協會則有超過四萬名會員支持那些冒生命危險幫助海上遇險者的人。最近工黨黨員人數增加，主要是由於左派（包括議會外的左派）試圖讓郝爾彬（Jeremy Corbyn）留任領袖。他許多較溫和的黨員懷疑一個有他這種政治見解的人是否有可能拜相，不過二〇一七年大選他選得意氣風發，一度有可能證明他們看錯了，他們真不是味兒。

不計工黨最近這個例外，政黨黨員人數一直減少，而保守黨呢，黨員還變老了。只幸好保守黨在英格蘭仍有對家，不致滅亡。雖然這個組別很大程度上不代表社區，但卻是政策討論的主要諮詢班底，它也負責選出國會議員，在選黨領袖方面也有很重要的角色。弔詭的是，儘管保守黨在其進程中引入了更多的民主，但卻同時變得越來越不代表廣泛選民。無怪乎他們早前選擇選不贏的夏偉明（Michael Howard）和施志安（Iain Duncan-Smith）做領袖，而不是戰後最佳財相之一祁淦禮。也無怪乎它帶頭脫歐，選擇停留在想像中的過去，而不是充分利用充滿挑戰的未來。保守黨有可能會成為一個屬於住在倫敦以外的英格蘭民族主義者的狹隘政黨。它似乎已經吸納了很多英國獨立黨選民，這勢必將保守黨扯向右翼。至於工黨，最近人數增加的一個主要後果是它的政策方向與大多數選民認為可接受的「福利」與「市場」組合比例相去更遠。新黨員不僅與政治建制的左右觀點疏離，亦與傳統的工黨核心鐵票不合。一些政治運動人士看來覺得英國模仿委內瑞拉就會有未來，其中很多人似乎在人們眼中算是可信的，這就是保守黨的失敗。

我已經提過我們第二個問題：中央過度管治。這種趨勢發展的同時，我們也在愚蠢地破壞世上其中一個最好、最有效、最有創意的官僚體系。歷屆政府都在削減會制訂政策、解決問題的公務員精英，將很多最有趣而最重要的公共服務工作外判給顧問公司。顧問公司費用高，而且還需要現有公務員就公司獲聘處理的問題把細節解釋一番。整個過程只會破壞公務員士氣，而且影響招聘。如果你是個優秀的大學畢業生，為何要加入政府部門，而不是去薪水高得多的顧問公司工作？公務員的錯誤被畫成諷刺漫畫四處宣揚，《部長你想點》（Yes, Minister）重播又重播，助長人們認為公務員存在的意義就是阻止部長做想做的事情。我的經驗之談是，好的公務員喜歡果斷決策、知道自己想做甚麼的官員，他們熱情地執行這些決策，有時甚至過於熱情。相反，沒有人記錄顧問公司的失敗。不過令我高興的是，新的喜劇節目向觀眾展示出官員特別顧問（special advisers，或親切地取字首簡稱 spads）數目一塌糊塗地增加所產生的一些最壞局面。我一直很困惑，為甚麼部長會需要兩三四個 spads 來幫他們做部長？英國管治機制的這個部分需要希律王式的撲殺。

第三，政治領袖已不像從前般，會勇敢為自己眼中的公共利益和國家利益大聲疾呼。他們擔心自己的政治權威太過脆弱，不容許他們如此敢言，結果還反過來圖謀著令權威更加脆弱。這是我們——例如我們這些支持留歐運動的人——應該從脫歐公投學到的其中一個教訓。法拉奇之所以變成金剛，就是因為他崛起的數年間從來沒有人積極針對每個憑空捏造的論據、每個半真半假的說法與他當面對質。保守黨右翼被縱容兜售對英國未來的幻想和妄想，後果如何，無人知曉。可憐的文夫人（文翠珊，Theresa May），一位在歐洲公投運動廢墟中誕生的首相，發現這個難題的答案超出了她的能力範圍——說句公道話，我們大多數人又何嘗不是呢。

成功的領袖需要具備哪些特質？就算不計選舉時與極危險的極端民粹主義眉來眼去，法拉奇和特朗普還有甚麼值得吸取的教訓嗎？下一章我會探討我的三位直屬上司，三位截然不同的領袖，嘗試明白從他們身上，可以在實用政治哲學和治理民主政體方面學到甚麼。

第六章

領袖：希思、戴卓爾、馬卓安

船長若欲保其舟，宜應永泊港中。

——多瑪斯．阿奎那（Thomas Aquinas），《神學大全》（Summa Theologica）

一代英豪能言一代之志，點出時代之精神，並成就之、踐現之

——黑格爾（Georg Wilhelm Friedrich Hegel），《法哲學原理》（Philosophy of Right, 1820）

．．．

史上頭三位與我同屬中產階級的保守黨領袖，都曾是我緊密合作過的上司。事實上，他們都來自這個複雜社會階層的最底層，希思、戴卓爾、馬卓安三位上的都是公立學校。在希思之前，戰後保守黨領袖完全沒有任何條件自認是中產階級，更不用說是作為獎學金學生或社會流動的例子了。麥美倫可能以戲子模式提出異議，偶爾把自己說得好像是「做生意的」一樣——他說的是自己出身於一個有名的出版

商家庭。

第九代德雲郡公爵之女的伊頓公學擲彈兵丈夫，就是有這種迷人的矯揉。某天晚飯後，他與一小群貝里歐大學生喝著威士忌促膝長談，提到在學院的獎學金考試面試，他唯一被問到的問題就是他的靴子是在哪裡做的。我們環顧房裡，互相瞄著粗陋的鞋子和 Hush Puppies 豬皮鞋。而希思的父親則真真正正是「做生意的」，內子一九五〇年代和同學去他家在布羅德斯泰斯（Broadstairs）的度假屋小住時，屋子裡一有廁所淤塞、窗戶打不開之類的問題時，家人就會聯絡希思的父親，他經營一家成功的小型建築及維修公司。老希思先生無論怎樣看都很有魅力，和藹可親，為自己的聰明兒子自豪。希思的母親則是個女僕，大概是公爵女兒熟知的那種。希思在當地文法學校贏得郡裡的獎學金，入讀麥美倫很久以前上過、我又將要跟隨的那所牛津學院。戴卓爾來自相似的社會背景：希思綽號「雜貨佬」，應該是「成功爭取」廢除零售價格限制之故，但戴卓爾卻是真真正正的雜貨商之女，來自林肯郡格林沁（Grantham），她經常用這個成長背景確立自己的身分：認真務實、直截了當的簡單家庭經濟學支持者，一分錢進，一分錢出。她和希思一樣，從當地文法學校晉身牛津，入讀的是薩默維爾學院（Somerville College）。馬卓安來自碧士頓（Brixton），有非常不一樣、相對潦倒的背景，老父以前是音樂廳演員，後來經營一盤屢走下坡的花園裝飾品生意。他十六歲輟學後想當巴士售票員，但因為長得太高而被拒。他去讀銀行業的函授課程，最終在渣打銀行找到工作。我敢說如果回到六〇年代，只要去碧士頓的立博（Ladbrokes，博彩公司）打賭馬卓安會成為二十世紀最年輕的首相及其中一位任期最長的保守黨首相，賠率一定很高。這就是我的三位保守黨領袖，沒有一位是甚麼大人物，沒有一個人在小教堂、在我們優秀的公立學校運動場上、在鄉村大屋客廳裡接受領袖訓練。不過確實，希思戰時服過兵役，後來升任皇家砲兵團副官。

為這三人工作，讓我在領導力方面學到甚麼？領袖人物又如何改變或塑造他們的時代？觀點不一而足。馬克思相信人雖然可以創造自己的歷史，但背景情況卻不是他們自己選擇的，就如同他認為拿破崙只是個由法國的階級鬥爭賦予了英雄角色的「怪誕」平庸之輩。而俾斯麥（Bismarck）的想法與馬克思接近，如果他早活一個世紀，成就可能十分小。他認為偉大的領導能力其實來自「細聽上帝斗篷沙沙作響」以及「祂橫過歷史舞台時抓住其衣襬」。舞台的大小影響成就的規模，想想新加坡的李光耀吧。領袖所面對的環境也是因素之一。但無論你相信男男女女可以改變歷史，或覺得他們只是在歷史浪潮中航行，人們總是特別喜歡把名人的一生翻個底朝天，想知道他們的成就何來、是否有其他人可以有效應用的公式。機場客運大樓書店櫃枱上堆滿了以領袖為主題的書籍，好像在為一眾滿懷抱負的商務艙乘客開通直達董事會的快速通道似的，只要他們跟著某個棒球教練或古代英雄的做法就好。「亞歷山大大帝征服世界的十大秘訣」，或是「成為全球營銷副總裁」，一有機會就被推到前排。

軍事史家基根（John Keegan）有本書叫《指揮的面具：研究將領》（The Mask of Command: A Study of Generalship），對於亞歷山大本人及其他將領如何建功立業有些睿智的看法。這本書的一些內容會引起當代領袖書籍作者的共鳴，例如是足球領隊費格遜（Alex Ferguson）或慈善家商人莫里茨（Michael Moritz），兩人曾合寫出一本不錯的領袖書。基根會貶抑英雄美德在當今核子世代和民主時期的重要性，但也不完全否定勇氣及肌肉型資產的價值。

我從政治汲取、又為政治給出的兩點主要建議很簡單：首先要知道想做甚麼、為何想做，第二是要清楚解釋，最好是用既好理解又有激勵作用的方式去做。有多少當代領袖能像偉大的威靈頓公爵般，即使頭頂上有子彈呼嘯而過，周圍爆炸不斷，要在馬背上寫下指令，仍然如此思路清晰、表達明確？「高士廉衛隊立刻進軍烏古蒙」這種指令最好下得清清楚楚。此外，能將自己的目標編織成連繫人們經歷、希望和恐懼的故事，同時又抓得住上帝斗篷下襬的領袖，有一樣很巨大的天賦：就像黑格爾筆下所謂「向自己時代說話、為自己時代說話的能力」，如今通常叫做說出「政治敘事」。在我的經驗中，這方面做得最好的是克林頓，他發言的引子常常是參觀剛接上電力的印度村莊之類的軼事，然後說在那兒遇到剛買了筆記本電腦的人，繼續進而思考國家與人民、富人與窮人之間的數碼鴻溝，總結時他會提出一些有助彌合鴻溝的、精明的政策建議。這一切都用幽默的方式做到，具有一種輕鬆的權威，而且能說服人。

具有類似天賦的領袖是科爾（Helmut Kohl），他是二十世紀下半葉最偉大的政治家之一，他一直受人低估，卻反而因此得益。戴卓爾就是其中一個低估他的人，她永遠無法理解科爾的工作倫理，因為裡面竟有如此多她認為是「自我放縱」的元素。科爾有次給我講了一個故事，他認為那概括了共產專制如老舊芝士般土崩瓦解時，中歐和東歐會發生何事：教宗若望保祿二世出訪故土前，一位共產波蘭的高級部長來探訪科爾，解釋官方採取了甚麼保安措施，以防民眾對波蘭人教宗的亢奮情緒主導當日氣氛。他描述鎮守教宗行程沿線的警察數目，科爾問：「警察當天結束時會做甚麼？」

部長答：「回家吃晚飯。」

科爾再問：「晚餐是誰煮的？」

部長答：「當然是他們妻子。」

科爾說：「然後我想，他們會跟妻子上床吧。」

「是的。」

「就是那些當日早些時候，在教宗所經之處當街下跪的妻子嗎？」

科爾對時代精神有非凡的直覺。在德國統一的機會來臨時，他果斷大方行動，而其他人還在嘀咕、批評、做會計。科爾是個極好的領袖，只是像其他一些人一樣，相當隨意地假設規則只規範他人，結果就倒下了，栽在政黨融資規則手中。

卡靈頓（Peter Carrington）是我效力過最好的人，也是最優秀的天生領袖。他擔任保守黨主席時我是他的政治秘書，為時兩年。那工作他討厭極了，但為他工作是我所受教育中最精彩的部分，沒有之一，學到的不止是公共服務，而是在任何身負責任的崗位上應如何行事。聰明、冷面機智、自律、善良、彬彬有禮，他在卸任外務大臣多年以後、安然靜度九旬之時，仍然發揮得淋漓盡致。我還記得坐他的詹森跑車長途疾馳駛過鄉間，參加一些冷清的政治會議，那裡只有溫的白葡萄酒、加冕雞和政治說教。但當車隊回到家裡時，他第一通電話就是打給隨行警察保鑣，感謝他們一路協助。他和韓達德是我為之工作過的最佳委託人，他們懷著充滿智慧的自信去委派工作，準備好在事成之時讚賞甚至公開表揚，並在出錯時承擔責任，即使錯不在他們。於是，下屬都非常努力確保事情不會走樣。

我估計這本書的一些讀者可能會認為我想對希思的過去與紀錄有所縱容。他和我一樣，是個貝里歐中產獎學金小子，第一次去學院坐的車子是希爾曼（Hillman Minx），車裡還有他充滿愛意和自豪感的父母，整個畫面讓我想起我自己和父母來到學院的情景。像希思一樣，我也是家裡第一個上大學的人。然後就是他在別人眼中的位置，也是我一路自覺的棲息之所：保守黨左翼。不過如果細看希思整個政治生涯，我就不完全肯定這是準確的描述了。我還必須提到，他在我剛滿三十歲不久時就任命我擔任保守黨研究部主任。最後，加入歐盟是希思一生的大事業，對我來說也比任何政治議題都重要，它於我從來都是國際合作意識的典範。在二十世紀最初的嚴峻時期，這個意識在西方被扼殺，英國的歐盟成員身分現在也已髒亂不堪、盡歸塵土，但我始終相信，英國作為歐盟成員有助於大家適應一個事實：你可以是愛國的英國公民，同時認識到我們身為世界公民所擁有的機遇、義務和挑戰。

這一切都是真話，但我開始覺得希思很多時自私、令人厭煩，甚至有時很粗野。他固然天賦異稟，但套餐裡的「成功政治領袖」重要元素並不齊全，騎士精神也肯定不是其強項。如果他人生頭六十年展現出的一些優點能夠在後來多多張揚一些，也許我就會更喜歡他。齊格勒（Philip Ziegler）寫的希思授權傳記眼光澄明，但總體不失恭維，全書倒數第二段指出：「他是個偉大的人，但其缺陷儘管遠不及優點大，卻同樣引人注目，而太多時人們正是因為他的缺陷而記得他。」任何貝里歐人都一定納悶為何希思得以入主唐寧街十號，而不是他的貝里歐同輩希利與詹金斯。這兩人跟希思一樣是學院初級交誼廳主席，有跟樂手兼航海人希思一樣闊的滿腹智識和興趣。希利深耕語言、文學和音樂，詹金斯則熟讀歷史，還有嚴肅傳記作家的盛譽。而且可以這麼說，兩人都有一個希思沒有的優勢：已婚，妻子聰明美麗，其後都發展出可觀的事業，肯定有助希利和詹金斯保持「貼地」，而如果我的婚姻是典型的，他們也應該會得到有關外表、行為和觀點的建議——自己不會或不喜歡從他人口中得知的那些。

此外，希利和詹金斯都有一些希思口袋裡沒有的政治天賦。兩位都擅長說話，希利有老壯漢講絕殺笑話的天賦，詹金斯則表現出在推進冷靜理性的論證時，清晰動聽的珠璣妙語是何其有價值。希利的粗獷魅力是一種要培養的品味，那種文藝復興和拉伯雷（François Rabelais）的特殊混合體我自己就肯定是欣賞的。而詹金斯態度則略顯傲慢，但迷得住樹上的鳥兒，只是可能不會吸引到公共酒吧的痛飲客追著聽。有次他突如其來給我寫信，談論我的一些文章，我一邊讀著，尷尬的虛榮讓我臉紅心跳。他有股可以吸引到死忠弟子的危險能力，這或許是種不幸，因為徒弟的陷害總是可能使雄心壯志的人事業受挫。

希思當然有真正的朋友，這點是要充分認可的，但我認為他沒有樂觀純情的追隨者。他的朋友像狗一般忠心耿耿，這通常不是因為他的行為或對朋友表達忠誠的方式，反而是儘管他的行為和待友方式並非絕佳，還是有人願意待在他身邊。比如說皮姆（Francis Pym）堅決要求容許黨員就最初的歐盟立法自由投票，其他人可能會給他應得的讚譽；其他人也會早早站到邊上，讓普賴爾或懷特洛（William Whitelaw）在一九七五年競逐黨魁。我懷疑，希思最好、最親密的政界朋友會非常認同齊格勒寫的希思傳記結尾。韓達德、普賴爾、懷特洛、卡靈頓，還有很多人，都為他受過不少苦，他們（正確地）認為他是個極度正直的人，對公共服務有不可動搖的忠誠態度。但我可以想像他們如今翻著白眼，唇上掛著小小一抹絕望的微笑，試圖為希思又一次頑固作對的失禮行為分辯。這些人是他的朋友，這是他該被讚賞的地方，但他對待最親近的人時的方式是否一樣該讚，就比較值得懷疑了。

與希利及詹金斯比較，希思長著韓達德說的那張「復活節島臉」，很多時孤獨、粗暴、三尖八角，奇怪地口齒不清（可能後來更粗魯的幾年除外），陶醉於自己的毫無魅力，可能也陶醉於別人驚人地陶醉於他的毫無魅力。我第一次遇上希思有限的情緒智商（說得好聽點），是和同樣負責寫講辭的同事米拿（Ronnie Millar）

去希思位處皮加地里街奧爾巴尼（Albany, Piccadilly）的公寓房間。我們想要寫一份黨的政治廣播稿好讓他在電台發表，原定集合的時間是星期六上午十點半，希思一個小時後才穿著一件寬大的和服式晨衣出現，簡直就像從薩伏依歌劇（Savoy opera）裡走出來一樣。沒有道歉，只是粗魯的一句「好，今天早上講的是關懷和同情吧，我相信」，徑自概述他想講的主題。

大概一點鐘，管家端著一個托盤進屋，上面放著半瓶夏布利白酒和一份龍蝦沙律。他開始狼吞虎嚥起來，最終從塞在和服的餐巾裡抬起頭來問：「你們吃了嗎？」「還沒。」我們一邊答一邊興奮起來。他邊嚼邊喝答道：「那你們一定餓壞了。」這是在開玩笑嗎？如果是的話，這個笑話不合格。我們人人都記得他類似的行為，有時還加上他笑到肩膀發抖的一幕。要是碰上同樣的情況，戴卓爾不管你要不要吃都會竄進廚房做三文治，她所有下屬都很清楚最後還得把她從廚房拖回來才行。

現在可能這種事情已經無所謂了，只是點食物罷了，可能這種小小善意在領導大業之中無關痛癢。大人物有太多重要的策略要思考，顧不上跟員工磨蹭這些社交細節。但我根本不同意這種態度，要去照顧身邊的人，注意他們，表現得關心他們（或實際上真的關心他們），即使不視為同輩，仍盡可能以平等待人之禮相待，這才是領袖的基本條件。那到底是甚麼將希思或其他人彈射到軌道上，在無盡黑暗中焚燬之前短暫地捕捉到太陽的光芒？討人喜愛肯定不是因素之一，那麼是單純的運氣嗎？希思拜相主要是因為他好運嗎？他之後失敗又僅僅是因為運氣不成比例地差得很嗎？他沒有能力為時代說話、對時代說話，算是多重要的因素？

希思的政途當然帶有幸運的印記，讓他攀上頂峰，然後運勢戲劇性逆轉。如同麥克勞德和鮑爾，他出身於「一國」保守派的一代年輕退役軍官，成為議會新丁，但才智則不如兩人，毫不璀璨耀目。[1]但他在不要求甚至不屑於璀璨耀目的方向發展出事業，成為政府黨鞭，從一個副官職位升到另一個，那時「忠誠」是對後座議員的一貫期望，他們也通常做到，不過別忘了，那是很久以前的事了。他迅速被起用為首席黨鞭，善於清點人數，偶爾在可能叛變的傢伙耳邊警告兩句，有時又誘導一下雄心勃勃的黨員。蘇彝士運河事件是伊拉克戰爭和脫歐公投前英國最災難級的外交失敗，它發生時，希思是首席黨鞭，為一個腹背受敵的政府奔走辦事，像麥美倫一樣避過災難的罪責，而且個人對此事的觀點，可能出於必要，仍然保持晦澀不清。[2] 無可否認，他進攻和撤退都做得很好，幫助維持政府和國會黨內團結。怪不得「第一個策劃，第一個脫身」的麥美倫之後給了他勞工部的部長級職務，然後去外交部做杜嘉菱爵士（Sir Alec Douglas-Home）的第二把手。

希思很幸運，接替麥美倫的是杜嘉菱而非畢拿。他在支持這位第十四代伯爵

1／一國保守主義（英語：One-nation conservatism）：英國保守黨的一種務實政治形式，由迪斯雷利提出，潛意識認為上層社會及政府有責任好好管治，幫助下層，達到妥協及維護社會穩定。一直為保守黨默認的政治組織模式，直至戴卓爾主義興起。

2／蘇彝士運河事件：又稱第二次以阿戰爭，為一九五六年在埃及發生的國際武裝衝突。埃及總統納賽爾（Gamal Abdel Nasser, 1918－1970）宣布國有化蘇伊士運河，並拒絕向西方國家提供軍援，而英國、法國和以色列三國聯合襲擊埃及。

時，無疑很清楚情勢。如果畢拿勝出，繼任人選會落在另一個方向，即是麥克勞德和保守黨研究部舊人集團。果不其然，火柴、獵槍、魚竿、古雅的體面形象——出身伊頓的伯爵大人，由希思接替。希思之所以能擊敗到處遊手好閒但聰明的麥德寧，很大程度上是源自工黨領袖韋爾遜在人們眼中的技能：一個能可信地談論經濟和技術的現代人，應該要由旗鼓相當的人做對手，是時候讓專業的獎學金小子大顯身手了。答案就是我們現在看到的六〇與七〇年代。在我看來，其中最美好的事包括公開大學、詹金斯的內政部改革、避過捲入越南戰爭和加入歐洲共同市場。這些以外的事，我認為應該禮貌地由它過去，期待更好的日子。

希思成為保守黨黨魁，然後失掉一九六六年大選，很幸運地在一九七〇年獲勝，可能是因為詹金斯實在是位太負責任的財政大臣了，當時一定惹怒了他的首相上級韋爾遜。有時人們會說如果哪次哪次選舉輸掉就好了。作為前黨主席（噢！不怎麼幸福的日子啊！），我對這個想法感到很糾結。在當時看來，並沒有甚麼輸了就好的選舉，不過考慮到即將發生在英國身上的事，或者可以說一九七〇年是個例外。「機運」（fortuna）是馬基雅維利（Machiavelli）對運氣的看法，他認為只要膽量和技巧夠好，就足以扭轉乾坤，現在，機運正要讓路給惡魔和復仇天使。

英國工業缺乏競爭力，工會過於強大且不負責任地傲慢，北愛爾蘭的「約翰牛」貧民窟（John Bull's slum）爆發緊張局勢——一切災難都即將要在希思政府頭上炸開。[3]同時，世界經濟正在變差，商品尤其能源價格飆升，我們自己的北海油井又尚未投產，對國家財富的貢獻還來不及供未來政府收割和揮霍。

於是烏雲滾滾而來。我不相信戰後有哪位首相遇過這樣雜陳的壞事組合，它們破壞了政府重建競爭力及增加政府效率以集中火力逆轉英國衰退的管治計劃。說實

3／「約翰牛」貧民窟（John Bull's slum）：約翰牛為英國的象徵人物，類似於美國的「山姆大叔」（Uncle Sam），通常被描繪為一個健壯、中年、居住在鄉下、開朗和務實的人，直到一戰後才不被視為普通人的代表。「約翰牛」貧民窟的意思為普通英國人的貧民窟。

話，「修士頓男」（計劃因核心文件起草所在的酒店而得名）跟「芬奇利女」（即戴卓爾所屬選區 Finchley）並無甚麼大分別。第二次的情況就好得多，可能是因為戴卓爾的精明，或者是她有以往的災難可以借鑑；又或者她夠運，得益於北海石油有所收益和世界農產品價格下滑；也許是到了一九八〇年代，英國已經厭倦了過去俗氣而不成功的妥協。

希思政府對工會改革的方法過度僵化和拘泥於法規，儘管用意良好，也是政府策略的核心，但最終在政府手中分崩離析。讓工業振作起來自力更生的試驗，最後沉入佳德河（River Clyde），引致當地和其他各處的失業率上升。刺激繁榮、增加赤字、試圖以鼓勵節制薪酬來控制通貨膨脹，成為主導宏觀經濟政策的策略。希思第一任財相麥克勞德上任不足五周就去世了，對政府的政策陳述和制訂可謂是致命的。在之後的幾個月甚至幾年裡，英國好像從此倒閉，被拒諸門外，從一場停電燭光下的危機跌跌撞撞走向另一場。保守黨心慌意亂，在希思身邊的內閣秘書岩士唐（William Armstrong）幫助下，從反對黨政策軍團設計的市場導向政策中拖曳著腳步走向政府主導和社團主義。有人說保守黨當時的陰鬱和精神分裂的嚴重程度，見於連續兩次選舉速戰速敗後選出「那該死的女人」（希思和其他人是這樣叫的）當黨魁。一九七四年底，普通黨員，就是那種入信封的、讀《每日電訊報》的，還有不受提拔的後座議員，對上級群起而攻之，一輪掃射逐個擊倒。希思的厄運著實轟動了他和親近的同事。

說在政界可以自己創造命運，那當然大錯特錯，但如何應對迎面而來的事情，則可以決定你的成敗。在關鍵時刻，希思不肯定要對工會強硬，還是暫且後退保命，來日再戰。一九七三、七四年冬天，他決定不了要迅速果斷按下選舉按鈕，還是把選舉報應推遲。也許，嘗試避免一場製造分裂的選舉活動是件光榮的事吧，但他最終還是選擇舉行大選，儘管很可能有自己原則上的保留。於是，大選來得太遲，它本應早點來，或者完全不來。哈姆雷特輾轉反側，國王安然活著：

這是一個顛倒混亂的時代，唉，倒霉的我

卻要負起重整乾坤的責任！4

一九七四年二月，保守黨人問道：「誰來治理英國？」選民的答案是：「老友，總之不是你。」但他們也沒有果斷地把韋爾遜投進首相府。我不認為應該譴責希思的優柔寡斷，但事實證明這是個政治災難。

當然，希思也有過戲劇性地果斷的時候。當代政治領袖還有誰曾如此迅速地從政經辯論的這一端哲學跳到另一端？例如，在許多保守黨支持者看來，一個只為埋工黨激進領袖本恩及其著作而當選的保守黨，只是在幫他撣走身上的灰塵和保送他安坐白廳中心，失禁式地干預經濟。就算對方再粗暴也好，人們都很難接受希思這種逆轉。

運勢只是政治生涯故事的一部分，另外的問題是人在時代的大是大非面前站在甚麼立場，以及是否能左右事情發展。在這些方面，希思比同時代許多政客都更勝一籌。歐洲民族主義的危險，他看對了；舊帝國各地的自決權（除了英國最後一個殖民地以外），他看對了；有關種族主義，他也看對了。

希思年輕時去過德國，親身見證到納粹主義。他對西班牙和希特拉的崛起、對一九三〇年代的慕尼黑的看法，是引領他磋商英國加入歐洲共同體（歐盟前身）的一部分敘事背景。他眼見十九世紀民族主義對他身處的二十世紀歐洲造成可怕的傷害，如果他能像麥美倫般能言善道表達自己，我猜想他口中英國加入共同市場的首要動機，必然在於歐洲歷史之污穢可恥。希思和麥美倫的牛津學院師兄弟中，上過一戰戰場的，有三位獲頒維多利亞十字勳章，其中兩人為死後追封，另有兩人獲頒鐵十字勳章。令這兩位保守黨黨魁震驚的是，年輕人聚首一堂學習歐洲文明的經典著作，然後又由創造這個文明的一眾國家加以訓練去互相殺戮。二十世紀歐洲歷史

4／取自朱生豪譯本。

上的破壞性民族主義促使希思投身和解與融合的神聖使命，無論所創造的建築成果有何缺陷，至少二十世紀下半葉比上半葉幸福得多。再者，一九六〇及七〇年代的歐洲病夫英國，憑藉「自選菜單」式的共同體會員身分，從此變成歐洲最強大、最具競爭力的國家之一。希思明白英國可以如何隨時間推移而改變，也了解愛國主義與民族主義之間的分別，但他表達得不好，這是他和他的理想的不幸。

是希思頑強的外交手段最終打開法國那側的歐盟會所大門。他堅持不懈地游說龐比度總統（Georges Pompidou），最終成功了。個案成功推上神壇時，這位法國總統把事情解釋得再好不過了：「透過兩個男人的對話，兩個民族試圖再次找到彼此，找到彼此一起參與一場偉大的奮鬥——建設一個歐洲國家集團，決心在民族身分的捍衛和共同體行動的限制之間尋求協調。」一九七一年談判期間，一次餐後演講的這番話，的確沒錯。

不論是作為反對黨領袖還是執政期間，希思都拒絕與史密斯（Ian Smith）妥協，不讓羅德西亞成為獨立的種族主義國家，他也同樣毫不妥協地抵制自己黨內和國內的種族主義。鮑爾有份煽起的這場風暴，希思最終乘風破浪，而且做得很對。

希思政治生涯的最後幾年，有件事引起我對他的懷疑和惱怒。一九八四年，英國與中國簽訂有關香港的《聯合聲明》，希思批評英國政府沒有加快推進這個殖民地的民主化；到我一九九二年去做港督時，試圖確保選舉至少自由和公平，不加入比《聯合聲明》及《基本法》所限更多的民主，希思卻為此譴責我，還在我在任時每年來香港，入住我的官邸，在公在私批評我們的努力。為甚麼？我認為有個稍稍不光彩的原因：中國領導人在他漫長的在野歲月仍然把他當首相看待。恭維，也許加上他的商業利益，使他看不到北京列寧主義者的罪孽，也看不到體面地對待我們最後的殖民地臣民是多麼重要。我懷疑他的態度也跟戴卓爾支持我有關。這著實不是他最美好的時刻。

我說過很驚訝有這麼多政治領袖明顯不怎麼喜歡「人」。從我前面寫的內容可以看出，希思就是個例子，無論如何都無法想像他是個「喜歡人的人」，而且肯定對政治和競選活動的庸俗感到不自在（這倒不一定是他的問題）。但不論他對那些不完美選民（尤其是保守黨那些）作何感想，或者如何解讀他們抗拒他的夢想與管理計劃，他對英國人民都盡了最大努力。他愛國，為國民盡量做到最好，但很遺憾，他們覺得不夠，於是他生著大悶氣退下火線近三十年——多浪費。他退下火線不是暫居帳篷，而是回去他的漂亮房子，欣賞英國最偉大、最具代表性的建築之一——梳士巴利大教堂（Salisbury Cathedral）。人們如果夠公正仁慈，一定會為他感到一點點難過和遺憾。他變得「暴躁，對梳士巴利失望」，也許一九九〇年戴卓爾下台後他沒那麼暴躁，但失望依然，直到二〇〇五年去世。

戴卓爾冒起成為希思的接班人，一部份是源自後者的領導失敗。兩人之間有一個非常明顯的分別，就是對語文的運用和態度，政黨宣言的用辭正是一例。宣言可以有各種標題，通常是「明天會更好」之類的論調。有個著名的《時報》廣告宣布「明天《時報》有好玩的」，招來的回應是：「該死！我買了今天的。」我常常獲派撰寫這些文件，它們多數是黨內各派間的條約，如果真有人讀的話，也只限白廳以內和特殊利益群組。我寫過最好的一篇是一九七九年與資深保守黨國會議員莫德（Angus Maude）合作的，文章沒有標題，只是簡單地表明是《保守黨宣言》，但裡面內容豐富，而且肯定避免了常見的陳腔濫調，描述新政府將如何「堅定但公平地前進，應對變革帶來的挑戰」。

希思一九六六年發表的宣言大大總結了他自己的方向，那是句乾脆俐落的「訥於言，敏於行」，就是這樣。意思是：「我們不要再聽『可持續基礎上的繁榮』一類的廢話了。我們要的是三言兩語清清楚楚的計劃，然後著手行動。」「訥於言，敏於行」忽略了一個事實，就是民主政治很多時正是在於言辭，在於激勵人們、給人們方向感、動員人們採取行動以確保達到（乍看不合聽眾利益的）目標的言辭。如我所言，這不是希思的強項，《Private Eye》雜誌裡的政治漫畫抓住了這一點，將他描繪成執著於自動燒杯處理裝置運作的企業高層。即使在他態度熱衷、目標清晰的歐洲問題上，希思的言論也很少超越不慍不火的管理人員風格。

戴卓爾愛煞了文字，她的手袋以容量巨大著稱，裡面就裝著各種各樣的小紙張（下議院書寫紙或 Basildon Bond 牌的），她在上面記錄了時代的智慧。偶爾，她責備完寫手找不到一點有詩意的字句去增強論點，就會把這些紙屑拿出來朗讀其中幾段，有時還輕輕搖頭，好像在告誡小聽眾，說他們沒寫出像吉卜齡或佛利民（Milton Friedman）那樣引人共鳴的文字。她喜愛清晰，也喜愛詩詞，通常有直接的訊息，某程度上來自她對生活條理分明的態度。據她傳記作者摩爾（Charles Moore）所述，她在一九四二年聖誕和朋友散步期間，解釋自己為甚麼不信有天使：「我從科學上計算出，天使如果要飛，需要有六呎長的胸骨來承受翅膀重量。」她認為保守黨人也需要同等條理分明的態度去決定立場，因為社會主義者有一套意識形態，保守派也需要有自己的一套。黨魁選舉期間，畢拿不時來訪保守黨研究部（我那時已是主任），像個主教一樣祝福他有份創建的小小政治修道院迴廊。部門座落在西敏的佐治式建築之中，大樓有部古老的籠式升降機，吱吱作響地載著畢拿和我，打嗝般一下一下衝撞上我的辦公室。畢拿穿著他的黑色大衣，衣領輕輕沾了點頭皮屑，倒像是一座擬人化的富士山。我們在大樓內慢慢攀升，他問道：「我們真要認真對待這盤戴卓爾的事嗎？」我答「是」，他就回問到底她相信甚麼和想做甚麼。我一口氣滔滔不絕，盡量準確地描述我認為她代表的主張。他的評論是：「太多了，太多了，就像黨大會的議案一樣。」

他此言不差，加之相當危險的是，一切都要用一條不間斷、無法間斷的臍帶連接在一起：如果社會主義者有個「主義」，那我們也要有一個。她的知識啟蒙，那迷人而善良的祖瑟夫，當時正要宣布，在議會和政府任職多年後，他才剛剛發現代表保守黨思想的「主義」。他就像一個不可知論者突然發現上帝，現在滿腹罪咎感，他的見證是由海耶克和佛利民寫就的。在繼續擔任其他公職前，我們保守派都應該在選民面前認罪悔改、自我鞭笞，為我們早前愚昧的變節行為出賣其利益而深切贖罪。

戴卓爾不如祖瑟夫般溫柔，她把事情做得更進一步。如果你不接受整套方案——貨幣主義、削弱國家角色、減稅、結束依賴文化、強硬地認同任何她視為是中產價值的事物——那你比不信者還差勁，是異端、內奸，或者一言以蔽之：濕柴。

祖瑟夫從沒用過如此毫不妥協的措辭來表達。一九八五年，我擢升為他在教育及科學部門的副手，他叫我上他近倫敦英皇道的家喝茶，說：「我知道我們的思想立場相當不一樣，所以我想給你一張書單，上面有對我影響最深的作品。」他很驚訝我讀過其中一些，包括海耶克的《通往奴役之路》（The Road to Serfdom）和布里坦（Sam Brittan）的《保守黨治下的財政部》（The Treasury under the Tories）。我有次問祖瑟夫他覺得我是披著羊皮的狼還是披著狼皮的羊，他挺喜歡這個笑話。

戴卓爾手下一些比較沒頭沒腦的門徒，對我厚顏無恥的「濕柴」身分敵視得特別激烈，固然是因為我的觀點，但戴卓爾難以理解地起用和提拔我，也想必是原因之一。也許問題在於，儘管他們個人的惡意讓我困惑，但我似乎不太在意。我一直認為自己就算不是完全的「草食男」，至少也算合理地和藹可親。這種怨念在一九九二年我擔任黨主席期間浮面——我失掉了巴芙的議席。聽說一些強硬派在黨司庫麥卡賓（Alistair McAlpine）家中開派對，顯然集合了一群戴卓爾死忠為我落敗而歡呼，視之為保守黨的勝利。在場許多人都是保守黨的過客，不久後的選舉就跑去支持高史密斯（James Goldsmith）的公投黨。穎彤說我應該對我大多數反對者的身分感到受寵若驚，正如我所說過的：政治上的對手總是在其他黨派，而敵人則通常是自己同門。

戴卓爾毫不猶疑的性格使其言辭充滿自信的幹勁，常常掩蓋正在發生的真實情況。她的政府自成立之初，就隨著貨幣主義銀樂隊的錚錚旋律，也就是英國大部分工業的葬禮進行曲，踏過憂鬱沮喪的一兩年。幾年間她總算找到方法規避貨幣主義信仰最教條化的樣式，偷偷改動對它的意識形態承諾而蒙混過去，由此遏制鼓聲和號角聲，讓政府從自己打造的桎梏中金蟬脫殼而出。代數方程式和M字加各種數字，簡略成要求資金老實、低稅及財政公正的呼聲（痛下決心後某程度上是反悔的多）。

但黨知道她想幹甚麼。戴卓爾自認為在雜貨店櫃枱後跟父親羅伯斯（Alderman Roberts）學到的經濟學，本來就是黨內很多人的DNA一部分。凱恩斯就是財政上不負責任，或者更糟——社會主義墮落。幫她寫一篇能引得黨大會歡呼叫好的演講辭從來不難，這句話全句連起來是準確的，但如果抽掉中間的形容詞，妄言「幫她寫講辭從來不難」，就肯定過不了測謊機。講辭起草會議的麻煩在於，時間常常拿來虛情假意地尋找思想連貫、紮根於（她認為的）保守主義哲學的論點。

儘管如此，她確實找到在國內外都能引起共鳴的語言。例如，一幕幕色彩繽紛的「戴卓爾維護政經自由」令她在俄羅斯帝國土崩瓦解時成為標誌性人物。俄羅斯分崩離析，原因主要有自身內部矛盾和失敗、超過四十年源源不絕的外部壓力、蘇聯錯誤干預阿富汗，還有接納《赫爾辛基最終法案》（Helsinki Final Act），讓共產暴政下的人民得以拿多元主義價值觀作比較。但戴卓爾英雄式的言辭和政績，肯定為中歐和東歐很多人帶來希望與啟發。

在國內，她的語氣和辭令打破了「在一九八〇年代治理英國就是治理衰退」的觀念，成功令英國重新成為可治理的國家。這項巨大成就，包括貝理雅在內的大部分英國人都應該深深感激。要確認她擁有優秀領袖特質，這就是最主要且不容小覷的因素。相比之下，要視戴卓爾的事跡為保守黨政府樣板就比較難了。她沒有定義到保守主義的身分。戴卓爾主義並非一個完全成熟的學說，不是貫徹始終的保守，實際上只是她所作所為的總和。最終她不但差點毀了保守黨，而且從長遠來看，幾乎腐蝕了她如此瘋狂行動就是想要保住的中產價值。

正如我之前說過，保守黨人如果聽到說他們要有一套旨在改變國家文化的意識形態，就應該避之則吉跑得遠遠的。但一九七九年，這個構想牢牢釘在一份佛利民貨幣主義計劃書上。佛利民理論本身的實證證據就很少，一九八〇年代初以後就更薄弱。真的可以控制甚至定義經濟內的貨幣量嗎？貨幣需求真的穩定嗎？貨幣流通速度真是幾乎恆定的嗎？市場經濟真能自我調節，所以政府不應試圖管理商品及服務的需求，而是應該聚焦財政及降低公營機構借貸要求嗎？這是個建基於信仰的項目，它與全球油價上升的影響相結合時，一下勒緊了英國的工業前景。利率和英鎊上漲，油價和工資上升引致成本增加，國內外需求下跌。利潤跌，產量跌，失業率飆升。政府政策把製造業夷為平地，兩成至兩成半製造業被完全摧毀。情形就是彼得·獲加（Peter Walker，他應該是創造這個講法的人）說的「瘋人院經濟學」。

對貨幣主義抨擊最力的資深保守黨人是吉爾莫和普賴爾，前者是位優秀的記者，還是歷史上瀕臨絕種的英國政治知識分子。他在餐桌旁咄咄逼人、鋒芒畢露的辯論風格，和他公開場合垂頭喪氣的說話方式，有著令人抓狂的差距。他個子很高，但似乎總是想躲在講壇後面。和他每一次談話都是一種樂趣，是一種真正艱難而機智的思想交流。我喜歡和他一起，就如喜歡與我認識的任何一位老一輩政治家共處一般。我覺得戴卓爾也相當欣賞他的頭腦和老派魅力，不過最終，她明顯認為船上不能再留著意見如此不同的船員。對他來說，被排擠到邊上倒是種解脫。普賴爾是另一位一九七九至八一年經濟政策的嚴厲批評者，聰明人不理解產業的需要，對產業加以破壞，他看在眼裡困惑得很。富特在下議院就此發表過精彩演說，將對眼前英國工業大規模消失的訝異，比作他最愛的搞笑魔術師表演：魔術師借來觀眾的手錶，蓋上一塊布，用槌子砸碎，然後手裡拿著碎片向手錶主人道歉，說他忘了剩下的魔術步驟。

好在，吉爾莫和蘇姆斯一類的「濕柴」因為相當低聲地反對這種意識形態上的愚蠢而被逐出花園的同時，政府也放鬆了財政政策，廢除租購限制、取消其他控制措施、擴大消費者和企業信貸，在一九八二年七月掀起一場小陽春。政府一擺脫貨幣主義的束縛，復甦就開始了。福克蘭戰爭和一九八三年的信貸盛況確保了政府得以連任。工業界可能浸過冰水震盪浴以後，活著出來的都比較健康結實而有效率。當然業界也受惠於減稅、放寬管制、工會改革和與企業有關的大環境改變，不過，公開出售的公司就必須在更嚴格的監管限制下營運。但事後看來，比較容易發現一九七九至八一年政策與之後的政策，兩者之間是真正的決裂，而非視前者為後期成功的鋪墊。後來的成功有個不算出人意表的標誌，就是信貸消費激增。戴卓爾首次當選的十年內，消費佔 GDP 比重升近七個百分點，製造業投資則下降了。但總而言之，通貨膨脹大幅下降，生產力雖然仍落後於我們的競爭對手，但總算提高了。很多人得益於消費繁榮和稅項減免，但窮人卻不在其中。此外，儘管北海石油帶來巨大利益，其收入在一九八〇年代中期佔財政預算的十分之一，但對維多利亞時代價值的讚譽，似乎窒礙了我們替換當年遺留下來的大部分基礎建設。

對戴卓爾政府的一個合理裁決是，它最具變革性的經濟政策是重整工會、其他經濟參與者和國家民主利益三者之間的平衡。這可不是一件小事，擊敗韋爾遜和希思的，正是工會加上未經改革的公共部門。卡拉漢（Jim Callaghan）只是試圖控制走下坡的趨勢，結果沮喪懊悔地表示任何人都無能為力。但是有的，戴卓爾做到了，她精明而勇敢地掌握運氣，一點一點來，贏不了的時候就退一步，決心絕對要贏的時候就埋首苦幹。會充分利用運氣的她，幸運嗎？當然是的。斯卡吉爾（Arthur Scargill）是份持續不斷的大禮，一個分裂的、被社民黨拋棄、由左翼領導的工黨也是。於是戴卓爾濾去一大堆含糊言辭，迫使工會屈服，重新確立對市場和企業的立場，為數以萬計的市政租戶提供置業機會，並重新豎立整個國家的可治理性。對其他人來說，頗為傳統的市場主導政策繼承了之前搞破壞的意識形態實驗，促進消費和選舉前的繁榮景象。

一九九〇年，戴卓爾辯稱：「不要說現在要換點別的！戴卓爾主義不是十年的事，它要長存好幾個世紀！」嗯，其實不是的，有兩個偏離傳統保守黨哲學的例子，第一個的保質期已過，另一個則長壽得兇狠，起碼存活到今天。凡是考慮大學、BBC、地方政府等中介機構在社會的重要性，都被視為意圖否定政府的民主權威。戴卓爾政府是個無情的中央集權機器，誰都不可以攔路，利文斯通不可以，專業人士不可以，大學校長也不可以。有些人強硬地反對這些政府政策是情有可原的，只是方式有時自取其辱：拒絕向戴卓爾頒授母校榮譽學位，顏面受損的是學校本身，為反對人頭稅而暴動則不可原諒，但兩種行為都反映出對壞政策真實、持久和可以理解的反響。

人頭稅是一群非常聰明的人設計的瘋狂政策。它如何從科學家的實驗室走到日光之下仍然存活，很大程度上說明了八〇年代後期主導政府辦事方式的「奴性」。當然，沒有財政部同意就沒有新稅項。財相羅遜（Nigel Lawson）就是少數反對人頭稅的大臣之一，很積極，但不果，於是氣呼呼地回去躲起來，偶爾才露個面，譬如是知道我想讓首相明白人頭稅會對保守黨造成的可怕政治後果，就來訓斥我。我想她干預一下，一是設定個人金額上限以減輕對一般家庭的財政影響，一是小步小步推行整個人頭稅政策，結果甚麼結果都沒有。她本來是個對稅項或利息變化對市民錢包的影響非常敏感的政客，但當時被歐洲問題的爭論分散了注意力。一九八九年我獲任命後不久，在唐寧街十號和她就此事開過會，是主要的一次也是唯一的一次，而且似乎沒有會議記錄。人頭稅出台，戴卓爾就下台，要說戴卓爾垮台的原因，人頭稅比歐洲問題更重要，儘管讓羅遜和賀維（Geoffrey Howe）接連因為歐洲政策辭職，並不僅僅是任性的表現。她身邊的人沒有一個能鼓起勇氣告訴她，她的所作所為很魯莽。

一部分原因是她以前也試過獨排眾議孤立無援，幾乎冒盡一切風險，最後證明她是對的。正是在福克蘭一役，戴卓爾吹響號角推倒耶利哥（或史丹利港）城牆的領袖風範發揮得淋漓盡致。她正是那種上級猛將甚至麾下軍士欽佩乃至愛戴的英勇領袖，聰明、決斷、肯支持、勇敢、不怯場，而且清清楚楚、毋庸置疑。不幸的是，戰爭的導火線之一可能是削減公共開支（尤其海軍預算）時考慮不周，而且要她勝利後表現出寬宏大度是有點難的。好的軍士在這方面往往很出色，因為戰爭的恐怖，以及大大小小正義與勇敢的行為，他們都近距離目擊過，回想一下《布雷達投降》吧。但無論如何，福克蘭戰役是她最輝煌的時刻。

多年來，戴卓爾的勇氣得到磨練。每攀登政治階梯上的一級，這位雜貨商之女肯定都感覺到別人（主要是男人，但也不全部是）對她屈尊俯就所加添的重量。在牛津，這種感覺可能比實際情況差。她才勉強進了薩默維爾讀化學，連學院院長，一個女人，後來也對她的知識能力表示強烈輕蔑。她在北倫敦的選區（她被挑去代表保守黨出選此區，不只是運氣使然）讓論者將其觀點連繫上郊區世界觀，好像住在有女楨樹籬的芬奇利有甚麼智力上的缺陷似的。我懷疑投票支持她當黨魁的保守黨議員，有多少人認為她真的會贏得選舉。對他們來說重點是：她不是希思。就算贏了之後，她的性別，還有她自信地、有時霸道地堅持一些挑戰傳統智慧（不一定真的很有智慧）的立場，也引起了一些人倨傲的怨恨。她的回應是養成一種好鬥的布狄卡女王（Boadicea）式性格，並對太陽底下一切事物都披著一層脆弱的觀點甲殼。她本人實際上多數比自己言語和態度所表現出的要更謹慎、政治上更聰明，至少直到她退休——退休意味著她的言論造成的實際後果減少了。毫無疑問，她是個比希思或馬卓安幸運的政治家，但也非常善於辨識對她有利的浪潮，勇敢地使盡艃乘風破浪。

親身相處的話，她是仁慈與偶爾欺凌人的奇怪混合體。我雖然和她在公在私都有意見相左的時候，但我很幸運，多數得益於仁慈的部分，而絕少受欺凌之害。她對女侍應、司機、電梯先生小姐等人特別優雅有禮、風度翩翩，也會記得大家的伴侶和孩子的名字。我做保守黨研究部主任、給她撰寫會議講辭和小冊子內容時，其中一個女兒出了意外，戴卓爾特別關心，尤其是她發現自己和麗思幾乎同一天生日。開完黨大會，她常常讓我帶著支持者給她烤的蛋糕回家。

後來我在香港的時候，她不時來訪。她的禮儀舉止總是無可挑剔，是我們唯一一位自己整理床鋪的客人，沒完沒了地溺愛我們兩隻貪婪的㹴利㹴「威士忌」和「梳打」，在她客廳裡給兩個小傢伙餵煙三文魚三文治和朱古力波旁餅。她每次留宿，牠們一定大部分時間都花在那邊。雖然有些人想從她口中擠出幾句批評，我的一些其他客人甚至拿身分來壓她要她講，但她一貫支持我在香港的工作。有年夏天她在夏威夷一個會議上演講，回程時過來小住，長途飛機很晚才到，我和一群朋友剛要吃完我的生日晚餐。她疲憊不堪，但親切地說「補補粉」就下樓和我們喝杯生日酒。補完粉她來客廳加入我們，我們給她倒了杯威士忌，她很快就在梳化上睡著了，雙腳自然而然捲縮在身下。

我們其他人在閒聊，一位朋友問起早幾天科爾訪港情況如何。（答案：科爾先生吃唐餐，沒讓德國失望。）一提到科爾總理之名，戴卓爾就如通了電般猛然驚醒，一口氣都沒咽，徑直開始講一場不太短的歐洲歷史課，裡面對法德兩國都沒甚麼好話說。最後她還轉向我太太，像要譴責反人類罪行般，加了一句：「還有，我相信妳剛剛**在法國**買了一棟房子。」她迷人的私人秘書仗義拯救穎彤：「可不能把這怪到彭家頭上，李秉德（Peter Lilley，戴卓爾的思想盟友）也在法國買了座別墅。」戴卓爾頓了一納秒，連珠炮發繼續進攻：「是，但是在法國北部。」噢，說的是加萊還未要銘刻在瑪麗一世女王心頭的那些日子啊！[6]

這是戴卓爾眾多「留半句」幽默感的一個例子，現在回想起來，和希思的幽默感比起來，我還是對戴卓爾的比較有好感。她偶爾會聽得懂，甚至幾乎開出我媽所說的「粗俗玩笑」，就是跟廁所或生殖器稍有關係的那種。但隱晦微妙不常有，而她也沒有那種洞悉自己看起來可以多荒謬的自知之明，於是，我想，就有了在唐寧街氣喘吁吁向傳媒宣布孫兒出生時說「本宮當祖母了」這一幕。[7]這方面的無能尚有另一例證。一九七七年米拿和我像辦公室裝飾品一般由希思轉交戴卓爾，又開始履行寫稿的職責。一到黨大會，情況有夠可怕的。我們在酒店房工作，黑池帝國酒店的阿斯奇套房（Arthur Askey Suite）是我特別恐懼的記憶，裡面鋪著綠色的粗絨毛地氈，很像一片未修剪的草坪。每日我們都會寫好新講稿的大部分內容，深夜裡就被女主角撕成碎片，我們則拼命撿回幾片留著第二天用。最糟糕的情況是，她會深夜裡趕來，手裡抓著某個想討她歡心的人強塞給她的草稿，裡面滿是她直覺想說但其政治智慧通常最終不允的說話。

有一年卡拉漢剛拜相，宣布皈依貨幣主義時，他那將要去華盛頓當英國大使的經濟記者女婿彼得・傑（Peter Jay）表示岳父此舉是領袖的傑出典範，堪比摩西帶領族人進入應許之地。米拿和我正要寫講稿歡迎他轉軚，結語是：「所以我告誡摩西一句：記得繼續吃藥（keep taking the tablets）。」[8] 起草會可以通宵開到黎明，戴卓爾每晚都停在這句，紅筆準備出擊，說她認為不通；每晚我們都「成功爭取」保留。最後一晚，我們似乎終於完成她認可的講辭，從頭到尾包括米拿擅長的謝里夫（R. C. Sherriff）式結語，應該可以一如以往讓頑強的保守黨女士也處於落

6／指一五五八年時，英格蘭失去了在歐洲大陸的唯一佔領地海港加萊。據說瑪麗女王曾感嘆：「當我死去與被剖開時，人們會看見『加萊』就刻在我心上。」。

7／「本宮當祖母了」（We have become a grandmother）：又或稱為「我們要當祖母了」。爭議點緣於戴卓爾在一九八九年在孫子出生後向公眾宣布的一句話，被認為採用了尊嚴複數（royal we）。在英國，尊嚴複數通常是擁有政權的政治領導者或宗教領袖（國王、皇帝、蘇丹或教宗）才會使用。亦有指戴卓爾以「我們」為主語，原指自己及丈夫，但口誤說成當「祖母」而非「祖父母」。

8／雙關笑話，Tablets 指藥片，也指《聖經》中的摩西領導以色列人出埃及後，登上西奈山並從上帝那裡接受的兩塊十誡石板。

淚邊緣。然後她突然放下威士忌出手了：「可以回到摩西那句嗎？不說『藥片』（tablets）說『藥丸』（pill）不是更好嗎？」我們面容扭曲著向對方投以驚恐的眼神，最終說服她「藥丸」不是個好主意。第二天她依樣說了我們寫的台詞，現場一陣哄堂大笑，我不覺得她知道原因。

英國在戴卓爾年代之後至少算是回復可以治理的情況了，但這個年代的意識形態爭鬥，通常只是泥漿摔角而絕少看到巔峰的知識成就，英國這種文化轉變是她當初的目標嗎？她是否幫助改變了英國的靈魂？執政十年，有一些結果她肯定是討厭的。她是個堅定的大英統一主義者，但聯合王國面臨日益增長的蘇格蘭民族主義分裂威脅。她通常堅信傳統中產價值：謹慎、儲蓄、為家人未雨綢繆，肯定無暇顧及遊民階層趾高氣揚的「錢多多」勝利心態。但她似乎無法理解到，如果一直只談「價格」，那麼「價值」的概念就很容易粉身碎骨。一些人甚至質疑她是否令英國更難保存任何事物，我不同意。總有可能用比較「濕柴」的方式，在容許足夠改變的情況下保持事物基本不變。

戴卓爾的思想英雄海耶克一定不認同這種立場。海耶克在戴卓爾聲稱最欣賞的書《自由秩序原理》（The Constitution of Liberty）結尾解釋他為何不是保守派：他認為保守主義太接近民族主義，再怎麼說也只是誤入歧途中間剎一下車而已。「保守主義可能是個好用的實際口號，但並無賦予我們任何足以影響長期發展的指導原則。」她肯定不會同意這套，可能她跳過了那章沒看。

戴卓爾離開領導層很令人難過。眼淚是有的，會流的多數是鱷魚，「塵歸塵，土歸土」。首輪黨魁投票時她表現得不怎麼好，於是要求我們內閣每個人都單獨見她。我不覺得有很多人敦促她繼續戰鬥，承諾給她持久而強力的支持。我自己就告訴她，繼續選會選輸，而且會很丟人，與其要面對這種情況，不如現在就走。她決定退選（希利也是這樣建議的），新一輪黨魁選舉舉行，我和幾位朋友為韓達德助選，回應拉摩（Norman Lamont）等人查詢時明確表示我自己不會參選。我不認為自己能贏，而且從來都覺得「為未來種個記號準備一下也好」之類的情緒頗為可笑——想像中的未來很少真的會來。馬卓安或夏舜霆（Michael Heseltine）隨便一個當上黨魁我都會高興，不過韓達德是我最欽佩的內閣中人，既聰明又睿智，既有議員形象，又很會委派工作。我估計，我們最終會選出一個挺正常的首相。

馬卓安就是這麼一個首相，而且遠超「僅僅正常」的門檻，不過他當選並非黨內右翼所散布的「弒母」傳說使然。右翼相信戴卓爾是由政變推翻的，始作俑者是早有二心的左翼內閣大臣及其黨羽，主要理由則是她對歐洲事態的強硬立場。戴卓爾與親近同事羅遜和賀維爭拗英國是否應加入匯率機制並將英鎊與德國馬克非正式掛鈎，以約束經濟。雙方尖銳的對立確實促成一種觀感，認為她已逐漸失去控制力。但她倒台的最大原因還是人們對人頭稅的敵意，人頭稅之不受歡迎，就像蒼蠅紙一般黏著她，揮之不去。再者，一如以往，每逢想讓船在洶湧波濤之間好好浮著，最不可靠的就是右翼分子，不過確實，她一部分意識形態死忠衛隊在她失勢多年後仍不離不棄繼續支持。

馬卓安當選黨魁，部分原因是人們認為戴卓爾在眾人之中最偏愛他，尤其因為他不是戴卓爾眼中的刺客首領夏舜霆。她古怪的人事管理方式造成傷兵半途棄權，馬卓安得以受她迅速提拔，當完一個內閣重臣又當另一個。沒人看得出他的真正立場。戴卓爾本人沒嘗試像阻止夏舜霆一樣阻止馬卓安，甚至給人以後可能垂簾聽政控制行進方向和速度的印象。她曾暗示在更重大的議題上可能需要不「跟黨走」，馬卓安當選後，她完全沒有辜負這個說法，甚至根本超越了。她的右翼程度變得比在位時政治本能所容許的更猛烈（不過通常是半私人場合才表現出來），所以說她雖然確實有功於拯救英國之大業，但弔詭地同時幾近毀掉了保守黨。這麼多年過去，她的傳承仍然可能做到這樣的破壞——她給黨內注入了一種不忠誠的病毒。曾幾何時，黨內對她的忠誠有時超過了她應得的程度，例如在韋斯特蘭直升機公司一案中，她最近身的顧問為了保住她而表現得很可疑。[9]

9／韋斯特蘭直升機公司案：一九八五至八六年間，戴卓爾希望當時英國唯一一家直升機公司韋斯特蘭與美國公司合併，而非採納夏舜霆支持的歐洲方案，後者最終辭去內閣職務。有指戴卓爾的親信以謊言及泄密等不光彩手段幫她達到目的。

於是，馬卓安繼承了一個有很多成員對她離開感到鬱悶酸楚的政黨。隨著他的《馬城條約》（Maastricht Treaty）談判馬到功成，這些叛變情緒變得更加尖銳。條約的討論結果就是，英國可以選擇不參與自己不喜歡的歐洲政策，例如經濟和貨幣聯盟。馬城之約是超卓的成就，我們幾乎完全按自己喜歡的條件留在歐盟。時任的歐洲部長加雷鍾斯多年後成為上議院議員時，就問過是否可以取馬城做封地名稱。他們跟他解釋說可用的外國地方名通常是英國「偉大勝利」所在，像是埃及阿萊曼之類，他回了一句：「正是。」不過負責當局最終要他屈服，接受不那麼浪漫的屈福特。

馬城以後，我們不得不靜下心來策劃大選作戰。馬卓安拜相時把我調離環境部，擔任黨主席，負責其連任競選，成為他最親密的政治同僚。波斯灣戰爭接近尾聲時，我們第一次討論大選，侯賽因的軍隊踏上歸途從科威特北上伊拉克當晚，我就在馬卓安的公寓單位裡。他透過熱線跟布殊總統談到取消所謂「乘勝追擊」，不繼續摧毀現已無法自衛的伊拉克部隊。馬卓安提出正確軍事策略問題時的自信讓我印象深刻。當天晚上，我們一致認為乘著戰果去舉行大選會是件錯事，看來就好像在讓黨派佔上國家軍事成就的便宜。

接下來的幾個月，經濟壞消息接踵而至，儘管馬卓安成功取消人頭稅，但選舉的時機已經變得越來越難捕捉，結果我們留到幾乎最後一刻才作戰，以超過一千四百萬票勝出，是英國大選有史以來勝方得票最多的一次。勝選主要基於兩個因素：馬卓安表現出安穩沉靜、不事張揚的首相才能與權威，以及金諾克（Neil Kinnock）領導的工黨如果獲勝，很可能出現經濟問題並且加稅。說回頭，一九九〇年我們終於肯加入歐洲匯率機制，不過時間和匯率都不對（前者一部分是由於戴卓爾的堅持），到一九九二年九月英國退出機制時，我已經在世界的另一端——我在選戰中輸掉議席，夏末就去了香港。儘管以祁淦禮為財相的馬卓安政府其後成功使經濟恢復平穩，又奠定未來經濟增長的基礎，但九〇年代初的事故已經讓保守黨失去政治最重要的組成部分：疑點利益。

祁淦禮任財相的四年裡，為英國帶來至少四分之一世紀以來最穩定、最成功的經濟管理時期。他帶領英國從經濟衰退中復甦，降低失業率和利率，將財政赤字由一九九三年的五百零八億英鎊減少至九七年的一百五十億英鎊，又下調入息稅基本稅率。他給繼任的工黨政府留下可持續增長的黃金遺產，難怪工黨上任兩年內堅持一字不漏地延續祁淦禮的開支計劃。畢拿、詹金斯、祁淦禮三人是戰後最成功的財政大臣，可惜祁淦禮雖在逆境中打下基礎，卻沒有機會再接再厲繼續發展。

馬卓安這個領袖做得艱難有兩個主因。他被選去繼承一個非比尋常的領袖：她把政策制定和執行都集中在自己和近身隨從身上，使內閣操勞過甚，在崎嶇曲折的山路上駕著大車風馳電掣，車禍最終無可避免。馬卓安是個傳統得多的領袖，分工合作、有商有量的風格令人敬佩。他真的會聽取其他意見，初次主持內閣會議時邀請我們加入討論，當刻我們幾個簡直覺得自己像貝多芬歌劇《費德里奧》裡的囚犯，憑從黑暗中蹣跚地走向光明。不論在政府內還是對外國，他都是出色的談判人員，憑著努力（他比房內任何人都熟讀簡報文件）、魅力、禮貌、堅持繼續直到有可接受成果的淡定決心，還有閱讀身體語言的出色能力，常常得以遂心如願。但黨和高層已經習慣了被粗暴對待，現在被當作大人看待，反而好像覺得難以拿出優雅的舉止態度來，其中一個例子就是馬卓安在歐洲理事會開始前，提出他的馬城談判立場讓下議院辯論那次。[10]

馬卓安遇到困難的第二個原因來自歐洲，以及他前任的滑稽行為。戴卓爾不僅想從後座伸手開車，還把車對準了迎面而來的車流。她自己對歐洲的看法促成很大程度上虛構的「戴卓爾式歷史」，動搖繼任人的穩定，並使保守黨在這個問題方面走上後來的長期精神崩潰之路。她圍繞自己的標準，公開並越來越頻繁地在身邊召集了一幫教條式的顛覆分子。這些人對歐洲的看法嘛，在她還是首相那些年，推動通過《單一歐洲法案》（Single European Act）促成單一市場時，是肯定會被她踹在腳底的。

10／一九九三年下議院保守黨叛變：馬卓安將其《馬城條約》內容付諸下議院辯論，部分保守黨議員倒戈反對政府動議或缺席投票，觸發對馬卓安的信任危機。

她自身的行為加上退出匯率機制，讓反對政府歐洲政策的人得到攻擊馬卓安和內閣的大好機會，而且要順利管理商貿也變得幾乎不可能。我在香港隔岸觀火，一有機會就跟馬卓安通電話，或者在每季回倫敦時和他當面談。不在他身邊幫忙我很難過，一九九二年之前根本沒想過會這樣安排。馬卓安和戴卓爾一樣也被人指指點點看不起，但就沒長出一副厚臉皮來從容應對。對這些批評者和他們假貴族的作風他原本應該報以其通常應得的蔑視，但卻容許他們折磨他。

領導過保守黨的人之中，馬卓安是有史以來首屈一指最體面的。此外，雖然他接受的正規教育很少，但人卻非常聰明，而且比同時代的任何人都更努力工作。他很少不工作，擔任財政部首席秘書時我去跟他談我部門的財政預算，他問我是否願意雙方屏退公務員，就我和他單獨談。我艱難地嚥了嚥口水同意了，於是就和一個似乎起碼和我一樣了解我任務複雜之處的男人一同進了虎穴。我和他獨處，爭論他對住屋福利和地方政府資本開支控制的理解時，我的公務員團隊在外廳與其財政部官員閒談，廳內掛著一長排他各個前任官員的照片，我一位同事指著問：「他們之中誰最好？」得到的回答是：「簡單，就是這個。」

馬卓安對自己的背景和身分有靈敏觸覺，三個影響由此而生。首先，他總是很在意自己的外型，是否穿對衣服？值得稱道的是，他如果爬上貨車時露出股溝，肯定羞愧難當，而約翰遜似乎從不因為同樣的情況而自覺尷尬。坎貝爾（Alastair Campbell）狡猾地暗示過馬卓安會把恤衫塞到內褲裡頭，但這個懦弱形象與事實恰恰相反。馬卓安個人氣場很足，強而有力的握手可以粗獷得令人驚訝。他也非常擅長跟女性下屬打交道，對她們的觀點給以應有的認真對待，而且並非那種在晚餐會上找其他男人談話的男人。其次，他從未將從碧士頓發跡的個人歷史，修飾成比較民粹的政客會宣揚的那種英雄式社會上流故事。第三，他對媒體的批評極其敏感，窩平（Wapping）一些惡霸發現自己能對他造成多大傷害，就變本加厲罵得更多。[11]

11／窩平（Wapping）：新聞集團所在之地。

我們都對他說：「別看那些該死的東西。」但他還是看了，甚至一出紙就拿去鑽研，那就可以確保輾轉反側寢不安席了。我就算當了保守黨主席，也極不情願打電話給報紙編輯或記者抱怨或辯論我不喜歡的報導，我覺得有點丟臉。這方面我和馬卓安可說是完全背道而馳。他如果有一點戴卓爾的鐵皮外殼，應該就會好過些。這個強弱配搭（前者多、後者少）構成了一個我喜歡而且無比尊重的人，能做他下屬並稱他為朋友，我感到自豪。

馬卓安是我同代人中唯一領導過保守黨和國家的人。他擔任首相七年，比白高敦、麥美倫、杜嘉菱和希思都長，事實上比大多數曾任此位的人都做得更久。歷史對其堅韌無畏的特質可能頌揚得不夠，他是個相當靜默、不得不管理國家度過困難時期的英雄。但在一個又一個問題上，事實證明他做的決定正確、站的立場正確，特別是在歐洲政策方面，尤其是歐元區和神根區。他在戰時領導英國、取消人頭稅，還不知怎地使一個乖戾的保守黨或多或少浮著，想當年它出海時波濤洶湧，船還漏水。我回顧他在唐寧街十號的歲月，只願他當年更享受這段經歷。

第七章

瘋狂的愛爾蘭結

我們從來都覺得愛爾蘭人有點古怪。他們不肯做英國人。

——邱吉爾（Winston Churchill）

一個來自北愛爾蘭的人，自然是謹慎的。

——些馬斯．軒尼（Seamus Heaney，二〇〇八年）

．．．

在愛爾蘭大鼓雷鳴般的回響之下，我的首份部長級工作帶我認識到身分政治經常孕育出的暴力。一件特別的事將「了無新意」與「中人欲嘔」結合在一起，不過我之後再作解釋。一九八三年大選，我得到的多數票大幅增加，成功在巴芙連任。戴卓爾給我安排了一個初級的政府職位。一如之前所述，我在國會的頭四年偶爾對政府經濟政策中一些較具傷害性、意識形態上的問題開腔批評——尤其是他們對降低公營機構借貸要求的準宗教式崇敬，因而劃花了黨管理層的「小器簿」。突兀的棄權票、不失委婉但語帶批評的文章或演講，還有跟最親近的政界朋友寫的小冊子，引起了唐寧街一些人咬牙切齒，嘖嘖有聲。旁人原本以為我會穩坐高昇快車，但我的思想始終有一點點過於獨立，甚至有點暴躁好辯，於是就明顯地被貶到慢線上了。

於是在我的第一個國會任期中，不乏同儕比我早很多踏上部長階梯。我妒忌嗎？確實有一點。但我很明白所謂「自己鋪的床自己睡」，我的本性不適合靠拍馬屁「上位」，或是不時小心翼翼三緘其口。克拉克以為他發現了一個和他一樣沒甚麼傳統事業狂本能、不守秩序的叛逆分子，在一九八三年大選前提議選後組織午餐會，召集像我們一樣被忽略的黨友參加。午餐會是搞成了，但我倆都尷尬地發現自己竟被邀請出任政府初級職位。事實是，兩人對公職的野心都比口裡承認的要大。

一九八三年六月，唐寧街一通電話把我送到好事之徒形容是「西伯利亞發電廠」的地方：北愛爾蘭。這個說法很有啟發性，揭示了國家的優次心態。當黨不放心某些人對於戴卓爾主義的認同時，似乎就會把他們流放到北愛爾蘭。時任內閣大臣是普賴爾，行政體系內批評政府經濟政策的最後幾條「濕柴」之一，副手是史葛（Nick Scott），一位有魅力的左翼保守黨人，曾被認為會幹出一番大事業。有人認為，既然我那麼熱衷於公共開支，應該給我一大筆錢在北愛爾蘭派個痛快，過足癮以後才抽調回英國本土。

這種對北愛辦公室相當憤世嫉俗的態度，反而證實了愛爾蘭總理費茲傑羅（Garret FitzGerald）的論點：英國政府和公眾不夠重視北愛爾蘭要面對的問題。到貝理雅政府一九九八年在北愛爾蘭斡旋達成和平協議時，先前美其名為「問題」或「痲煩」時期的那數十年間已有超過三千五百人被殺，其中約有一半是平民，另外則有成千上萬人致殘。經濟前景被毀、商貿被破壞、公民自由受限、北愛爾蘭甚至英國本土一些城市的大街小巷都陷入混亂。然而事實似乎是，只要達到保守黨政府重臣麥德寧所謂「可接受的暴力水平」，政治倡議和當務之急就可以暫時束之高閣。北愛爾蘭曾被稱為「約翰牛政治貧民窟」，不過看來還比較像是演變成了「約翰牛被遺忘的悲劇」。麥德寧自己在一九七〇年首次以內政大臣身分到訪該省後，登上回程飛機時，要求來「一大杯蘇格蘭威士忌！」接著說：「真是個該死的可怕國家。」

對北愛爾蘭的遺忘，或多或少是在延續一九二三年自愛爾蘭分治以來的處理手法。十七世紀英格蘭和蘇格蘭新教徒在愛爾蘭北部一些郡縣殖民，結果令愛爾蘭後來的獨立鬥爭變得越來越複雜。所謂「伯爵出逃」以及隨後愛爾蘭天主教貴族、國王占士一世、後來再加上奧蘭治親王威廉之間的連場爭鬥，將天主教徒趕出大部分佔地，移入新教徒定居下來，以宗教和財產上的聯繫保證其對倫敦皇室的忠誠。曉域（John Hewitt）是這個種植園的後裔，是二十世紀下半葉冒起的其中一位優秀北愛詩人。這些詩人的創意彷彿是從身邊的腥風血雨沉澱而成的，而曉域在詩作〈阿爾斯特人〉（Ulsterman）中寫道：

> 凱爾特人、不列顛人、羅馬人、撒克遜人、丹麥人、蘇格蘭人，
> 歲月與此島糾成瘋狂的結。

在另一處他又這樣寫：

> 這是我的國。假如我的族人
> 自四個世紀前從英格蘭抵達此地
> 唯一留痕的，就只有我的名字……

雖然他對歷史上某些同宗新教教友的暴力和仇恨感到震驚，然而，他卻永遠無法否認自己的國家。他並沒有把他人施加的暴力傳承下去，而是告誡世人自身「不會被世界拋棄」。另一位新教詩人麥克尼斯（Louis MacNeice）也有同感：

> 我可以說愛爾蘭是胡編亂造的。愛爾蘭式的
> 一個假壁毯畫廊
> 但我不能否認與自身結合交纏的過去
> 編織的圖案無法自我回拆成線。

這條線通向哪裡？愛爾蘭分裂和北部小國的建立，是一九一六年復活節起義的直接結果。「愛人治愛，地方自治」沒有辦法包攬整座島，北部的新教人民始終銘記著一九一六年，主要不是因為在都柏林郵政局要求獨立的愛爾蘭民族主義者以身殉道，而是因為在法國索姆河戰役的犧牲。在蒂耶普瓦勒鎮（Thiepval）傷亡慘重的，大多是來自阿爾斯特師的新教士兵，事實上，後來愛爾蘭第十六師的很多天主教成員也在吉耶蒙（Guillemont）戰死，不過在北部人看來，復活節起義比較像愛爾蘭和天主教仗著德國支持，聯合起來在北方背後捅一刀，由是導致了教廷統治（Rome Rule）而非地方自治（Home Rule）。

「北愛爾蘭」將其「英國性」轉化為其餘絕大部分英國人難以辨識或理解的神聖身分，但「北愛爾蘭」到底是甚麼呢？首先，此地該如何稱呼？叫「北愛爾蘭」本身就是用詞不當。阿爾斯特歷史上的九個郡有三個排除在北國以外，因為當初劃定邊界的過程當中不無政治詭計。阿爾斯特省其中一個不屬北國而劃入共和國的郡多尼哥（Donegal），地理位置比北愛爾蘭國（或者該叫「幾近北愛爾蘭國」）

的郡縣更北。現已過時的術語「六郡」之國，發源自溫和的反分治主義者，當他們談論英佔愛爾蘭時，用詞不如共和主義者般極端。命名問題是個橫跨整個北部的地雷區，在部長們非正式稱為「斜槓城」（Stroke city，Derry/Londonderry）的福伊爾河（Foyle）兩岸更甚。大多數天主教徒和民族主義者稱城區和郡區為德里（Derry），新教徒及聯合主義者則稱之為倫敦德里（Londonderry）。「德里」一詞來自凱爾特語「橡木」，在十七世紀時加上前綴「倫敦」。

北愛爾蘭問題開始時，市名成為一個荒唐的爭議，所以就有了荒唐但中性的「斜槓城」一詞，不過我自己當年的用語是「北愛爾蘭的這個美麗地區」，盡可能含糊其辭迴避麻煩。讓爭論更加荒唐的是，本地新教徒最主要的宗教儀式組織名為「德里的學徒男孩」（the Apprentice Boys of Derry）。運動員似乎以某種方式避開了命名風波：欖球和足球球會都以德里命名，去參加共和國的聯賽。有關名字的爭論，我後面會遍體鱗傷地回來再探討。

經歷一九二〇年代初的北愛爾蘭（或者隨你喜歡怎麼稱呼），社區內雖然有宗教分歧，但肯定不會認為種族清洗是可接受的行為模式，如是者，北愛爾蘭社會到底發生了甚麼問題？事情固然主要歸咎英國，但共和國自己亦發揮了重要作用。

英國很大程度上沒有理會在離岸小國誕生的奧蘭治聯合主義神話，一般來說，甚至因為沉浸於自身的偏見、偏執和受害者情結而選擇試圖忘記。隨著紡織、重型工程和造船業衰落，它佔大聯合王國的經濟比重越來越低。一如三〇、四〇年代甚至更後期美國北方那些比較像樣的美國人，選擇對眼前南方州分的種族隔離政策隻眼開隻眼閉，英國也假裝阿爾斯特沒有任何問題。而問題顯然是有的：投票舞弊、選區劃分不公、公共開支傾側向新教徒、治安政策藉詞天主教共和主義者偶有恐怖活動而規定 Taigs（對天主教徒的貶稱）留在自己社區、房屋和就業嚴重偏向新教徒社區。主持迷你西敏國會制度的北愛總理布魯克勳爵（Lord Brookeborough），一九三三年在紀念七月十二日及一六九〇年同日威廉國王在博因河戰役擊敗占士派人的聚會上，說有很多新教徒不顧天主教徒摧毀阿爾斯特的決心，仍然聘請羅馬天主教徒。他在席間呼籲所有聯合主義者「僱用好的新教徒小伙和姑娘」。

可以說，情況在六〇年代也好不了多少。總理奧尼爾（Terence O'Neill）一九六九年因為太支持社區和解而被掃地出門，後來在自傳中語帶讚許地指出，典型的貝爾法斯特新教徒勞工「強烈反對天主教，但是正經得體」。[1] 那麼，一個貝爾法斯特新教徒勞工，或是他的天主教徒同伴，是否能夠分辨得出在鴻溝另一邊的是誰？名字確實有助法醫即時鑑證，至於長相，就有時吧，不過街道、學校、酒吧和社群就肯定有用。透過窗戶瞥見的耶穌受難像或聖母瑪利亞畫像會是確鑿證據，所以拉下「越南百葉窗」（貝爾法斯特市長這樣向我描述過）是很有理由的。但你通常都不需要這些線索，很自然就知道誰是大佬，誰是跟班。一位天主教作家聲稱自己可以察覺到新教徒某種大搖大擺或自信的表現，這些稱為Prods的新教徒看來就像整個地方都是他做主的一樣。確實，我有位朋友住在貝爾法斯特南面一個叫唐帕特里克（Downpatrick）的鄉鎮，鄰居是一家天主教徒，因為受脅迫太甚而遷出了貝爾法斯特的家。他記得有次見到這家人的孩子在旁邊的花園玩，小女孩跟姐姐說：「現在我要做 Prod 了。」他趴在籬笆上問她甚麼意思，她答：「嗯，輪到我試試盪鞦韆了。」

那麼，問題真的是出於宗教嗎？是有人對《尼西亞信經》的詮釋有懷疑嗎？是因信稱義的教義激起了政治熱情嗎？是變體論惹怒了奧蘭治教團嗎？[2]實際上，一些聯合主義家庭的主要宗教理念很簡單，就是要羅馬主教（即教宗）滾蛋。羅馬和

1／奧尼爾是一位聯合主義的總理，試圖改善與共和國和天主教社群的關係。不過他堅持不了多久，因為聯合主義一方的支持流失得比天主教支持增加的速度快。他非常大膽，曾到訪過一所天主教學校，而聯合主義報紙的攝影師等著拍下令人震驚的照片，唉，可惜找不到修女來嚇唬讀者。有位攝影師就走運了，他拍到一張奧尼爾身後有耶穌受難像的照片，照片在黑房裡經過巧妙擺弄後，成品看起來就像耶穌像在他頭頂盤旋一樣。於是飽受折磨的基督可以用來質疑奧尼爾是不是還知道自己身分。—作者原註。

2／變體論（transubstantiation）：天主教中的一個教義，認為在彌撒儀式中的葡萄酒和麵包在祝聖之後，實際上變成耶穌基督的身體和血液，而非單純的象徵。

天主教是民族主義和共和主義身分的核心，所以，剝掉一切基督教理念的「宗教」為熾熱的抗爭提供了火種，因為它囊括了土地、權力和統治權。利害攸關的並不是信仰條款或禮拜儀式，而是主人的角色和「我們」是誰的想法。誠然，天主教自己供出了很多箭靶——焚香、蕾絲花邊、拉丁文禱文、獻身教宗拖鞋而非女王后冠、共和國的例子（這點也會容後再談），但這並不是新教徒的吶喊，沒有路德或加爾文在門前嚎叫或釘上宣言。一切都只攸關幾個世紀以來的偏見。

新教徒主導北愛爾蘭的俗艷盛況始終令英國大陸人和外國遊客驚歎不已，他們解釋這全是為了表達對「英國性」此一概念的忠誠。也許今時今日法拉奇和其他脫歐主義人士的追隨者會覺得更容易接受和支持這些新教元素的表現形式。他們最初把路邊石壆髹成紅白藍三色，用各種紀念碑裝飾排屋兩邊的牆壁：一六四一年新教徒大屠殺、一六八九年德里一百零三日圍城、新教學徒男孩關上德里城門對抗天主教國王占士的軍隊、一六九〇年新教徒在奧蘭治的威廉國王帶領下打贏博因河戰役、一九一二年近五十萬男女簽署《阿爾斯特條約》反對地方自治。這是記憶中的身分敘述，是所謂保皇派頌歌「不投降」的標誌——不向天主教徒、共和主義者、民族主義者投降。他們不向二十世紀投降，更遑論是廿一世紀。

俗艷地鬆得花花碌碌的街道，在曉域筆下是「罪過的衍生詞」，保皇派慶祝的重要日子和假期裡還會加上彩旗、橫幅、旗幟和篝火，用來燃燒教宗和其他民族主義惡人的肖像。然後是奧蘭治教團的遊行，每個分部都按自己的版本頌揚對女王與國家的忠誠。各村各鎮的分部，例如奧蘭治教團發源地波特唐（Portadown）的、已故北愛首席大臣佩斯利（Ian Paisley）的選區巴利米納（Ballymena）的，都被帶領沿著標誌新教勢力地域的傳統路線遊行，就像狗對著喜歡的燈柱翹起腿一般。這些路線都盡量把握機會當面向天主教徒淋潑奧蘭治式的橙色仇恨，例如在波特唐的德拉姆克里（Drumcree），遊行最前線是分部的大佬，他們會穿著海軍藍西裝、戴著圓頂硬禮帽、繫著飾帶，手持《聖經》或儀式劍，後面跟著橫笛和號管樂隊，中間是一呎深三呎闊、用手杖抽打的愛爾蘭大鼓，用麥克拉維蒂（Bernard MacLaverty）所說的「黑暗噪音天幕」溫暖著教宗的耳朵，覆蓋保皇派遊行路線上的大城小鎮。橫幅上有維多利亞女王坐在米字旗上或將《聖經》交給感恩的黑人，又或描繪拉蒂默身受火刑，在在讓我們想起《英國刑法》容許社會低層新教徒定居者對本土天主教徒頤指氣使的日子，直到一八二九年《天主教解放法案》生效，才開始漫長又遲緩的工作，恢復某程度上的政治和經濟平衡。這是曉域在其勇敢的詩篇〈殖民地〉（The Colony）中承認的歷史：

我們奪走他們的神廟，
多年來禁止他們崇拜奇怪的偶像。
他們秘密地聚在滴水的峽谷深處，
在長滿了苔蘚的岩石前吟唱禱告。

當然，他們在峽谷和貧民窟中密謀報復，這就是為甚麼遊行如詩人軒尼所說，需要有「警察像無煙煤一樣隨侍兩側」，黑壓壓、硬梆梆。

天主教地區也就著自己記憶中的歷史，用油漆塗出俗艷風貌，內容是剝削、憤怒、犧牲，石壁顏色是愛爾蘭民族主義的綠、白、橙，壁畫畫的是絕食者和手持自動步槍的頭套蒙面人。最壞的例子應該是位處愛爾蘭邊境的恪斯麥倫（Crossmaglen），也就是愛爾蘭共和軍殺氣騰騰的活躍分子基地。陰森肅殺的小鎮中心有個軍事圍欄，上面貼著要英國殺人犯滾回去的海報。北面在其悲慘分裂的歷史中越陷越深之際，共和國至少直到八〇年代，一直假裝堅決努力統一全島，實現北方共和夢。

直到一九九九年按《受難日協議》修訂前，《愛爾蘭憲法》的第二、第三條提出全島應為同一國家領土，所以共和神話的蠟燭定時定候就會又點燃起來。麥加恩形容一九三〇至五〇年代的愛爾蘭生活在「非常黑暗的時期」，「一個孤僻的教會勾結一個無安全感的國家，造成一個時不時偏執、不寬容、懦弱、庸俗、精神殘缺的社會」。

在全球化、女性主義化和加入歐盟令愛爾蘭堅定走上現代與繁榮的多元主義道路前，共和國整體表現得好像自家劇本是在北國奧蘭治分部寫的一樣，一板一眼全是新教保皇派最憎惡的事物。在德維利拉（Éamon de Valera）治下，愛爾蘭變成如麥加恩所言，一個由大主教麥奎德和其他狹隘教士監管的宣信國家，新教社群縮減到總人口3.5%，一部分是因為要求新教徒至少在名義上改信伴侶的宗教（像家母一樣）才能跟天主教徒結婚。避孕、墮胎、同性戀和離婚皆屬非法，整個社區因而困在一個黑暗告解室、一個排斥現代的世界之中。

移民繼續使這個國家失去一些最優秀的人才。柯姆．托賓是共和國最傑出的現代小說家之一，他在《南方》寫道：「如果你對這個國家有任何認識，就不會問我為何離開。」從一九六〇年代後期到七〇年代，北愛爾蘭發生違反人權公約的暴力，然後又有日益嚴重的社區暴力，流血事件令英軍從少數天主教徒的捍衛者變成武裝共和派的目標，這種情況讓南方政客手足無措，最初只好說成是芬尼亞陰謀，譬如指控豪爾（Charlie Haughey）支持走私槍械，以及口頭上對落難的阿爾斯特天主教同胞表示同情。[3]這裡一切皆以一種對美國愛爾蘭裔離散族群特別有效的「愛爾蘭人」觀念去維持，是不同元素的混合體：被碾壓的殖民地國家的苦難、愛爾蘭踢躂舞閃爍的腳步、有關牧師、威士忌和賽馬而略傷風化的幽默。

打破這種困局的是德維利拉恐懼的那種經濟增長、歐盟成員身分、國內受良好教育的勞動力吸引外來投資的能力、國家日漸繁榮吸引大量移民回流、兩位女總統羅便臣（Mary Robinson）及麥卡利斯（Mary McAleese）勇敢參選、真正的時代英雄費茲傑羅及史普靈（Dick Spring）等政治家的政治領導，還有從流行音樂到文學的各項愛爾蘭文化成就。此外，侵犯兒童等醜聞揭示天主教會道德敗壞得可怕，它們對愛爾蘭生活的嚴格控制因而灰飛煙滅。愛爾蘭天主教會仍然可以是文明、深思熟慮、有意義的，都柏林大主教馬田（Diarmuid Martin）正是一例，但這點常常

3／芬尼亞陰謀：指芬尼亞兄弟會（Fenian Brotherhood），於一八五八年成立的秘密政治組織，致力於建立獨立的愛爾蘭共和國，曾於美國策劃一場對加拿大的襲擊以向英國施壓，後於一八八〇年解散。

被忘卻，尤其是因為羅馬方面對教會專制時期的行為反對得不夠明確。倫敦和都柏林都漸漸明白，雙方一起繫的鈴，還須雙方跨越一個地理上在阿爾斯特上空左右搖擺、有時不知哪邊是北國、哪邊是共和國的邊境，一同伸手去解。慶幸的是，兩國都加入了歐盟，加上愛爾蘭終於姍姍來遲進入二十世紀，心理和政治上的邊界終於磨平了。

直到八〇年代，我以初級部長身分抵達貝爾法斯特時，北愛爾蘭身分仍然分割著各個部落。莊士敦（Robert Johnston）戲仿吉伯特與蘇利文的〈Tit Willow〉的一曲，就指出了這一點。在曲中，詩人與酒吧的英國、愛爾蘭、阿爾斯特酒客對談，得出如此結論：

在離開時，我高喊：「當然，我們的家譜
有蘇格蘭血統、愛爾蘭血統還有英格蘭血統。
我完全不在乎身分認同，

無論是阿爾斯特人、愛爾蘭人還是英國人。
對於你們每一個神，我只有詛咒！」
聽到這話，他們三個都要氣炸了，
一致同意不可知論者是最糟糕的，
無論是阿爾斯特人、愛爾蘭人還是英國人。

新的政務次官是有英國愛爾蘭血統的天主教徒，在當地媒體看來固然不是個不可知論者，但總是有點奇怪，而穎彤則是英國教會成員。早期有次記者會，記者問到我的「異族通婚」，聽起來好像認為我們夫妻兩人來自遙遠的星球，現在信奉古怪的外星儀式似的。三位女兒當時都還小，潔思十歲、麗思八歲、雅思三歲，我們很快就決定不會把她們關起來保護，層層遠離充滿真正刺激和享受（當然也伴隨潛在的威脅和武裝保鑣）的新生活。安全不是可以隨隨便便的事情，但也不應該讓它主宰你的生活方式，否則就是瘋狂，而且是暴力的勝利。於是當我每月一次出差值班時，就會帶孩子去北愛爾蘭度周末，還在那邊度過了兩個聖誕假期。我們那時住在曉斯伯勒（Hillsborough）一棟現代公寓裡，旁邊是舊總督府，一座離貝爾法斯特十二英里、環境優美的漂亮佐治式樓房。照顧我的是四位迷人的警官，兩位在部長座駕同行，另外兩位在後面的車上隨行。他們都成為我打哥爾夫球、揚帆出海、結伴痛飲的朋友。

我估計他們都是新教徒，但從不見一絲一毫的偏執。他們都準備好要為我而殉職，真是夫復何求呢？尤其是他們對此並不多愁善感。我們在曉斯伯勒的第一個周末，小女兒入門口不到五分鐘就按了那誘人的紅色緊急掣。其中一位警官把槍橫在胸前說：「我們打過賭這要多久才發生。」那天晚些時候，我們見到小女兒雅思在兩位武裝警官之間盪來盪去，兩人一手自動步槍、一手三歲小孩。孩子唯一一次受驚是在我離開北愛爾蘭後，她們有次看著BBC新聞，頭條講的是倫敦發現愛爾蘭共和軍炸彈工場，搜獲一張恐怖分子的死亡名單，在十個目標之中我榜上有名。

在倫敦時我幾乎沒甚麼保安，除了一道加固的前門、一個緊急按鈕和一面鏡子，他們建議穎彤每天早上用鏡子來檢查車底以防炸彈襲擊。雖然她有可能知道炸彈長甚麼樣子，但我則不然。我見到死氣喉的話應該認得出來，但僅此而已。

在貝爾法斯特和我合作的公務員則大多來自北愛爾蘭的公務員系統，一律非常幫得上忙，另一些在倫敦北愛爾蘭辦公室的則通常曾經任職內政部、國防部或外交部。我只在倫敦遇過一位比較愛指手劃腳的公務員，事情是我和家人決心要一起度周末，對我們自己是好事，當地人也似乎頗為欣賞。但他說他要把家人周末探訪報告給稅局，列為應課稅津貼。稅局的人比較合情合理，於是我就再也沒聽過這回事了。

不計周末，我的例行公事就是每周兩三天在北愛爾蘭，其餘日子在國會或部門在倫敦騎兵衛隊道原海軍部大樓的辦公室。我們通常坐小型包機從諾霍特（Northolt）來回貝爾法斯特，這是財政部會計規則造成的奇怪後果。當我們在跑道上緩緩前進時，會經過小型的、未使用的皇家空軍客機，它們比私人租用的飛機貴，顯然是因為財政部對姊妹部門的審計方式是將航空旅程幾乎每一個枝節都換算成銀碼所致。坐這些小型私人飛機是工作最難受的部分，尤其是在冬天，旅程好像沒有盡頭，而且顛簸得很，成為我人生中頗具精神靈性的時刻。安全抵達貝爾法斯特後，我們就待在斯托蒙特議會大廈附近的舊議長之家，一座比羅克渡口守得更穩固的住所，受阿爾斯特最好的北愛風味早餐供應商照顧，而且也完全不缺蛋白質。整個經歷被一位部長級同事形容為「戰俘麗晶大賓館」（這有失公允，因為職員全都非常親切友善）。[4] 我想，這也是沒辦法的事吧。我們定期主持晚餐會，跟當地政客討論政治發展方向。觥籌交錯，酒水川流不息（滴酒不沾的佩斯利博士的民主統一黨在場時則不然），我們在同樣的爭議點上繞來繞去糾纏不休，但隨著夜色漸深，也就越來越不那麼拘謹提防。

在很多北愛爾蘭人眼中，我的宗教就是我個人存在的精髓，持續引起了不少興趣。早期在「斜槓城」的一次市政午餐會上，我在天主教主教禱告後，按我五歲左右開始的習慣手劃十架，結果脫穎而出，明顯是個徹頭徹尾的 Taig。星期日我通常去曉斯伯勒附近 Riley's Trench 一家叫聖柯爾曼的小教堂望彌撒，我的保鑣喜歡它，堂區當地人也喜歡，他們通常站在外面抽煙，一直到彌撒開始很久還在抽。教堂是如此受歡迎，部分原因是（如一位警官熱情地指出）神父從開場到散會只用不到廿五分鐘——講道也包括在內。另外我們有時也去曉斯伯勒的愛爾蘭聖公會教堂，那是一座十八世紀建築，有個高高的尖頂，從花園可以遠眺拉甘谷（Lagan valley）到貝爾法斯特山的景緻。我們通常坐在總督座位上，但我沒像在英國本土的英國教會那樣領聖餐，以免有冒犯之嫌。普世合一主義可能是個人的觀念取向，但不一定傳播到人人接受。

七〇年代初的暴力事件導致北愛爾蘭一九七四年起由倫敦直接管治，部長因

4／戰俘麗晶大賓館：本文採取意譯。原文為 Stalag Fawlty Towers，來自著名英國電視劇《非常大酒店》（Fawlty Towers，也譯作弗爾蒂旅館），員工出名態度惡劣。特別是其中一集講述一群德國旅客來到旅館住宿，引起旅館老闆一系列荒謬反應。Stalag 一詞源自第二次世界大戰中納粹德國所建立的軍隊戰俘營的名稱，用以強調老闆對德國旅客的偏見和荒謬行為。

而需要主持以往北愛爾蘭分權的政府部門。北愛事務大臣負責大事——政治、談判、安全；史葛輔助安全事務，主管教育和預算；和藹可親的同事萊爾（Charlie Lyell）負責農業。其餘大部分工作由我來做，分屬環境部和衛生及社會保障部兩大部門。

環境涵蓋住屋、交通、規劃、地方政府及市區重建。住屋項目包括大規模的公營房屋計劃，試圖消除天主教市民和一些親英派勞工階層對房屋狀況不佳的合理不滿。北愛爾蘭新的社會房屋質素遠比英國普遍標準高，這是成本高昂的原因之一，另一方面是因為建築業就像飲品業界一樣兩面受敵，社會矛盾的雙方都有準軍事組織壓榨平民，收取保護費自肥。我最初還抱著自由主義情緒，以為這個社會不可能像傳言那樣分裂，但上任後最早的決定之一就是違悖理念，同意在貝爾法斯特新的屋邨區，把分隔共和派和保皇派原本已經很高的圍牆再加高一米半，建起來比柏林圍牆一些部分還要高。

這份工作最挑戰智力的地方是走訪近三十個地方議會出席答問環節。北愛爾蘭政治生活的一個常規特色是政黨拒絕會見部長，理由是政府據稱犯了一些極巨大的罪孽，不過確切性質是甚麼則早已被遺忘了。一九八三年那陣時，我們正剛走出一些聯合主義者對我們不瞅不睬的時期，當初的起因就是其原則受到這種幻想中的攻擊。跟地區議會保持聯絡一直被認為是重建橋樑的一種方式，但要持續多久、有甚麼偉大目的就從來不是完全清楚的一個概念。總而言之，我的工作就是帶著巨型文件夾（裡面是記載地區生活每個方面的簡報資料）周遊阿爾斯特的市政廳，要學習我未去過與幾乎未聽過的地方之間的道路計劃、地方規劃糾紛的細節、新屋邨天花滲水的原因，諸如此類。還好我記性很好——起碼當時記性很好。某些探訪涉及比較讓人高興的工作，例如獲邀去紐里（Newry）為市長的新酒櫃揭幕，去到才發現被人爆竊了，不得不派人出去搜羅氈酒和威士忌。另外，到訪佩斯利博士在巴利米納的選區前（那邊沒有酒櫃），我先跟他鎮上一個民主統一黨領袖代表團見面。我之前已經把簡報資料讀全了，但我不想讓地方議員以為我在炫耀自己比他們更認識該區，就跟佩斯利博士說：「我一定要懺悔，我從未去過巴利米納。」他說：「懺悔？」——他很清楚我的宗教信仰——「你不該向我懺悔。」

最令人愉快的工作是嘗試為貝爾法斯特和德里注入新的活力，兩座城市都曾是愛爾蘭共和軍炸彈襲擊的重災區。雖然恐嚇和暴力將人口從一個街區移到另一個街區，我還是很喜歡這兩個城市。貝爾法斯特就像格拉斯哥或利物浦一樣，仍然是個「分離」（segregated）的城市。包括船塢、亞麻織造廠、煙草工廠的工業地貌是民居核心，舉例說在科士路（Falls Road）上，天主教徒就住在工作的廠房附近。路不遠處，希斯廷士街（Hastings Street）警察駐紮營讓人驚駭地記起六、七〇年代最差勁的一種房屋發展：黑嶺公寓（Divis Flats）冷酷的混凝土建築，露台和牆壁掩護著愛爾蘭槍手。科士路幾百碼以內是新教徒所在的香吉爾（Shankill），中間的道路，不論是來自對家部落的魯莽遊民（Taig也好，Prod也罷）還是士兵走過，都一樣危險。

殺人隊重新規劃貝城以方便自己行動，為重建帶來額外的特殊挑戰。就像貝城有拉甘河，德里也有自己的福伊爾河，蜿蜒環繞著老城所在的山丘流淌。社區大抵比貝城更壁壘分明，天主教徒的存在使博西德（Bogside）和癸根（Creggan）一度成為英軍敬而遠之的地帶。重建這兩個城鎮需要想像力、耐性、大量政府資金（黨內崇拜我的人果然沒想錯）和堅韌不拔的精神。新樓房一邊建造，炸彈一邊繼續爆炸。我的繼任人倪德漢是位才華橫溢的愛爾蘭伯爵，把我們在八〇年代初開展的工作延續和擴展得非常出色。他本人就證明了我們為甚麼需要政治家，他做事的方式就像夏舜霆，他其中一位師友。能幹的公務員喜歡當他下屬，因為他清楚自己想做甚麼，並且勇於領導他們去做。

偶然也是會有無可避免的意外，使他無法在政治上達到與才能匹配的高位——他的事業高峰是在內閣以外做個非常出色的貿易部長。倪德漢又是顯出身分僵化分類有多危險的一個例證：父親是愛爾蘭貴族，母親是猶太人，妻子是位美麗的德國人。這位奇怪的混血追求者第一次見家長時，就不知怎地把未來岳父的獵犬射殺了，而外家並沒有因而完全拒絕他。

我在北愛爾蘭衛生部的公務員由兩位傑出的常任秘書領導，第一位是來自般尼的蘭開夏人德地（Norman Dugdale），他成為北愛爾蘭公務員的一部分原因是身體欠佳。他舉止矜持，有點宮廷式的禮數，而且總是堅持任何文件來到我桌上之前都要最後看一眼。這倒也公平，因為他文章寫得絕不比我任何共事過的公務員差。事實上他是位優秀的詩人，已經出版過詩作，翻譯過卡瓦菲（C. P. Cavafy）的作品並教我認識這位傑出的公務員詩人。從卡瓦菲長居的亞歷山大港和時有同性戀色彩的詩句到潮濕灰暗的阿爾斯特，距離好像很漫長。德地寫過一首叫〈不毛之省〉（Provincia Deserta）的詩，對象明顯是一批又一批從他能幹的手中接棒的繼任年輕英國政治家。詩有一點苦澀，觀察很尖銳：

那麼，就是這裡：不是澳洲流放地
反正刑期依然一樣。
無期徒刑永無假釋——除非
當然，像閣下這般新派來的紳士

能安然棲居總督府。兩年匆匆
您安然歸家，出門用餐
暢談奇聞異事，自然從未失手
女主人眉開眼笑，賓朋樂此不疲。

德地是他所謂「訓練有素的大屠殺清理小隊」的最佳成員之一，繼任的是另一位明星希時（Maurice Hayes），他是北愛爾蘭公務員團隊芸芸天主教徒之中官位最高的，博學多才，會說凱爾特語，是軒尼的朋友，郡級愛爾蘭曲棍球手、凱爾特式足球界的大人物。他還寫了兩卷奇妙的自傳，講述作為天主教徒在唐郡（County Down）成長的故事。[5] 他後來更成為北愛爾蘭中訴專員、愛爾蘭參議員及愛爾蘭

5／兩部自傳分別名為《Sweet Killough: Let Go Your Anchor》及《Black Puddings with Slim: A Downpatrick Boyhood》。

共和國國家歐洲論壇（National Forum on Europe）的主席。他和我認識的任何人一樣博覽群書、機警睿智，還成為我其中一位最好的朋友。在「西伯利亞發電廠」找到這樣的工程師，實在是太幸運了。

本章開頭我提到「中人欲嘔」的衝擊，它其實是來自衛生部的。上任沒幾天我就去探訪醫院，跟急症室的年輕護士聊天，我把手背在身後，像個年輕抄襲版的愛丁堡公爵，向一位滿身力士香皂味的矮小護士彎下腰來，嚴肅地問她最近是否有很多由「問題」造成的新病例。她說：「哦，有，前兩晚我們要照顧幾個被天主教徒打碎膝蓋骨的病患。」我告誡她說：「別來了，妳總不能說妳可以分辨得出是新教徒還是天主教徒打碎的膝蓋骨吧。」我聽到身後的私人秘書和保鑣倒抽一口涼氣。她明顯驚訝於我的天真無邪：「當然可以。天主教徒用霰彈槍，新教徒用百得電鑽。」歡迎來到打穿膝蓋也講身分認同的世界。

對我來說，還有另外兩件事象徵著北愛爾蘭身分政治的恐怖。第一件是這樣的，一位安著好心的青年領袖組織了一隊背景不一的小學生，去共和國那邊跟一隊天主教徒男生比賽。教練在科士路附近接了一組學生，然後在香吉爾附近接了另一組。孩子們相處得非常好，也贏了比賽，一路唱著歌回家。教練送天主教徒那半班隊員下車後，一群小男孩就開始拿石頭砸車，參與其中的還有剛才隊裡的成員。拿殊（Ogden Nash）詩云：「學童可以愛得愚笨，但孩子啊，仇恨是門藝術。」

貝爾法斯特一位校長也有類似的善意姿態，他組織新教徒學生去都柏林比賽，比賽結束後每個學生都拿到一個身分不明的女人的雕像作紀念品。有個十一歲孩子回家把雕像給父親看，父親大發雷霆，把兒子拖到後院工作棚裡痛打一頓，然後拿起大錘子，將這聖母瑪利亞石膏像砸得粉碎。男孩哭著向年長一點的朋友尋求安慰，卻慘遭侵犯。後來，調查 Kincora 男童之家惡名昭彰的有組織孌童罪行指控期間，他正是作供的受害者之一。

我不認為這些「奇聞異事」會讓賓朋樂此不疲，或者贏得女主人眉開眼笑。

對我而言，它們就只是突顯出濫用身分認同的一些惡劣後果。但對於整個北愛爾蘭，我生出很大的感情牽絆，首先是因為認識了很多朋友，尤其是不時招待我們的貴族人家，譬如奧馬男爵閣的亞伯科恩公爵（Duke of Abercorn at Baronscourt in Omagh）和藝術家 Lindy，後者是唐郡克蘭德博伊（Clandeboye）的達費林和阿瓦侯爵夫人（Marchioness of Dufferin and Ava），其莊園充滿一位前任侯爵涵蓋加拿大到緬甸的總督級收藏品。本地國會議員鮑爾夫婦以諾與彭美拉也十分慷慨，偶爾帶我們去野餐，我的武裝保鑣也會隨行。以諾仔細研究地形測量局資料，一家人總是在蒙恩山脈找到完美的午餐地點。喝過葡萄酒協會的雪莉酒，就會有阿爾斯特牛肉冷盤，然後給我家孩子上阿爾斯特地形課，最後下午茶時間回到他們簡單的小屋，吃彭美拉做的美味海綿蛋糕。有次星期天，我的小女兒雅思在他家車子後座嘔吐大作，他們對此再善心不過了，和藹地表示他們其中一個女兒以前在去他的選區和夫咸頓（Wolverhampton）旅途上也常常是這樣。不過在接下來的星期一早上，鮑爾就會在下議院走廊裝作不認識我。

我最後一次跟鮑爾夫婦兩人交談是在九〇年代的意大利。我們一家去馬其（Marche）度假，正在博洛尼亞把車開上火車安置。我從倒後鏡看到後面一架車裡熟悉的臉龐，於是走去跟他們聊了起來，提出幫他們開車上火車。搞定這件比較危險的事後，我們又繼續聊。以諾解釋說死前還想最後一次去意大利旅行，看看最喜歡的教堂和畫作。他特別熱衷於確認很多學者都同意的一點：阿西西聖殿的壁畫應該不是佐托（Gioto di Bondone）而是卡華利尼（Pietro Cavallini）的作品。他對此相當肯定，不過老實說，他對所有事情都相當肯定，例如耶穌基督並非釘十架而死，而是被猶太人處石刑砸死的。他的意大利畫作理論應該比較接近事實。

跟著這些主人家和其他朋友（尤其我的警衛），我從蒙恩山脈的花崗岩到北大西洋海岸上的堤道海岸路線和史釗域港的黃金海灘，看到北愛爾蘭許多美景。我愛極了山楂和吊鐘花樹籬，斯特蘭福德湖（Strangford Lough）和佛馬納（Fermanagh）各湖的湖水，那兒的鷸鳥、黑刺李和瓊花，粉飾過的農舍（比那種隨處可見的大莊園式別墅好多了），還有晚春那無與倫比的風鈴草，過後有壯麗的杜鵑花，夏末是豐滿的紅桑子。

我這份部長級工作的要求很高，但也很愉快。我管理北愛爾蘭正常政府的大部分日常事務，頂頭兩位內閣大臣普賴爾和韓達德都放手讓我工作，而且對我和穎彤都非常好。我和他們合作建造房屋、開設醫療設施、保育建築物、經營鐵路，把公帑花得有聲有色。我的工作幾乎不牽涉安全問題或重大的政治辯論，不過有時還是會被問到個人意見，而且會被要求問遍阿爾斯特政客的觀點——我和他們日常接觸很多，主要處理選區問題。他們還算不錯，有幾位特別正派而勇敢，例如統一黨人馬金尼斯（Ken Maginnis）和溫和的工黨民族主義人士馬倫（Seamus Mallon）。

我唯一遇到的真正麻煩是「斜槓城」的名字，更確切應該說是它區議會的名稱。議會的政黨組成由聯合主義轉為溫和民族主義（社會民主工黨）佔多數，新議員宣布要將議會名稱從倫敦德里區議會改為德里區議會，原意就是要挑釁溫和的聯合主義者和佩斯利派（民主統一黨），而這個目的達到了。你可以爭辯說聯合主義者自己亦非全無挑釁姿態，但這不是重點。重點是法律，法律明確規定議員有權更改議會名字，只是不能給其管轄的城市易名，所以城市仍然叫倫敦德里，但就隸屬德里區議會範圍。這可不是信口雌黃的事，我宣布這個法律意見時，保皇派和聯合派暴怒爆發，當然也改變不了甚麼。法律就是法律，是英國生活方式的一個重要部分。事件令我一度贏得「叛徒部長」的罵名。有天早上我在斯托蒙特的政府宿舍被愛爾蘭大鼓聲吵醒，原來是奧蘭治分會集合起來在房子這邊遊行，抗議我的決定。其後動議順利通過，不過無疑加強了保皇派的信念：不能信任手劃十架、星期天去望彌撒的 Taig 人當部長。

離開北愛爾蘭讓我感到難過，尤其是因為在這份工作中，我基本上可以自行其是，不必參加太多的內閣委員會會議，也不必與財政部長爭吵。我的家人也很想念阿爾斯特的美景，但我從來沒有像某些人那樣，似乎認為這六個郡獨特美麗到足以解釋甚至證明人們為了控制它們而打打殺殺是對的，這是一種徹頭徹尾荒謬和相當冒犯人的論點。蘇格蘭、威爾斯和英格蘭也有一些美麗的地方，人們不會為了爭奪管治權而互相殘殺。十六世紀末的巴黎可能「值得一場彌撒」，但來到二十世紀末，阿爾斯特肯定不需要一枚汽車炸彈，更遑論是數百枚。[6] 我們之所以管治阿爾斯特，是因為這個地方絕大多數人民希望我們管治，我們將會繼續管治下去，直到他們不再希望我們管治為止。

儘管我一直關注北愛爾蘭發生的事情，又偶然去做點廣播或去大學演講，但從沒想過要在身負任何重要職位的情況下回去。總之我就絕不覺得它是個「不毛之省」。然後，一九九七年我離開香港幾個月後，就接到一位朋友的電話，告訴我較為新手的工黨北愛爾蘭大臣莫蘭（Mo Mawlam）急切想知道我有沒有興趣擔任北愛爾蘭治安獨立委員會主席，工作是建議如何重組警政，以落實新近締結的《貝爾法斯特協議》。協議在貝理雅、共和國總理埃亨（Bertie Ahern）、美國參議員米切爾（George Mitchell）和莫蘭本人勇敢而細膩的領導下達成，基礎是馬卓安奠定的，只是人們忽略了他的功勞。協議似乎為這個「省」帶來和平與和解，而倫敦、都柏林、華盛頓三方終於有一次站在同一陣線。華盛頓的貢獻很重要：美國政客常常討好愛爾蘭族裔選票，無視國內一些優秀外交官的建議，例如是美國駐倫敦大使西茨。接受新協議的北愛政客有一件事無法達成一致，就是治安警政應該有甚麼變化，問題直接觸及北愛爾蘭政治中毒已深的膏肓。

我馬上同意接手，接頭的朋友大概不覺訝異，但莫蘭就驚訝得很。我當時人在紐約演講，她打電話問我說：「但你不用和妻子商量一下嗎？」我回道：「她也會同意的。」她確實同意了。某保守黨右翼說我不該幫政府解圍，畢竟這個問題在主要會談中也沒有解決的跡象，這個論點似乎背離了對公共服務的慣常態度。譚百德（Norman Tebbit）更進一步說我接這份差事無非只是為了錢，甚麼「三十枚銀幣」之類。他是個有點古怪的人，而且考慮到愛爾蘭共和軍怎樣對待他和妻子——他幾

6／巴黎值得一場彌撒：講述法國國王亨利四世（Henri IV, 1553—1610）為了鞏固統治，從新教改信天主教。亨利在即位時受到天主教聯軍反對，在一輪激烈戰鬥後，亨利四世聲稱「巴黎值得一場彌撒」（Paris vaut bien une messe），改宗天主教並得到國內天主教徒效忠。

十年來一直盡心盡力照顧她——他對愛爾蘭的看法也情有可原。結果每日津貼比三十兩銀多一點，不過我還是無法想像有任何人會覺得金額足以令受款人效法依斯加略的猶達斯。[7]

委員會是由倫敦、都柏林、（我敢肯定還有）華盛頓三方談判產生，在選擇成員方面我沒甚麼發言權。我很幸運有兩位傑出的警官，一位是出類拔萃的波士頓女警奧圖（Cathy O'Toole），另一位是已退休的倫敦警務處副處長約翰・史密斯（John Smith），更大的幸運體現在北愛爾蘭方主要成員：希時和彼得・史密斯（Peter Smith），後者是一位睿智而勇敢的聯合派大律師。事實證明，彼得因為我們最終的建議而在北愛爾蘭承受很大壓力。他的正直毋庸置疑，觀點則讓一些聯合派政客不高興——他認為《貝爾法斯特協議》以及我們的權限止於條文字面所述。至於委員會秘書一職，我說服了外交部借出我在香港的主要外交顧問及談判代表皮雅斯（Bob Pierce），他是我多年來最聰明的下屬之一。

我們的職權範圍由《貝爾法斯特協議》各方商定，是再清楚不過了。協議要求我們「提出對未來警務結構及安排之建議……提案設計應旨在確保警務安排，包括組成、招聘、培訓、文化、精神、象徵標誌，以嶄新路線促使北愛爾蘭警察部門得到社區廣泛支持，並被視為整個社區不可或缺的一部分」。

我們在報告開頭描述了眼前問題的核心。北愛爾蘭皇家阿爾斯特警察（Royal Ulster Constabulary，RUC）長期不成比例地以新教徒及聯合派佔多數，羅馬天主教徒佔北愛超過四成人口，但警隊裡只有百分之八。我們的論點是在「在過去，當警隊受制於斯托蒙特聯合派政府，或在近年西敏直接管治時期，某部分市民視之為國家捍衛者，而非僅僅是法治守護人，但國家本質正是政治爭拗的核心議題。這種

7／依斯加略的猶達斯：天主教翻譯，即為基督教中的加略人猶大。三十枚銀幣出自《聖經》，描寫耶穌的門徒猶大背叛耶穌，收受三十枚銀幣作為報酬，並向羅馬當局揭露了耶穌的行蹤，導致耶穌最終被捕和處死。因此，「三十枚銀幣」這個詞語現在用來指代叛徒的行為，或者換取金錢而背叛他人的行為。

對警察與國家的認知與英國其他地區之警政實務相悖，使警察陷於困難境地，許多警察對此深感失望痛惜。以一政治語言以蔽之，警察是民族守護人，反面而言則象徵壓迫。因此，警政直指兩個社群的安全感及身分認同核心，而由於雙方存有差異，北愛爾蘭警政服務之有效性因而受到嚴重窒礙。」

我們觀察到，北愛警察面臨的問題與其他任職於兩極社會的警察遇到的情況相似。「當警察不得不在裝甲車上加固設防的警崗工作，警員為怕雙方極端分子襲擊而不敢告知孩子自己做甚麼工作」，就不可能有完全有效的政策。警察嘗試住在他們服務的社區，但就備受縱火襲擊而不得不遷離家園。

委員會收集書面意見，做了調查，透過焦點小組做研究，會見其他國家的專家和警察部門，並在北愛爾蘭各地舉行公聽會。我們宣布開會時有人說這是浪費時間，因為現在都沒有人去參加公聽會了。不過在最後，來的人大概有一萬，發言的超過一千人。這些場合相當令人痛心：奧馬公聽會前不久，共和派恐怖炸彈襲擊導致卅一人死亡；在原始小鎮波特唐的會議上，辯論非常激烈，一位天主教徒律師總算把場面控制在和平的一面，不久之後就被「保皇派準軍事汽車炸彈」炸死了。同一晚在克雷加文（Craigavon），四位警察遺孀輪流發言，其中一案的愛爾蘭共和軍疑兇當年因為疑似技術性問題而逃過法網，而這正是波特唐那位律師所為。為了讓會議得以召開——但也不免增加了緊張氣氛——我從一開始就和委員們決定不要保安。畢竟，在被RUC保護的情況下，又怎能好好地檢視它的歷史與行為呢？我們就靠著雙方準軍事恐怖分子讓我們安全通行的承諾辦事。有時在去社區會堂的路上，會見到他們為會議提供自家版本的「保安」，不禁倒抽一口大氣，但除了一兩次恐慌之外，他們還是守住了諾言。

政治上的困難顯而易見。各方政治領袖無論在協議簽了甚麼，最終想得到的結果都是無法與全局調和的。亞當斯（Gerry Adams）和麥堅尼（Martin McGuinness）及其共和派同僚希望完全廢除皇家阿爾斯特警察部門，任何重新組建的警隊，只接受通過人權測試證明適合當差的人加入。這個程序有個聽起來頗具儀式感的名字，叫做「淨化」（lustration）。謀殺同郡市民（包括警察）的恐怖分子對誰可以加盟新警隊有否決權，這種想法明顯完全不可行。

保皇派如特林布（David Trimble）則根本不清楚自己想要甚麼，除了絕不接受任何暗示 RUC 不完美或逝者死得徒勞的改變，這大體上意味著必須不顧一切全力捍衛部隊名稱及象徵標誌等議題。左邊想淨化，右邊想保持現狀，看著這些觀點實在很難理解政客當初是怎樣簽成協議的。特林布的觀點比很多在職警員都更強硬，表明他沒有理解到和平背後的交易。民族主義者接受北愛爾蘭國家本質的改變（即結束分治）只能通過投票箱以民主方式實現，交換條件是不能被要求向他們想（以和平方式）改變的國家表忠。雙方都可以保留自己的身分意識——一個國家，兩種身分。

我們決定委員會最終的建議必須通過五項測試：首先，建議是否可以促進有效用、有效率的警務工作？是否會促成公平公正、遠離黨派控制的警政？是否同時對法律和社區問責？是否會令警隊更能代表其所服務的社會？最後，建議能否保護和彰顯所有人的人權與尊嚴？

報告提倡北愛爾蘭警務的「新開始」，包含一百七十五項建議，涵蓋問責、人權、管理、公共秩序警務工作、招聘、訓練、與其他警察部門合作、精神和標誌象徵。最大的爭議涉及平衡招聘、精神和標誌象徵。為使警察服務更具代表性，我們認為未來最少十年間，警隊招聘應從合資格人才庫中選出天主教及非天主教徒各半，以使十年內天主教徒警員達到三成。其次，為促進公平公正，我們建議使用「無關英國或愛爾蘭兩國」的象徵標誌。「皇家阿爾斯特警察」不夠中立，必須廢除，取而代之管理警官隊伍的是「北愛爾蘭警察總署」（Police Service of Northern Ireland，PSNI），徽章和標誌要如同北愛爾蘭議會的一樣，通過政治協商更改。

委員會成立時，大家都默認政府會接受我們達成的任何共識。總括而言，人們對報告的反應不錯，一些警隊成員和特林布牽頭的保皇派政客除外。他的意見很多，其中一點說我答應過在報告發表前先給他過目，以便與他一同審閱。覺得我會這樣做（不論對象是他還是其他政界領袖）真是徹頭徹尾的荒謬，不過各黨領袖確實在報告發表前一刻也先睹為快過，特林布堅持他的說法，動輒譴責我和那份報告，還玩起了拒絕和我握手等啞劇把戲。我其實樂意相信他一定比表面看起來要善良，但他當時的憤怒足以打亂政府的步調。雖然有以前默許的保證，但貝理雅及其新任愛爾蘭大臣文德森〔（Peter Mandelson），當時莫蘭已調離，唉〕以為可以擺平我們認定「擺平不了」的地方，在落實報告所需的立法程序中擺弄我們的建議，尤其是招聘、易名和標誌方面。我欣然承認文德森是個聰明的傢伙，而且通常透明得不應該稱為「黑暗王子」。[8] 他是個優秀的商務部長，工黨如果多聽他進言，情況應該會好很多。但我從不認為他有自己想像中那麼聰明。他開始淡化報告建議以求聯合派論者安靜下來時，人們的憤怒隨即爆發，一份嚴肅報紙更稱之為「歪曲法案」。民族主義派大聲疾呼：「要彭定康，除了彭定康以外甚麼都不要。」這種情緒也來自意料之外的族群——就是幾年前還想殺我的共和派。所以，貝理雅政府不得不下結論：「彭定康」是必須接受的定局。反對聲音於是漸漸消失，北愛爾蘭警察總署成立，很快就塵埃落定。警察被移離政治爭議的核心及隨之而來的暴力，世界其他撕裂的社區很多都視我們的報告為典範。今時今日，PSNI天主教徒佔超過三成，自《貝爾法斯特協議》簽訂以來，殉職警員極少。為甚麼一切可以如此順利？我想，最重要的是，我們沒有迴避以溫和的方式去做正確的事。我希望這份別稱《受難日協議》的契約和相關警政改革的進展，不會因為脫歐派找不到方法避免在非關稅同盟成員的北愛和身屬關稅同盟的共和國之間重設硬邊界而受挫。

某次公聽會給我的記憶特別深刻。那是在美麗的蒙恩山脈之間近海的一個小村莊，經濟上漁農各半，天主教和新教亦平分秋色。我們在村裡的戲院開會，戲院格局有點像《星光伴我心》（Cinema Paradiso）裡那個。我記得戲院剛放完占士邦電影《明日帝國》（Tomorrow Never Dies，直譯「明日不死」），但這裡比較像是

8／文德森（Peter Benjamin Mandelson, 1953—）：英國工黨政治家，為工黨在背後從事公關工作，為英國第一代「政治化妝師」，被傳媒冠以「黑暗王子」（Prince of Darkness）的綽號。

昨日永無殞落。我們三個人坐在台上，聽觀眾訴說他們的痛苦和抱怨，一些故事完完全全就是另一些故事的反義詞，對比鮮明。我最後宣布會議結束，例行公事地來了場有關慷慨、和解、治癒和希望之必要的漂亮小演講，一邊講著這些陳腔濫調，一邊想著曉斯伯勒家裡等著我的大杯麥芽威士忌。這時，大廳後面一位穿著五顏六色帽子和大衣的小個子老太太堅持舉著手，最後大聲說：「你們走之前，我就只有這麼一件事跟你們說：你們來到這裡，說一堆有關慷慨精神之類的話，一切都很好。會開完你們就回家了，我們卻要與周圍的歷史和經歷共存。例如說……」她身體前傾，摸了摸前面一個年輕人的肩膀：「這個人謀殺了我兒子。」所言非虛，他是根據《協議》獲釋的殺人犯。受害者母親繼續生活，與暴力親密為鄰，常常面對過往暴力自吹自擂的厚顏與傲慢姿態，這就是她日常的生存環境。這就是大不列顛及北愛爾蘭聯合王國一個美麗小村莊當日的真實生活，甚至從某些角度看，也可以說今日依然如此。

第八章

到東方去

最重要的政治職務是做個私人公民。

——路易斯．布蘭迪斯大法官（Justice Louis D. Brandeis），刊於《波士頓紀錄》（Boston Record，現為《波士頓先驅報》（Boston Herald），一九〇三年）

我其實不相信有「文明衝突」。我相信有「文明」與「不文明」之間的衝突。

——馬德琳．奧爾布賴特（Madeleine K. Albright），彭博受訪（二〇〇二年十二月二十三日）

…

香港——不論習主席怎麼想，它的民主故事遠遠未到終章。香港民主史上最奇特諷刺的事情是，一九九二年工黨在英國巴芙選區兵敗如山倒，卻令該市的敗選國會代表成為英國最後一個主要殖民地的最後一任總督。多年以來，保守黨在巴芙的優勢來自於反對派的工黨與自由民主黨票數分散，不過在一九九二年，工黨選民捨棄了紅玫瑰並策略性地投票送我走。鼓勵他們的是由超市大亨千萬富翁盛博理（David Sainsbury）資助的競選工程，它昂貴而有效，而他本人後來也當上了工黨部長。我有段時間還對這種屈辱感到痛苦噁心，在我的競選活動中辛勤努力的妻子和女兒也對競選的齷齪和它的最終結果感到震驚。但這就是政治。如果你期待戰車輪前會鋪好花環和花瓣，那麼你就一定會得到粗暴但有益身心的衝擊。我曾經領導過就全國而言相當成功的大選工程，但正如將軍在凱旋時隨行奴隸的低聲呢喃：「記住你也不過是終有一死的凡人。」

好在我早已預料到這個結果，甚至已經告訴過首相馬卓安他整體上會贏得大選，但我就會失去自己的議席。不過我沒有因此變得好受，在最好的時刻我也傾向悲觀，而我覺得馬卓安認為我在誇大當時的困難。但無論如何，在選戰之前和大選期間，我都有大量時間思考如果落敗了的話會想做甚麼。最後當這個結局真正來臨時，我雖然獲邀在上議院繼續政治生涯，但我不感興趣，而空降去一個很快就懸空的選區參加補選也不是特別吸引的選擇。他們有想送我一份大禮，建議我去肯辛頓

（Kensington）和車路士（Chelsea），但我又覺得不太體面，而且對妻女又會加上不公平的負擔──那種偶爾變得惡性的競選所生出來的壓力，她們在巴芙已經面對夠了。[1]有些人想我走這條路，或至少留在政界，在舞會站著如嘍囉等人請跳舞，但我擋住了這些善意的壓力，因為這只會搞得全場人都尷尬不已。現在我雖然會偶爾重新或再三反省，但我從來沒有真正後悔做了這個決定：我想尋找政治以外的職位，做發展援助方面的工作。然後，馬卓安向我提出去香港做末代英國香港總督的機會，做一個結束一長串殖民地或外交部任命的政客。那時的政策似乎將倫敦推向一個外交死胡同，中國（尤其是針對首相馬卓安）的例行羞辱似乎從沒給香港或英國帶來任何好處。於是我們的外交目標很簡單，就是一九九七年讓主權平穩過渡到中國手上。經過幾次無效反對、幾下緊張搓手後，「平穩」的定義總算是定下來了，那就是要滿足中國的要求。但至於「成功」而「光榮」的過渡要付出甚麼代價呢？我一位顧問曾調皮地問，真的可以把葬禮說成是「平穩過渡」嗎？

機會已經提出來了，我和穎彤商量後決定接受。這對她來說是很大的犧牲，那時她當家庭律師的法律事業已經起飛，我們和十幾歲的女兒們幸福地定居在倫敦。一如既往，她以個人代價支持我，我們的婚姻從來都是這樣。在香港時，她努力領導過去因當地文化原因而鮮少受到公眾關注的慈善機構，包括臨終護理、街童、娼妓、智力障礙和愛滋病組織。

我對於香港和中國並不是完全陌生的，我第一次去這個殖民地是在一九七九年，當時還是個年輕的後座議員。回來後我給《衛報》寫了篇提倡在當地引入政府選舉的文章，引起了時任港督的不悅。麥理浩勳爵是位嚴厲的酋長，認為解決民眾政治壓力的最佳方法就是房屋和福利，於是以猛烈的精力和決心推行各種大計，還得應付來自中國大陸的難民潮。他是位聰明人，不是任何人的傀儡，在他擔任港督

1／而且這是有著黑暗先例的危險政治選擇。哥登・獲加（Patrick Gordon-Walker, 1907－1980）在一九六四年失去在斯梅斯威克（Smethwick）的席位，其後以韋爾遜政府無議席外交大臣的身分參加萊頓（Leyton）補選並迅速敗北，從而實實在在地結束了他在政府高層的職業生涯。—作者原註。

時有這麼一個說法，就是他和馬耳他總理明托夫（Dom Mintoff）是外交部最不受歡迎的兩個人，這正好充分說明他思想有多獨立。但他對任何人想要透過民主來管理自己事務的願望，就完全沒有興趣了。他是個文明而不屈不撓的蘇格蘭人，認為自己知道甚麼對香港最好，也認為自己最能好好處理香港與北京的關係。回歸前十八年，他主動向鄧小平明確提出九七年後香港地位的問題，這步棋到底在多大程度上反映出倫敦內閣的意見，我從來都不完全清楚。我喜歡他，畢竟他又是一個喜歡乾馬天尼的貝里歐人，但對於他如何看待哪怕是最微不足道的民主改革訴求，我從沒抱有任何幻想。不過麥理浩不像某些人，他並沒有試著要說我壞話或在背後捅我一刀。

我也去過中國幾次，尤其是在擔任海外發展部長期間。我參加過一九八九年五月在北京舉行的亞洲開發銀行（Asian Development Bank，ADB）的會議，在那邊待到鄧小平和其他共產黨老領導派坦克車鎮壓天安門廣場和其他地方的示威者前一個禮拜。在會議期間，廣場和其他公共場所都擠滿了示威者，氣氛就像一個自由民主為題的格拉斯托藝術節（Glastonbury Festival）。[2] 我從未感覺過自己如此接近歷史誕生的一刻，這種感覺以後也不再有過，但可悲的是，事實證明這是段錯的歷史，過程中我只扮演一個極微小的角色。參加ADB會議的高級部長們應邀和有意改革的黨總書記趙紫陽會談，我們圍坐著，禮貌地問有關農業改革和市場力量在華角色的問題，心裡卻想著外邊街頭發生的事。最後，經過大約一個小時有點超現實但行禮如儀的交流之後，我問了人人心中的問題：外面發生甚麼事，將如何解決？趙紫陽從口袋裡掏出一張卡紙，慷慨激昂地演講了一小段，聽起來非常像他後來半夜去天安門廣場給學生講的、加速他自己垮台的演說。他表示同情學生和工人，希望他們在損害健康之前放棄絕食，並承諾與之對話。然而，事情迎來殘酷的轉變，坦克開過來，很多人被殺，之後對異見活動的鎮壓比中國發生過的任何一件事都要

2／格拉斯托藝術節（Glastonbury Festival）：七〇年代在英國開始的露天音樂節，深受嬉皮文化影響，至今仍是文化盛事。

強硬野蠻——直到習近平近年的高壓措施。正如多年後二〇一四年香港的民主示威一樣，示威者身在戰略上未曾計劃的事件之內，贏得道德高地之餘也搶佔了一個以後可能爭取到更大進展的有利位置，然而很難知道何時應該退場。對社運人士而言，戰略性撤退和重新集結看似綏靖和投降，但儘管這些做法很難掌握時機又不易組織，卻往往是明智的短期策略，有時甚至是明智的長期行動。

所以我在中國政治方面有些受傷和失望的經歷。一九八九年中國當局殺害學生和其他人士（香港一名共產黨走狗商人說是「風波」（kerfuffle））敲響了香港的警鐘，讓人擔心僅僅在八年後就要回歸中國主權預示著甚麼命運。可以理解，加快香港民主化的運動變得更為劇烈。《中英聯合聲明》是英國與中國在一九八四年簽訂，並在一九九七年起持續生效五十年的國際條約，而《基本法》則是根據該條約為香港制訂的中國憲法，兩者本來旨在保證香港在北京恢復主權後繼續自由和殖民地的生活方式。

至於要怎樣確保中國遵守約定呢？前駐華大使柯利達爵士（Sir Percy Cradock）肯定特別關注這問題，所有跟中國有關的事，他都是主持神聖教理部的紅衣樞機主教。他有次評價中共官員說：「他們就是惡棍，以前是，現在是，以後也永遠是。」那你該如何應付那些「惡棍」（我可從來沒用過這個名詞來形容中國領導人）呢？每次他們像慣常一樣來電提醒你說，沒交保護費的人都在海裡「跟魚睡覺」了，你是不是就馬上乖乖送上銀子？主教似乎就是這樣想的。他接受了常規的敲詐勒索作為正常外交實務的一部分，然後搔首弄姿試圖讓事情看來不那麼有失身分。

在思想上和政治上，柯利達爵士抵抗了他的政治長官向世界（尤其香港）的保證：英國會確保香港保有多元自由。他不是唯一一個想當皇帝或至少在背後假傳聖旨的御史。儘管他是個聰明人，卻是極少數的一位從未真正接受公務員權力終有界限、此後應由民選政客接手的官員。

《聯合聲明》簽署後，不管以前如何，英國政府的政策現在已經很明確：香港要民主化。民主會穩步紮根，讓老百姓有方法保護自己，以免自由被侵蝕。這在國會內外、在公在私都有說過。我一直很驚訝，竟然有人建議我們別理會在下議院許下的承諾。一些人擔心英國最後的帝國姿態是將一個自由社會拱手交給世上最後一個極權主義大國，過程要的是掩眼法的多，不見得透明。那麼，英國公開宣布的對港政策是個萬能答案，就是要來回應這些人。我去香港當末代總督的背景就是這樣。

我前面已經簡要地敘述了當港督時的一些經歷，那是我一生中最有趣又最有價值的五年。儘管柯利達的信徒對他的對華方針苦戀經年，不時還在發出怒吼，但我不打算再在這些議題上鑽牛角尖了。對他們來說，任何其他態度都必須打倒，以免其終有一日成功，甚至連部分成功都不可以，畢竟這都會引人質疑以前的做法是否有效和合乎道德。但重要的是勾勒出香港民主發展受挫的故事骨架，因為它與我關於身分認同的論點息息相關。所以，第一個問題就是所謂的亞洲價值是否包括對政治問責及人權的關注，或者說，東西方之間是否存在無可避免的「文明衝突」；第二個問題是公民價值是否可以成為身分認同的重要組成部分，用來幫助塑造身分認同;第三個值得考慮的問題是,中國人口以至經濟規模固然巨大,但領導人不理解自由社會的意義的話,會對中國在世界上的影響力造成多大限制?

在英國對香港的責任結束之前,先不說要這座偉大城市成為完全民主的社會了,連通往民主的道路都還沒走上,這是為甚麼呢?十九世紀和二十世紀上半葉,曾經有一種想法是要在香港政府引入更多公眾問責和讓更多華裔公民參與,而這種嘗試的其中一個特色是總會遇到英國商界抵制。中國的歷次戰爭和日本的軍事冒險主義等區域事件亦為殖民地政治變革添加反對理由。倫敦總是認為香港不同於其他英國屬地,更像是貿易站而不是定居社區。而在第二次世界大戰後,港督楊慕琦(Mark Young)有意大力推進民主,但因為緊張中國國民黨垮台和共產黨崛起的後果而受阻。本地商界、殖民地官員和白廳欣然接受「在港引入民主會造成社會沿大陸國共之爭的路線撕裂」的論點,不出所料,北京本身也對香港任何民主動態大為緊張。比方說當年非洲去殖民化如火如荼,周恩來就在一九五八年向時任英揆麥美倫發出訊息,表達擔心英國會把香港推上獨立之路,就像對新加坡一般。英國不應該改變香港的憲法地位，因為這樣會削弱中國，而（中國認為）美國會很歡迎這樣的舉動。北京的憂慮給香港和倫敦反對變革的人發了一手好牌。

六〇和七〇年代的主軸是湧入香港的大陸難民潮、一九六六年反對殖民政府的動亂，以及毛派有組織地支持文化大革命的六七暴動。但同一個時代也見證了香港靠著自由貿易政策、廉價勞動力過剩、鄰近亞洲經濟體蓬勃發展而日益俱增的經濟活力。隨著必然要發生的「九七主權移交」開始倒數計時並主導事態發展的步伐，有關民主的論爭重新浮面，成為《聯合聲明》談判基礎的一部分。它承諾香港將會有一個由選舉產生的立法機關，而行政部門將對之負責。一九八四至八五年，時任港督尤德（Edward Youde）勇敢地嘗試促成實際措施去達成這個目標，提出穩步增加直接選舉產生的立法局議員，但遭到北京、本地商界和柯利達信徒阻撓。他一九八六年去世後，香港舉行了一場聲稱要了解公眾對立法局引入直選的步伐有何意見的諮詢活動，在這個時候，原本支持加快民主化的人佔有明顯多數，但是在欲蓋彌彰的骯髒手段影響下幻化成要求慢下來的少數人的勝利。

如果「三十年保密原則」到期導致所有這段時期的相關文件和電報都曝光的話，我不相信倫敦在這場戲的角色有多光彩多值得讚揚。不過部分文件也許已經滑落到梳化底了吧。一九九七年，我清理舊政府材料，預備返回倫敦，對眼前所見有關這個時期的文件向外交部問了好些問題。我在我的《香港日記》裡如此總結：「我們告訴中國，不應該因為諮詢活動據說沒有得到很大的支持，就低估了要求直選的壓力。整件事不過是為避免與中國爭執而造的文章，不是在回應香港人的民主訴求。如果當時我們做得更多，主權移交之前就可以有將近十年的時間好好發展代議政治。諮詢活動充其量就是犬儒。[3] 簡而言之，英國的表現如此之差，是因為想要船連晃都不晃一下的那種「平穩」過渡。

我一九九二年去香港時，手上關於民主發展問題的簡報資料相當有限，當然

3／作者於本書引用的日記內容與二〇二二年出版的《The Hong Kong Diaries》有所出入，可參見《香港日記》（台北：黑體，2023年），頁527。

我看過有關香港主權移交談判的國會辯論紀錄，「穩步引入民主才能真正保障香港未來自由」這個觀點的份量令我震驚，而它其中一個最有力的支持者就是希思。他說，在非殖民化的歷史長河裡，我們在民主化進程中總是傾向走得太慢。在香港，我們應該比政府所設想的要前進得更快。他在一九八九年天安門屠殺後重複過這些論點，不過從那時到我一九九二年抵達香港的幾年之間，其他顧問（可能是中國人吧？）恐怕已經壓倒了希思的民主精神。我在任港督期間，他會定時定候邀請自己來留宿，這就可以花一個星期在香港走動，告訴任何肯聽的人說我跟中國打交道時何其愚蠢和搞對抗，然後冷冷的道句謝就走去北京，第二年又重複整套令人厭煩的無益無禮表現。

在去香港以前，我還聽了大量相當籠統的介紹，解釋已商定的選舉安排，不過，柯利達在兩三次討論中也僅僅是用他嚴肅高傲的姿態告訴我：中國給香港的《基本法》裡已經明示一切，規定了該做的事，包括容許的立法局直選議員人數。而我到香港後也沒有試圖推翻定案，只是想用盡裡面容許的每一分每一毫彈性，讓選舉安排盡可能達到廣泛民主。例如，我在代表商界和專業人士利益的所謂「功能組別」裡大大增加了選民人數，並使區域市政局（即各區政府）完全以民主方式組成。[4]在我公布這些計劃不久後，李光耀就在一個訪問中讚賞我加深民主的理念和填補《基本法》及《聯合聲明》留白之處的巧妙方法。我之前在去香港赴任的路上見過他，他告訴我要從一開始就清楚羅列計劃，然後堅持實踐。這就是我試圖做的事，也是為了鞏固香港的法治和人權保障。這樣推進問責其實相當溫和，遠遠未達香港民主黨議員的要求，但中國的嘴炮卻把我塑造成像湯瑪斯・潘恩（Thomas Paine）一樣的民主鬥士。[5]那當然不是恭維，就算是我也當然擔當不起。但中國的一連串

4／功能組別：又稱為「功能團體」、「功能界別」，為「職業代表制」（Professional representation）。在彭定康年代為促進民主之舉。它的選民基礎為公司，一公司一票，亦有小部分為個別行業的專業人士，如律師、醫生、教師等。此一界別造成日後市民權利不平等、票值不平等，因部分人可以透過持有多間公司，有一票以上。

5／湯瑪斯・潘恩（Thomas Paine, 1737—1809）：英裔美國思想家，激進民主主義者。反對英國的殖民專政並支持美國獨立，主張廢奴及法國大革命，曾被英國政府通輯及被羅伯斯比爾領導的雅各賓派投入監獄。著有《人權論》、《理性時代》等。

謾罵居然流行起來，甚至出人意表地獲得李總理和很多在港英國商界人士的認可（美國的則不然）。我後來反思，發覺自己最大的罪行就是既拒絕做跛腳鴨，也不做北京填鴨。此外，我一直努力刻意參與我一位行政會議成員所說的「補習班政府」（tutorial government），常常強調香港公民價值及經濟成就之間的關係。我還試著去除港督角色的古板形象，出席電台和公聽會的問答環節，每個月就管治問題做一次廣播，發表演講談論香港的生活方式，還有是甚麼令它如此特別。

和中國爭論多元主義的問題是否對香港造成了損害？經濟持續增長，我們每年減稅，增加開支（尤其是社會項目），見證財政儲備累積，發展基礎建設，幾乎建好了主要以收益而非借貸埋單的新機場，創造更多就業，將通脹和罪案率帶到十年低點。香港保持穩定，沒有社會崩潰或政治亂局。反政府示威很少之餘，參加的人數僅以百計，而不是成千上萬。我們離開香港時，不論香港本身還是英國，都沒有受到國際責難。在九二、九三年我初來乍到之時，有很多本地和外籍顧問都認為我們應該堅守對民主的承諾。他們被迫在無底線的情況下談判多年，已經見識了後果。經歷一場又一場「大龍鳳」之後，他們的結論是，不論你有沒有底線，中國的行為方式都一樣。我翻看一九九六年九月的《日記》，當時我們一位談判員與對等的中方代表見面後，以「恐怖」形容經歷，我是這麼記述的：「其他國家當然想為自己爭取最大的利益，但他們至少會尋求一些可接受的妥協與調和。然而，中方只想隨心所欲，為所欲為。就算想著要達成協議，還是會堅持到最後一刻甚至半刻，試圖在最後一分鐘榨取讓步。如果無法全盤大勝，他們會嘗試確保協議文本留有足夠空間，以便日後重新討論每一個未得手的細節……世界所有人都應該好好學會怎樣跟他們打硬仗。他們目前的談判風格結合黑社會和狗頭軍師的伎倆，再另加大量直白的口是心非，由此僥倖成功，全身而退。」[6]

這叫「外交鬥爭學派」。不管鬥不鬥爭，我的結論是，至少如果有底線，我們

6／本書引用的日記內容與二〇二二年版有所出入，參見《香港日記》，頁471。

就可以抬起頭來，更容易管治香港。所以我們在外交上鬥爭，不在治理上鬥爭，這是個整體有利的交易。九七大限將至，我一位顧問曾說香港就像一輛勞斯萊斯，中國想搞一搞它的引擎、再換一換輪胎，但其實他們需要做的只是扭動點火開關，車就會好好行駛。

有些人認為我這套方針損害了英國在香港和中國的商業利益。甚至一些前保守黨內閣大臣，例如現為公司主席或董事但並不常馬到功成的楊大衛勳爵（Lord Young），也不能免俗地在香港或倫敦向任何肯聽的人宣揚「民主不是它被吹捧成的樣子」、「與中國吵架破壞商機」云云。[7] 民主往往不過是代罪羔羊，真正的罪魁禍首是惡劣的管理決策。本地華人公司遙遙領先一些英國老洋行，中國官員則定期將尊貴的英國客人殺個片甲不留。（在商業談判最前線的人員有個很好的建議，就是絕不要讓公司主席接近談判桌。）前外交大臣韓達德曾經指出：「有些人呆在文華酒店，聽幾個人說說話，就真的以為自己了解香港了。他們看不出這個令人驚歎的社會內裡真正在發生的事情其實是『變化』，而如果你把變化放到他們面前，他們就不太高興了。因為若然香港真的一切不變，繼續沒有政治，生活實在是容易多了。但是，香港是有政治的，官員要用大班們用不著的思考方式去考慮這一點。」

一些政治和商業游說活動毫不顧尊嚴和體面，固然令人極度尷尬，但本地商界權貴千方百計討好中國大陸官員，情況卻是有過之而無不及。九七將至之際，風雲慢慢變色，蛤蟆也開始呱呱叫。可惜這些大老爺也有失算的時候，其中一個故事的主角是一位本地商人，他本身擁有驚人的化石級政治觀點，曾多次引起爭議，經營的一家投資銀行也在九七、九八年亞洲金融風暴中倒閉了。據稱他曾向保守黨出價五百萬英鎊要除掉我，很多人當他開玩笑，不過我倒一直不確定他是否覺得直接射殺我會是個方案。九七年春天某日，他向一家美國商學院的香港校友演講時猛烈抨擊民主，指美國直到成為真正民主國家前三十年，都一直過得好好的。他說的似乎

7／楊大衛勳爵（David Young, 1932－2022）：前任英國商業、能源及產業戰略部國務大臣。

是種族隔離結束並讓黑人登記做選民的那段時間。很少人把話說得這麼過分，至少在公開場合不會。

有兩件事的爭議一直持續到今天：其一是在政治上討好中國，其二是成功向中國出口或吸引中國投資等等。雖然爭議持續，但卻很少引起人認真努力研究這種關係是不是真的存在。我一直相信中國人做生意的基礎跟大多數其他人大致相同，就是盡可能地以最佳價格和條件買到想要和需要的東西，投資在看得見利潤或長期商機的地方。但既然他們可以肆意恐嚇潛在貿易伙伴，見到有政府支持他人批評中國人權紀錄，又或是人家首相去跟達賴喇嘛會面，就威脅說要他們承受「嚴重後果」的話，那麼我想，他們會運用這一點點黑幫式保護主義，也就不足為奇，沒甚麼好大驚小怪了。

而更該受批評的是那些屈服於欺凌的人。有次，夏舜霆告訴馬卓安如果對中國訪客在香港問題上採取強硬路線的話，就會有破壞英中貿易關係的風險，我就在一九九六年十一月的日記寫道：「事實一：在我來香港『破壞貿易』的前四年，英國對華出口已衰退了百分之二十五。事實二：之後四年，對華出口增長了百分之七十五。這證明了甚麼？也沒甚麼。也許就只證明了叩頭沒多大作用。」[8]

我上任前數年，香港的出口數字急劇下滑，不過在九二年後確實飛速發展，佔經合組織整體出口分額的增長速度比組織各國平均數高。這一切都證明了儘管威嚇多多，長期而言政治很少真的對貿易造成那麼大的影響。[9]令人難以接受的商業報復相對很少發生，但如果真的發生的話，受害國的民主伙伴應該在世界貿易組織裡應外合，反制中國並對華施壓。不過他們通常太軟弱無力，做不到這一點。總之

8／見《香港日記》，頁482。

9／我唯一承認的例外是中國作家及異見人士劉曉波在獲頒諾貝爾和平獎後，挪威三文魚的對華直銷情況。不過正如一位漁業商人所言：「歷史為鑑，三文魚總是找到渠道進入市場。」在中國的禁令發布後，幾乎一夜之間，挪威三文魚的銷量在中國的鄰國越南激增。又有誰知道這些三文魚有多少以極速游進中國了呢？──作者原註。

無論政治形勢如何，與中國做買賣都是難事，但想成功也不一定要借柯利達的教條來用。在「後天安門」時期的一九九〇年，首相和柯利達悲慘屈辱地訪華，希望確保香港自資興建新機場的計劃得到中國的支持。據隨行記者憶述，每次馬卓安提到人權問題時，柯利達都會在事後告訴中方說那不是認真的，只是表面功夫做做樣子而已。這種行為無助贏得更大筆的商貿交易。論對華出口，德國比英國多很多，原因是德國人製造出更多中國想買的產品。（德國對華出口是英國相應數字的兩到三倍，歐盟成員國身分明顯不是阻礙。）雖然會令中國不高興，但現在確實是英國和其他國家在這個問題上成熟起來的時候了。

中共官員對香港的口誅筆伐明顯對這座蕞爾小城影響不大，香港的經濟繼續平靜地向前航行。對我也似乎沒有甚麼作用，除了像我之前所言，它只賦予了我一個比實際上看來更勇敢的「民主鬥士」形象。我沒有抱怨，而是觀察著其他更擔當得起這種讚揚的人，例如民主黨議員李柱銘和劉慧卿，還有將要成為天主教香港教區主教的陳日君主教。當我離開香港，後來成為歐洲聯盟委員會對外事務專員時，其中一項工作是負責歐盟對華關係。中國官員一如既往展現務實的態度，而且對我相當尊重。我在一九九九年聯合國大會上首次和中國外長唐家璇會面時，他對我說：「今次我們應該合作。」我就回答：「我上次就想這麼做了。」唐家璇是個友善歡快的人，身負和解的重任來布魯塞爾看我。不過會議一開場就因為他開了個玩笑搞得不太順利，事緣我牆上掛著女兒們的一系列照片，他看了一眼猜到了是誰，就問我說：「這麼漂亮的年輕女士怎會有個這麼醜的父親？」他的大使生怕這句話被當成是侮辱，瞬間手忙腳亂地緊張插話：「開玩笑而已，開玩笑而已。」我當然知道那是開得不錯的玩笑。會議開到後來，部長逐字逐句宣讀了一份簡報，宣稱領導人考慮過我的立場，最終認為我是「一股推進和諧而非不和的力量」。為了確保我們明白這個重點，中國駐歐盟大使館隨後與我的辦公室主任核實，確認他已準確無誤筆錄該句。

我在布魯塞爾期間，與中國官員的關係可謂良好而有建設性，他們總是知道我是誰（畢竟我自咸豐年的惡名就是如此昭彰），通常都想要那種當時還未命名為「自拍照」的東西。我特別喜歡與朱鎔基總理見面，他是我見過最令人印象深刻的官員之一。我們談的通常都和中國加入世界貿易組織有關。歐盟與中國開會時，我多數負責處理比較有爭議的問題，例如人權，還有一個很可笑的是對華售武，因為這個問題其實由歐盟成員國主導，不過在天安門事件後一直暫停了。我還記得朱鎔基憶述與一名法輪功示威者談話，他發現對方如此強調心性上的「瞎扯」（這是朱鎔基自己的看法），而不是更注重個人經濟狀態，覺得大惑不解。他的隨從對他甚至會承認有過這樣一次對談而震驚不已。更令人難忘的是一次有關死刑的爭議，竟然變得像是無拘無束、百無禁忌的學生辯論。江澤民主席邀請我和穎彤以私人身分正式訪問中國，我們會面的大部分時間都在談舊電影和莎士比亞，之後他的一位工作人員問我是否願意為他在我《東方與西方》（East and West）一書上簽名，我注意到這位秘書拿的是台灣印的盜版。而上任主席胡錦濤是個和氣有禮的人，我似乎和他也相處得不錯，而且在機場客運大樓等地方總是受到中國團體熱烈歡迎，對我的士氣十分有益。不過近幾年我對中國處理香港事務的手法多有批評，再一次激起充滿共產詞彙的口誅筆伐，尤其是中國駐倫敦大使，他受外交培訓時明顯沒去上有關「魅力」和「圓滑」的課。如果他繼續表現得像是黑社會家族教育出來的那樣，還總是受到縱容，情況就相當令人擔憂。不過我仍然覺得，嘗試與中國建立開放而正面互惠的關係可以，向中國列寧主義叩頭則不行。特朗普總統時代來臨會否撫平中國外交的稜角，將是未來幾年國際事務的一個決定性問題。從表面上看，樂觀主義者才會覺得特朗普總統和習近平主席——特朗普羨慕的終身國家元首——會帶出彼此最美好的一面。

相比過度支持本土多元主義發展引致有人要脅限制貿易，「民主本身與亞洲文化格格不入」這種論點對香港這類社會的破壞更大。香港長期捲入所謂「亞洲價值」的爭論，這種說法認為文化之間存在根本差異，聲稱亞洲人身分意味對個人權利和問責的關注弱得多，同時更加意識到服從家庭、服從政府的重要性。有人劃分不同文明之間的區別，要我們把國家與各洲大陸之間的文化重疊與交互傳播置之不顧。但任何對基督教歷史有些認識的人都知道，基督教傳福音的第一波推力是從巴勒斯坦東進西亞。研究中世紀的學者已經告訴過我們，伊斯蘭教對歐洲社會和學術的影響是何其之大。歐洲基督教社會很多奠基的經典文獻都通過阿拉伯學術為中介，進入文藝復興早期的城市和大學。其他文明也有類似的故事：現佔世界總面積三成、人口六成的「亞洲」，本身就是一個歐洲概念和字眼，最初有份參與的有希羅多德和其他古典作家。

多年來，歐洲對亞洲的看法逐漸轉變，以前歐洲在亞洲身上，看到東方對商業和技術等功利層面有種超凡脫俗的蔑視，現在轉而視亞洲為天下無雙的世界工場。阿諾德一百五十年前寫過詩反映早期的觀點：

深鬱的東方往西凝望
一個不虔敬的年輕世界。
羅馬的颶風反覆肆虐
向她的首級投擲而來。

矮身的東方在颶風前屈服

以耐心而深沉的輕蔑，
任由軍團雷鳴掠過，
再次遁回深鬱思辯中。

阿諾德對亞洲文化和價值觀的看法與今天的上海或新加坡相去甚遠。如今的東方，生意的雷動之聲多於出自靈性悟道的輕蔑。

有關亞洲價值的無謂論辯在九七至九八年的亞洲金融風暴中大幅貶值了。它最初由新加坡城邦之父李光耀及信徒賦予了一些思想和知識上的分量，儘管其他亞洲政治家和思想家，例如獲得諾貝爾和平獎的南韓總統金大中、諾貝爾經濟學獎得主沈恩（Amartya Sen）和在可恥情況下被捕下獄的馬來西亞政治領袖安華都提出過相反觀點，李光耀的論點還是一度獲得大量支持。今時今日即使他去世已久，新加坡仍然有人忠心耿耿重複著他的論調。這些靈丹妙藥為專制主義（不論軟硬）提供了很好用的掩護，也幫西方商人和政客找好藉口不讓酷刑和打壓言論自由等議題妨礙他們做生意。對這些信徒來說，亞洲價值論就是人權和民主不利經濟發展，而將它們束縛在枷鎖之下就是亞洲經濟蓬勃發展的原因。李光耀自己的小規模經濟毋庸置疑是成功的，於是就被視為證明這些論點的必要甚至充分論據。有人認為亞洲人傾向喜歡集體和和諧多於個人主動性和努力，權威人士應當也確實得到忠誠和尊重，公民與政治權利應該由亞洲社會自行處理，不受外界干涉。英國大律師萊斯特（Anthony Lester）說過，新加坡喜歡民主的形式，而不是民主的價值。這不是儒家思想，也不是亞洲獨有的，它純純粹粹就是專制獨裁，是「斯巴達韻味在東方」。

我從來都不相信新加坡的成功有賴於激烈否定任何對其首任領袖及家人的批評。新加坡奉行有效的經濟和社會政策，牽涉的社會工程和中央指導比我喜歡的程度多很多。它有個極好的港口，在一個急速冒起的地區佔有樞紐位置。鑑於我的經濟自由主義思想，我很高興二十世紀九〇年代美國的經濟研究顯示，在沒有工業策略但有自由經濟的香港，投資回報率高於新加坡；同時，國際刑警公布的罪案數字中，香港雖然沒把罪犯絞死或拉去打藤，仍然略勝新加坡一籌。李光耀是個了不起的人，我也從沒懷疑過新加坡的成功，但我不認為這可以驗證一個本質上荒謬的論點，也不同意新加坡模式在更大的舞台上一定能成功。我認為李光耀提出「亞洲價值」的說法有四個原因。首先，他很想擺脫「新加坡是區內美國走狗」的標籤；其次，他想轉移對其專制風格的批評，而且一些人指控他創建的多元管治機構不無「普譚金村莊」（Potemkin Village）式的門面工程特色——沒錯，有國會選舉，但政府敗選機會有多大？[10]沒錯，有法院，但法治有多強？李光耀也想轉移這種視線。[11]第三個原因是，這樣做有助於改善對華關係，不過他也同時與已經擁抱民主

10／普譚金村莊（Potemkin Village）：指專門創造虛假印象的建設和舉措，緣於十八世紀俄國女皇葉卡捷琳娜二世（Catherine II, 1729—1796）出巡時，時任克里米亞總督普譚金（Grigory Potemkin, 1739—1791）沿途佈置可移動的村莊來欺騙她及大臣。

11／一九九二年我取道新加坡前往香港時，非常享受與這座城市的頭號智者交談（這次之後他來信說我們應該以 Harry 和 Chris 相稱）。那時我問他如何處理黑社會問題，他說：「我們用了你們的殖民地法令，把他們鎖在樟宜。」我問：「有多少人？」他回答：「大概一千吧。」我再問：「全是黑社會？」他沉思著點點頭說：「應該是吧。」我把這故事告訴香港的一兩個同事後不久，就聽說其中一人在香港照辦煮碗，以示新加坡的法治概念比香港的優越。—作者原註。

的台灣保持友好。第四，他選擇性地細讀《論語》，從中挖出李氏哲學的根基，聲稱自己的方針有「自古以來」的驗證。

讓我們考慮一下整套論調的一些荒謬之處吧。如果要以「亞洲價值」為名推銷，就要涵蓋極巨量的政治和文化領域，從中亞獨裁政治到世上最大的民主政體——印度，再穿越到北韓的石器時代極權主義，不一而足。麻煩的是，印度不僅是個活潑喧鬧的民主國家，而且正如沈恩所指，早在公元前三世紀的阿育王和公元十六世紀的阿克巴皇帝時代，印度就已經實踐了政治寬容，即是說，歐洲人還在相信君權神授的同時，印度已經建立了豐富的寬容與辯論傳統。即使收窄範圍獨看東亞，也必須應付各種完全不同的政制，包括新加坡的（客氣點說）引導式民主，中國的資本主義特色列寧主義，還有民主南韓、台灣和日本，以及香港對民主的渴求。難道台灣民主派或香港民主追求者的儒家風範，就不及北京上海「多快好省地富起來」的資本家嗎？深圳也好，協助中國反貪警察調查的大量人士也好，他們所體現的核心儒家價值又是甚麼？在《論語》裡面，子路問夫子怎樣事奉君主，孔子答道：「即使冒犯他，也要告知真相。」[12]有些人引述孔子的話語，想藉詞實施鐵腕貴族專制主義，就不理孔子哲學的微妙之處。葉公跟孔子說自己的鄉民之間有個倔強的正直人物，父親偷羊，他挺身舉報。孔子回答說自己國家的人民之中，正直的人不是這樣做的，父親為兒子隱瞞，兒子為父親隱瞞，這種做法就有正直之處。[13]

亞洲價值文明衝突論的核心謬誤在於它否定了人權的普世特性。正如經歷了過往及二戰時代發生的野蠻行為後，《聯合國人權宣言》主張人不論種族、宗教、國家或所在地，都擁有同等的個人權利，有權獲得公平審訊、正當程序、言論自由，免於酷刑或奴役。在亞洲的警局羈留室受酷刑對待，或是在美軍基地慘遭水刑侍候，在根本上同樣痛苦；剝奪言論自由在每個社會都會引致一樣的災難：貪污腐

12／典出《論語・憲問》。子路問事君。子曰：「勿欺也，而犯之。」

13／典出《論語・子路》。葉公語孔子曰：「吾黨有直躬者，其父攘羊，而子證之。」孔子曰：「吾黨之直者異於是。父為子隱，子為父隱，直在其中矣。」

敗、惡劣政府、經濟犯罪，還有其他破壞行為。共產主義治下的中國，明顯遭受過以上所有災難（部分在中共統治前已遭受過）。要結合包容的經濟政策和包容的政治結構，才能造就最成功的社會。

要捨棄亞洲價值論，還有一個更深層次的原因。論者假設了民主和人權主要是西方（歐美）關注的問題，由此認為這就是西方一貫的行為方式。但是我們都知道，西方在這方面的紀錄也良莠不齊。回顧二十世紀上半葉的歷史，沒有人可以把它看成是西方實踐多元主義、問責和法治的成功範例。西方在管治方面並沒有壟斷到甚麼高尚情操，在站出來捍衛其聲稱信奉的價值時，也避免不了偽善，而且今天甚至連站出來都有些勉強。我們通常同樣差勁，「沒有誰比誰更高尚」。我翻閱我的《香港日記》，找到內容說法國高官似乎將干邑銷售置於人權之上，德國人則優先考慮汽車出口，他們是在開玩笑嗎？[14] 最近才開展了諸位大臣所謂對華關係「黃金時代」的英國又如何呢？還有來倫敦國事訪問備受稱讚，同時在自己國內積極鎮壓一切異見跡象的習近平主席呢？有沒有一個英國大臣用聽得到的聲量抗議過？中國違反《聯合聲明》和《基本法》，譬如有大陸官員綁架香港市民、法律自治權受到若干侵蝕，但倫敦卻極少有反對的呼聲。

有一個問題很接近亞洲價值論爭的核心：是否必須是西方人才能成為現代人？我從來不覺得這是事實，部分原因是「現代」的很多實質體現，都是在東方設計和生產的。你可以去班加羅爾（Bangalore）或浦那（Poona）參觀最先進的電腦實驗室或後勤外判公司，數數有多少人穿的是紗麗裙裝，也可以看看東京年輕人的日式潮人時尚和日本零售業是何等成熟先進，又或者去上海或首爾探訪學校，欣賞學生的知識火力和對資訊科技各個層面的熟練程度。問題不在於「現代性」，而是經濟成就、競爭力和體面的社會的可持續性，在這樣的社會中，個人權利受到保障，公

14／見《香港日記》484頁：外交部長艾維．德．沙雷特（Hervé de Charette, 1938－）抱怨起香港對紅酒與烈酒課徵的從價稅，不斷測試我這位法國愛好者的底線。他說，「人權是一回事，但干邑的銷售可就……」。（我緊張地告訴自己，這一定是個笑話。）

共利益同時得以維護。第二次世界大戰後的年月裡，這些特質比較常在歐洲、北美和澳紐找到，但不代表就是這些國家獨有的，公民價值也不是他們的知識分子發明的。所謂「公民意識」，是對「何謂好公民」和政府應如何保障及發展這個概念的感知，它幫助一個國家塑造自己的理想形態。公民意識遠比一些高度虛構的文明表現更稱得上是身分認同的標誌。

九〇年代的香港擁有多元社會的所有自由和保障，就是沒有權利選擇自己的政府，但它是遲早要來的。香港人受教育學會「自由」的概念，而且付諸實行，不是抽象的實踐，而是確切具體、可以做這可以做那的自由，他們永遠不會接受「就是不可以選擇如何確保問責」這件事。有些人，特別是商界但也不只是商界，爭辯說殖民地總督給以往無政治心的社會引進政治，這是個荒唐的說法。香港是個成熟且受良好教育的地方，擁有世界前五十名最佳大學的其中兩三所，社會一大部分是逃避中國大陸野蠻政治的難民。政治訴求不是強加於香港身上的，事實是，中共對香港的計劃令人恐懼，政治訴求因而變得尖銳，溫和民主運動也有限度地因為官方試圖鎮壓而趨於激進。

自九七年以來，中國努力將香港優秀的公務員團隊政治化，要求同樣優秀的警隊也轉而為政治目標服務，這些功夫肯定是有點效果的，最起碼模糊了人們對公共服務意義的觀念。雖然北京發出過一些恐嚇的聲音，但法治和司法獨立仍然生還。公民社會也依然強大，教會也是如此。不過，言論自由已被商業操縱和實際攻擊所剝奪，香港市民因為讓中國當局不高興，就在光天化日之下當街被綁架並帶到大陸。最近有人提出對大學自治和學術自由的質疑，一部分是因為二〇一四年的民主運動雨傘革命似乎在一定程度上起源於大學和學校。

二〇一四年秋天非比尋常的民主熱情體現，觸發點是北京對香港行政長官的選舉安排強加控制，只容許聽中國領導人話的候選人參選。二十年前主權變遷時，北京已經打壓了立法機構的民主發展，中共這次也決心絕不冒險，謹防回歸二十年後失去對民主進程的掌控。除了新聞被封鎖的中國外，世界大多數地方都以驚訝和欽佩的眼神看著示威進行。組成抗爭核心的年輕人總體表現禮貌而克制，在課業上互相幫助，擬定值勤計劃使示威盡可能為他人所接受，還會清理垃圾。針對示威活動的警政工作，以及有組織地使用黑社會和日薪散工惡霸去破壞抗議活動，是政府當局的可恥之處。

像中國政府的宣傳機器那樣斷言香港人受外部勢力操縱，是對香港人誠信和原則的污衊。香港數以萬計的示威者之中，很多（如非大多數）都成長於中國恢復主權之後，推動他們的是一個熱切的信念：香港人應該能夠如以往承諾般，有權管理自己的事務，以自由公正的選舉選出管治他們的人。這些帶著雨傘、垃圾袋和熱情信念的和平示威者，不能像垃圾一樣被掃出街頭，也不能被催淚彈和胡椒噴霧長久地脅迫著屈服。無論老少，他們都代表著這座城市的未來。他們希望過上和平繁榮的生活，享受應得的自由和法治。這不僅符合城市自己的利益，也符合中國的利益。中國共產黨當然無心插柳，但它的行為卻令真正的公民意識融入香港生活。越來越多香港人建立自己的身分認同感的根基再也不是接受或者拒絕中國身分，而是在於堅持香港華人身分。

共產黨需要認識到這是個真實而持久的發展進程，而它難以做到這一點，這就正正戳中了中國最大的生存問題核心——缺乏一種將經濟利益、政治訴求和愛國主義結合在一起的公民倫理。不幸但可預見的是，中國的駐軍心態不僅加強了香港的公民身分理念，更將這種觀念推向極致，驅使相對激進的選民越過狂亂的界線，不明智地主張獨立，進一步激化局勢。

就在那極為令人印象深刻的民主示威發生兩年後，我二〇一六年十一月到訪香港前，重新發掘出當年做港督時寫的《日記》全文，也就是本章前面有時提到的那份。舊時行政歷險、政治新聞、與世界領袖見面的故事，還有實際上作為一個傑出亞洲城市的市長，在城內生活的十足樂趣……我翻閱著，發覺有兩件事深深打動我。

首先，一九九六年夏天，我記錄了一兩宗本地廣東人對外籍人士展露敵意的小事件。奇怪的不是有敵意，而是沒有更多的敵意。是的，我們做了很多好事，建立了一些行之有效的機制。來到二十世紀末，當然不應為殖民主義辯護，但我們英國人在香港還是很夠正派體面的。中國大陸在革命後動盪不已，計有極權主義暴行、文化大革命、饑荒等等，我們沒錯是為受害的難民提供了避難所——面對一小群少數統治者居高臨下的對待，即使是最遲鈍的華人也肯定不時遇到對他們有所冒犯的行為態度。為甚麼這種溫和的怨懟憤恨不在多數呢？答案大概是，有更多的英國人表現更加優秀，不居高臨下，不羞辱他人，熱愛他們身為一分子的社區，就如我和我家人一樣熱愛這個社區，而且知道我們應該要有多感恩。香港不是英國的，但我們有份創造它，我們覺得它獨一無二——有一些英國特色的中華香港（Chinese Hong Kong with some British attributes）。

這個想法在鄧小平對中國和香港的目標、赫赫有名的「一國兩制」原則中隱隱得到認可，而且認可的程度或許突顯了北京其實未能理解自己的原則和政策。是的，香港以前是、現在也是中國的一部分，香港市民是中國的人民，但賦予他們獨特身分的制度究竟是甚麼？是相信法治之下的多元主義，是對問責的熱衷，是承認公民自由、安全、穩定和繁榮之間的關係。香港人有的就是這種公民意識，北京的共產黨人不能既宣稱「兩制」存在，又主張香港的男女老幼跟中國大陸人有一模一樣的政治人格，是相互的複製品。如果真是這樣，那麼「一國兩制」就毫無意義了。

作為現代殖民者，我們曾試圖維護這些差異。我不覺得九〇年代的我們應當因為做不到這點而被辱罵著趕出城去，而這種情況也沒真正發生。但在二〇一六年回去時，我發覺自己一次又一次被問到香港的管治接下來要如何發展。一個相當無望的「撞聾」政府拒絕透過理智對話討論香港的政治未來，中國共產黨對香港的自主又添加越來越大的壓力，意識到問題的一些民主陣營中人就推進辯論，從要求更大民主進而要求香港獨立。那是個不可能的、對北京而言煽動性的要求，而且會削弱對民主的支持，成為共產黨強硬派的把柄，並白白斷送國際社會的諒解。我對數百名大學生演講，說的就是這些。他們彬彬有禮但態度堅定，問如果香港從北京方面除了自主權受更多干預就甚麼都得不到，那該怎麼辦呢？英國和其他國家有甚麼做法？一位聰明的學生問，我們過去為前幾代的民運人士做過甚麼？我糊里糊塗地說了個沒有說服力的答案。

我回到英國家裡才記起《日記》裡有這麼一段，關於一位我不得不與之打交道的民運人士：「X用那些野蠻的金句譴責英國，讓我很惱火，但我佩服其勇氣與口才。X事實上有很震撼的強大道德理據。」[15] 我們有沒有真正意識到自己的道德責任？「榮譽感」的概念是否已經過時？一個國家步向無可避免的衰落，不確定自己的角色和價值時，就必然會失去它嗎？至少至少，我們這些熱愛香港、在有幸成為城市過客時表現得還可以的人，應該對香港未來的自由和福祉有一點責任感，這是學生們應得的，他們的父母亦然。隨著北京加強擠壓這個城市，男男女女全都應當得到我們支持。中國在香港的一些統一戰線受託人在二〇一七年三月的選擇，可謂標誌著中國的態度。他們選出林鄭月娥為新任行政長官，但她在民意調查的支持度只有其中一位對手的一半——曾俊華是非常成功的前任財政司司長，在北京眼中，他的錯誤顯然就是提倡與民運人士對話。「一國」後面，北京越來越執意要「一制」。

中國在八〇年代重返世界經濟舞台後，其龐大的規模無可避免地導致全球事務重新向亞洲傾斜，特別是因為中國緊貼著鄰人的腳步——日本和台韓新港四小龍經濟起飛，印度也以較慢步伐、較不穩定地向世界開放。世上超過六成人口「富起來」的影響非常劇烈。歐洲佔全球人口約7%，亞洲超過60%，美國大概是5%。雖然西方各國人均GDP在過去和現在通常都比東方國家高得多，但純粹計算總人數乘以日漸增長的人均GDP，數字確實開始將事物向東方挪移。我們可能正身處世界開始向另一方向旋轉的一刻，那一刻甚至可能已經過去了，而現代歷史可能剛剛已經重新開始。

15／二〇二二年出版的英文版《香港日記》中並無此段，在日記全文中，唯一譴責英國的只有李柱銘。可參見《香港日記》頁406：「李柱銘譴責英國為了維持中英貿易而把香港置於危險之中，夏舜霆當然會為此有點惱火。某種意義上，李柱銘的譴責並非沒有道理，而夏舜霆的確也覺得英國因為香港而錯失在中國的商業良機。」

回顧過去，在一五〇〇年後，世界出現了一個巨大的轉折點。在此之前，印度和中國佔世界產出約一半。從那時開始到十九世紀初的工業革命，西方開始超前，而在十九和二十世紀就輪到印度和中國遠遠落後，原因部分在於兩國自己的作為與不作為，部分在於歐洲、日本甚至美國的殖民剝削。到了二十世紀七〇年代，中國和印度的產出加起來佔全球比例不到一成。此後數字（尤其是中國的）發生劇變，於是書店就放滿了預言西方終結、異國得勝的作品集。

這裡要借用作家貝克特（Samuel Beckett）最喜歡的詞語——「也許」。我接受歐美不再像十九、二十世紀那時稱雄稱霸、當家作主，但就發覺很難接受說「指數式幾何級增長會把廿一世紀交付在亞洲手裡」的觀點，尤其它如此依賴中國持續的高速增長作為論據。但無論如何，讓我從「中印」這個龐然巨像的後半部分開始說一句：印度是我眼中世上最有趣的國家，但看樣子不太可能在短期內成為一個傳統的超級大國。

印度人口有十三億，僅次於中國，預計到了二〇二三年將會超越中國，達到十三億八千萬，並在二〇五〇年達到十六億。印度人口比中國的年輕，超過一半不足廿五歲。隨著中國勞動人口老化，勞動力過剩過渡到勞動力短缺的速度比以往任何經濟體都要快，印度會有更大量從事經濟活動的男男女女。印度有各種令人眼花繚亂的種族群體、宗教和語言，也是世上貧困人口最多的地方，達到總人口兩成以上，一半以上的家居沒有現代衛生設施。一九四七年獨立後，印度政府制定了一部集民主、世俗主義和社會主義於一體的憲法。民主和世俗主義的部分運作得還好，雖然種族和宗教群體之間有些宗教衝突，尤其是印度教和伊斯蘭教教徒在印巴分裂時互相大開殺戒，但印度還是靠著民主這個安全閥，大致處理好了可能會爆炸的緊張情況。沒有民主的話，印度很可能早就爆得支離破碎。

社會主義在印度紀錄不佳，促成印度四十年來受當地人所謂「印度式經濟增長率」（Hindu rate of growth）」之苦，遠遠追不上亞洲其他地方的成就。自從開始摒棄「許可證王國」（Licence Raj）引致的過度監管和官僚主義，印度所需要的增長就回升了。[16]從九〇年代開始，印度穩步融入全球經濟，在二〇一五至一六年，世界銀行將印度列為全球增長之首，並預測未來數字將會更高一點。服務業增長尤其強勁，例如是資訊科技和軟件等行業。當年獨立後，印度已被中國追過，一九六〇年時印度人均財富高於中國，現時則處於中國的一半到三分之二之間。然而，如果增長持續下去，印度到二〇二〇年代就會成為世界第三大經濟體。

印度在創建世界級環球品牌方面非常成功，企業治理標準遠高於中國。Reliance、Ranbaxy、Infosys和英國最大的製造業僱主Tata都升上業內前列；總體而言，資訊科技外判、藥劑和汽車行業表現異常出色。印度現在對英國的投資比英國在印度的投資還要多。但印度也受很多問題的阻撓：雖然各邦基礎建設規模不一，但任何地方的基建都需要大量投資，以確保其質素達到現代經濟所需的標準，例如是交通和電力方面。政治上，貪污腐敗和恩庇主義猖獗，政治階級由家族關係主導，法律體系運作緩慢，也受到貪污削弱。總理穆迪（Narendra Modi）領導執政的印度人民黨可能比對手國民大會黨更親商界，但就在主張極端印度教民族主義的危險邊緣反覆試探。國民大會黨是印度獨立最初的政黨，似乎連同皇朝式的領導層被困在一個過時的社會主義死胡同裡。其他地區政黨就在這種政治氛圍中興旺起來；與此同時，納薩爾毛派游擊運動繼續影響九個邦左右。但印度表現上佳的技術產業、極其成功的離散僑民族群、不斷壯大的中產階級、文學和電影方面的文化成就，以及蓬勃的媒體業，都預示著令人興奮的未來。但此中也存在巨大的挑戰：如果經濟處理不當，或者地區及教派問題爆發，盛世滋丁很容易會變成人口炸彈，見證大量窮人失業。

印度和中國的真正區別在於，印度人通常對影響其國家的問題持開放態度。中國大陸就不一樣了。大多數中國人追隨失敗的「毛澤東欽定」繼承人、飽受批評的

16／許可證王國：獨立前將近一個世紀以來，印度直接由英國人在一種大家稱為「the Raj」的體制下所統治，這個字的出處來自於梵文「rājya」，也就是「王國」或「統治」的意思。然後在一九四七年後的半個世紀以來，印度政府推行了以繁文縟節聞名的「許可證制度」（Licence Raj）。引自詹姆斯・考伯垂著，李天心譯：《鍍金王國：印度》（台北：晨星，2019）。

前總理華國鋒做「凡是派」，凡是黨說發生了的，就是發生了。當然，總體上說，發生了的事十分精彩。除了全球共產主義（跟中國列寧主義是兩回事）沒落，我政治生涯中最重要的發展就是這樁，自我一九七九年第一次見識這個國家以來，它的經濟每八年就「翻一番」，一直持續了三十載。現在的中國，兩星期的產出比七〇年代一年的產出還多，是世界上最大的出口國和製造商，也是最大的鋼鐵生產商。自二〇〇〇年以來，其能源需求增長遠超200%。放眼世界，從購買波爾多著名的葡萄酒莊園，到在西方投資關鍵的基建設施，再到收買非洲和其他大陸的大片土地以取得礦物和農業供應，處處都有中國資金。那麼借用老紅歌的一句——「東方紅」了，是否就會確保共產黨升起的太陽照耀到我們每一個人？

中國的「成功變失敗」故事不符合我們的利益，但在我看來，借用英國一位前馬克思主義者的書名說，「中國統治世界」的可能性極低。首先我已經提過，幾何級增長有其危險之處，折線從來就不會在白板上永遠延伸再鑿穿天花板。正如美國經濟學家斯坦（Herb Stein）說過的，無法永遠持續下去的事物，終究不會持續下去。美國前財長薩默斯（Larry Summers）援引過去預測蘇聯和日本持續無序增長的學習經驗，提出中國的增長一如過去其他快速增長的經濟體般，終會出現疲態。逆轉有時來得很戲劇化：過去廿八個保持八年以上超高速增長的國家，其增長放緩幅度中位數為4.7%。如果中國步其後塵，增長率便會由現時的6.5至7%驟然回落到遠低於4%。

中國仍然有可能讓大家大跌眼鏡，但無論如何，中國真正在發生甚麼事情，是我們難以理解的，連中國總理李克強也說他不相信那些數字，它們不僅是「人為製造」的，還是「中共官方製造」的。當中國領導人脫離「凡是病」，告訴大家說中國面臨四大挑戰時，我們或許真應該注意一下。李克強前任的溫家寶早在二〇〇七年全國人民代表大會後就提出了國家面臨的「四不」，由是表達出自己對中國前景的疑慮。他說中國的經濟模式不可持續，部分原因是環境成本。這個模式不協調，投資與消費、製造業和服務業之間都存在不平衡，全國靠海省分和內陸省分也不平衡。最後，它因為不平等現象日益嚴重而趨於不穩定。可是這些年間，中國看來沒有甚麼改變可以顯示它正設法擺脫這個四面楚歌的陷阱。

今天，溫家寶的「四不」似乎有所增長，它們的核心是列寧主義造成的生死存亡問題。要經濟以可持續的方式發展，黨必須放棄對經濟的大部分控制，例如是消耗國家投資一大截但產出低於私營機構的國企。強硬派認為黨如果照做，就遲早會失去對整個國家的控制。但是另一方面，黨如果不從，經濟就會放緩，投入越來越多信貸去造就越來越少的增長，也肯定會失去對國家的控制。這就是沒辦法永遠持續下去的事，中國的兩難就在於如何做得成不可能的任務。

習主席的回應是給自己更多權力，最近就通過了一項決定，允許自己擔任國家主席超過兩屆，成為鄧小平甚至毛澤東以來最強大的領導人。他的心腹王岐山是個聰明人，現在負責大範圍打擊貪污，把主席的潛在對手拉下馬。王岐山從法國大革命歷史找到可類比之處，向政治局成員和中央黨校幹部分發托克維爾（Alexis de Tocqueville）的著作《舊制度與大革命》（The Ancien Régime and the

Revolution），和托克維爾一同指出經濟增長可能增加叛亂壓力，以及專制政權在開始改革歷程時最為脆弱。於是，習近平出手鎮壓所有異見，宣傳也「加大力度」了，西方國家被指責在中國和其他國家挑起事端，香港則受到更多的懷疑。中國譴責西方在今在昔的影響，似乎沒有人記得馬克思在哪裡出生和在哪裡工作。

律師和維權人士被監禁，表達自由和公民社會組織被打壓，越來越多高壓法律條文通過，人民被綁架，地方上的野心受到壓制。領導層的行為表現並未顯示出對體制的穩定性和強度有多大信心，任何真正的改革——再次套用柯利達爵士的用詞——都被國家「惡棍」行為取代。

這就是列寧主義的最終歸宿，富人把錢和孩子帶出國門，並試圖為自己找避難的地洞。「我們是共產黨，我們會決定甚麼是共產主義。」這裡面有一件事似乎沒有納入計算——真正的共產主義。因鄧小平改革而脫離絕對貧窮的人數上升之際，惠及工人階層的中國經濟增長分額卻有所下滑。黨無法以實現共產主義目標（公平、更平等的社會）來證明其掌權的合理性，所以不得不退而訴諸中國民族主義，試圖為自己的全面控制辯護。「中國共產黨」在道德上已經破產，也不再「共產」，那就至少必須表明自己是「中國」的。

這可能可以解釋中國在南中國海和東海的侵略行為，以及拒絕聯合國仲裁解決爭端的原因。中國古諺有云「一山不能藏二虎」，對日本、印度與美國（及其澳洲等盟友）有令人擔憂的意涵。對這些關係以及中國與較小鄰國關係的管理，可能會在未來十年導致國際政治上一些最敏感的問題。

香港很可能成為一個試驗場，嚴格考核中國是否準備好成為可信的「負責任世界公民」。即使說過的話已納入國際條約，中共又真的會信守諾言嗎？如果隨著時間推移，中共放棄對香港的法律和道德責任，我們又能相信它會在哪裡遵守這些義務？以往一些「中國的老朋友」曾說，不論談判如何艱難，一旦達成協議，他們就會堅持履行到底。這些「老朋友」大多是外交官和商人，中共無論做甚麼，都可以信賴他們為事情化上最亮麗的妝容。

我從來不完全確定為何這些人要鼓勵我們如此忽視自己的經驗，也許無論迄今為止發生了甚麼（說到底也不過是幾次嚴重違反《聯合聲明》、香港自治和法治不斷受侵蝕罷了），習主席還是會不遺餘力特地表明，像鄧小平一九八四年所說的，他「深信香港同胞有能力把香港事務管理好」，那肯定可以安撫城內不安的思緒和心靈。[17]中國對七百萬以上香港人曾經許下一個必須遵守的承諾，但卻連自己國家的這片土地都無法管理好，就很難說服亞洲和世界說自己有個可供別國參考的管治模式。「一國兩制」仍然保留它一直以來的意思，如今比以往更甚。我們每個人都應該極其欽佩香港的年輕男女，他們撐起黃色雨傘，勇敢地堅持原則，把這份堅持

17／見習近平於二〇一七年出席香港特區政府歡迎晚宴致辭：「香港同胞不僅完全有能力、有智慧把香港管理好、建設好、發展好，而且能夠繼續在國家發展乃至世界舞台上大顯身手。」見《人民日報》2017年07月01日。

表達得一清二楚。

所以毫無疑問，儘管中國夠大也可能夠怪招頻出，足以撼動世界，但目前還給不出主持世界運作的模式。共產黨在營運中國方面，問題已經夠多了，不需要承擔更大的抱負。其外交政策側重於台灣等領土完整的歷史問題、自身在國內政治的持續主導地位，以及確保中共取得必需的經濟資源，並沒有良好、可持續的管治模式提供給其他國家，而主要的朋友往往就是委內瑞拉、津巴布韋和北韓等一籃子拮据無用案例。對比起經濟實力，中國沒有甚麼軟實力可言。如此看來，中國的軟實力之拳威力遠低於其經濟份量，留下的足印也非常輕。中式列寧主義不是個會吸引追隨者的身分。我希望中國的行為有所改變，也希望中國不會自己觸動所謂「修昔底德陷阱」（Thucydides Trap）的開關掣。

美國政治學家艾利森（Graham Allison）寫過很多有關歷史上新勢力崛起的文章，首先引用的是修昔底德對早期雅典和斯巴達之間伯羅奔尼撒戰爭的研究。斯巴達認為自己在希臘和東地中海的霸主地位受到雅典海軍建設的挑戰，於是轉而訴諸武力。習主席自己也提過這場戰事，明確將矛頭指向美國，認為美國應該平和地適應中國崛起，而非像斯巴達挑戰雅典般挑戰中國，或者像一百多年前德國崛起、建立海軍對付老牌帝國主義列強時英法兩國的反應一樣。發表這樣的講話前，習主席很可能也問過自己，今天誰看起來比較像挑釁的一方。哪個國家在加強海軍實力？哪個國家在網絡空間監視和攻擊其他大國？哪個國家拒絕接受聯合國仲裁的裁決？

也許，習主席的書單不僅應該包括修昔底德和托克維爾的《民主在美國》（Democracy in America）和《舊制度》，還應該加上中國最著名的哲學著作《論語》。子貢問及管治之所必需，孔夫子答：「足夠的食物、足夠的兵器、人民的信任。」子貢問：「如果別無選擇，必須捨棄其一，要先放棄哪樣？」夫子說是兵器。子貢再問：「如果別無選擇，要再捨棄餘下兩項其中之一，又該放棄哪樣？」夫子答：「食物。自古以來人必有一死，但對統治者沒有信心的人民則無法立足。」[18]比主席、總理、君主甚至黨委書記更重要的，是人民。

特朗普總統和他任命的人是否會主張和平地逃離修昔底德陷阱，以及營造讓中國得以解決內部困境的氣氛，是一個關係到我們所有人未來和平與福祉的問題。他們也可能需要爭取中國幫助，應付北韓這個流氓國家的威脅。正如同經典力學，美國民族主義若然在東亞猖獗橫行，很可能產生同樣勁道的反作用力。

一九九七年我和家人乘皇家遊艇離開香港，伴隨的是飛魚、海豚和舊帝國的海軍。這盞舊帝國的燈火，我們剛剛掐熄了。而特朗普、習近平和中美兩國日益增長的民族主義，似乎將有很長的一段時間都不會像我們那樣駛遠。我們離開香港二十年後，這座城市仍然代表著同樣不朽的價值，對亞洲別具意義，對世界其他地方亦然。塑造我們眼前這個世紀的一些議題，很可能會在香港受到爭論和解決——香港就是這樣的一個城市和社群。

18／典出《論語・顏淵》。子貢問政。子曰：「足食，足兵，民信之矣。」子貢曰：「必不得已而去，於斯三者何先？」曰：「去兵。」子貢曰：「必不得已而去，於斯二者何先？」曰：「去食。自古皆有死，民無信不立。」

第九章

遙距歐洲人的孤獨

你應該不去想任何人，自己走自己的路。

——亞倫．西利托（Alan Sillitoe），《寂寞的心》（The Loneliness of the Long Distance Runner）

當然，如果我們成功輸掉兩次世界大戰，勾銷全部債務而非負債三百億英鎊，擺脫所有國外義務，且不在海外駐軍，就應該可以像德國人一樣有錢了。

——麥美倫（Harold Macmillan）

．．．

在所謂「新伊利沙伯時代」的五〇年代中期，我們一家人常常去伊靈市郊的戲院，那裡有藝術裝飾風格和像西班牙南部阿爾罕布拉宮（Alhambra）的建築外觀。每逢星期五晚上，當全家人擠進汽車時，父親總會說：「如果我們進不去的話，也不要失望。」那時有令人愉快的電影，如《春色無邊滿杏林》（Doctor in the House）和《飛車艷史》（Genevieve），還有一些電影讓我們回想起戰時的英勇事跡。如今這些電影總是在公眾假期一大早在電視上播放，例如《無情海》（The Cruel Sea）、《空襲水壩戰》（The Dam Busters）和《兩棲英烈傳》（The Cockleshell Heroes）。但隨著時間推移，內容變得愈發陰暗，從《桂河大橋》（The Bridge on the River Kwai）等戰時英雄故事走向六〇年代逼真的家庭劇情片，例如《浪子春潮》（Saturday Night and Sunday Morning）和《寂寞的心》（直譯「長跑者的孤獨」）。的而且確，我們孤身跑上坡道，穿越樹林和溪流，奮力保持我們仍是全球領袖的幻覺，奮力保持我們用孤軍作戰的勇氣換來的勝者地位——除了我們仍然稱之為「大英帝國」的朋友外，我們孤獨奮戰。戲院以外，我們的帝國夢想一九五六年在蘇彝士運河衰亡。正當我們掙扎著從破產邊緣恢復狀態，我們與英聯邦的貿易比與歐洲的少，儘管後者仍在從一場毀滅性的戰爭中復元。美國不認為要供養我們過後邱吉爾時代的老人生活，我們在四〇年代是很勇敢沒錯，但不代表人家欠我們養老金。

儘管身為戰勝國之一，但我們不得不面對一個令人不悅的事實：一九五五年墨西拿會議（Messina Conference）後成立的、更傾向一體化的歐洲俱樂部——也就是當時叫「歐洲經濟共同體」的那個，比我們湊合起來做替代方案的北歐和阿爾卑斯山國家小組更有可能保護我們免於衰落。於是，在面對著無可挽回地成為歐洲病夫的威脅之下，我們忍氣吞聲放下自尊，成功申請加入歐洲經濟共同體。我們決定跟大隊跑，而不是試著獨自前行。我們曾經試過走「孤獨」路線，但效果並不理想。

這對我們民族心理的挑戰很深刻。邱吉爾在戰後寫的文章雖然更積極投入歐洲事務，但他有兩句在三〇年代寫下的話，似乎很能描述英國就算成為歐洲俱樂部一員的立場：「我們與歐洲同在，但不屬於它。我們有聯繫，但沒有結合。」也許這一直就是問題所在。我們真的有加入過嗎？這不僅僅是因為我們跟大多數其他成員不同，我們對俱樂部的經濟歸屬感多於政治歸屬感，當然，我們也明白一個結合實力以保障和平跟影響力的西歐有多重要，更重要的是歐洲歷險記主要成員的建基神話和原爆點時刻的區別。我們回想《空襲水壩戰》和《兩棲英烈傳》，回想孤身佇立，在英國海邊獻身為歐洲的自由而戰，讓世界驚奇敬佩；我們回想一九四〇年「一小撮」機師的義勇，耳邊仍然響著邱吉爾在「最光輝時刻」支撐國家的抑揚頓挫之音。[1]法國人的身分認同感與阻止歐洲發生侵略式排外競爭（他們曾深受其害）的重要性，連繫著四〇年的落敗和屈辱，以及戴高樂將軍在羞辱中奮力爭取在世界最高談判桌上與英美和俄國平起平坐的記憶。德國的「原爆點」是一九四五年的實體瓦礫和道德廢墟——說的是納粹在死亡集中營實行以往難以想像的種族滅絕。在這種背景下，出奇的不是歐盟從種種角度看都如此搖搖欲墜，反而是它竟然組裝得起來。它早期的成功可能慫恿到一些成員做得過分了些。用另一部一九六〇年代的電影來形容，歐洲「一夕風流恨事多」（A Kind of Loving），但這種風流的愛往往奇奇怪怪，而且有時不過是虛情假意、逢場作戲。

1／「一小撮」（The Few）及「最光輝時刻」（Their Finest Hour）皆出自邱吉爾演說，一九四〇年鄧寇克時，英國空軍為了掩護地面撤退，出動空軍阻擋德軍，後邱吉爾發表演說指「從來沒有這麼一小撮人令這麼多人感到如此巨大的虧欠」，及後英國空軍則被稱為「一小撮」。「最光輝時刻」同樣出自一九四〇年的演講，與「我們將戰鬥到底」、「熱血、辛勞、眼淚和汗水」並列為他的戰時三大演講。

儘管我有這些會被未來許多歐洲同事視為異端的觀點，但部份英國媒體仍然將我在一九九九年移居布魯塞爾擔任歐盟委員會專員的決定，視為背信棄義的行為。《每日電訊報》認為我接受委任就是「背棄英國的生活方式」。如果這篇文章將布魯塞爾等同對英格蘭民族主義的抵制，而非對英式生活的敵視，重點可能會比較準確一些，最近當然更是如此。畢竟，蘇格蘭和北愛爾蘭在二〇一六年公投中均以大比數支持留歐，無法為英國脫歐造出獅吼之勢。長期以來我們一直批評美國和其他外國人把英國和英格蘭混為一談，這個問題現在因為有關歐洲的爭議而戲劇性地碎裂了。我們在英倫三島的聯盟，最大的成員英格蘭是個民族而非國家政府，然而整個聯盟很可能一起成為投票脫歐的長期犧牲品。蘇格蘭人思考著是否和何時要求再辦一次獨立公投，北愛爾蘭人民成群結隊南下申請愛爾蘭共和國護照，分隔兩地的邊界未來會如何，則為英國脫歐談判代表帶來莫大煩惱。親愛的《每日電訊報》到底認為我背棄了甚麼？英國的概念和英格蘭的概念不盡相同，兩者的核心存在截然不同的敘述，偶爾緊密地纏繞在一起，例如是在帝國年代和抵抗外來對手時。我雖然生在英格蘭，卻又有一部分愛爾蘭血統，也許是這個原因，使我更喜歡認為自己是英國人。我覺得蘇格蘭是另一個國家，但也是我們的統一國家中的一個寶貴成員，而且為英國帶來巨大的文化和政治素養。我擔心蘇格蘭獨立，不僅在於它會因為與英國其他部分分離而失去甚麼，或許更在於我們其他部分會因而失去甚麼。愛丁堡和格拉斯哥總是略略有外國城市的感覺，但我作為英國公民，很自豪可以叨到這兩座壯麗城市的光。如果蘇格蘭宣布獨立，我會覺得自己身為市民一員的國家族群被砍去了一大截。

英國和英格蘭有個非常大的共通點，就是我們由歐洲和非歐洲身分混合而成，英格蘭顯然比蘇格蘭、威爾士和北愛爾蘭更甚。我們是各種家系和氏族的雜牌軍，借用作家笛福（Daniel Defoe）的話說，我們就是個雜種民族。我們也有共同的歷史：海島地理環境把我們從歐洲大陸分隔開來，開放了世界供我們遊歷、想像、做買賣。這就是戴高樂將軍認為我們不適合加入歐洲共同市場的原因之一。今時今日檢視我們的商業捕魚和海軍艦隊規模，你可能很難相信海洋和寬廣視野對我們有多重要。英國與歐洲鄰居的關係時而親密，時而敵對，但通常都很友好，而且在文化上很密切。我們的王室身懷德國血統，就如我身懷愛爾蘭血統一樣。一九一四年英德開戰時，牛津大學的教員們在槍聲響起前匆忙將數百名德國學生送回家，那年夏天早些時候，傑出的德國學生才剛在大學的榮譽學位榜上名列前茅。直至此前不久，大學都一直沒開設法語及德語學位課程，理由是任何夠聰明讀牛津的人自然也通曉這些語言。政治家普遍認為，二戰後歐洲的和平、經濟復興和穩定，是我們自己的國家利益所在。我們雖然曾經要孤身作戰，如今卻必須共同建設。在島國家園的象徵事物之中，有哪些是英國的，哪些是英格蘭的？烤牛肉，還有看來是全國最受歡迎的菜色馬莎拿咖喱雞（chicken tikka masala），又應該放在哪個類別？修剪整齊的前園和雜交茶香玫瑰呢？啤酒和威士忌呢？海綿蛋糕和消化餅呢？灌木籬牆和荒野呢？法治和人身保護令呢？議會主權呢？這題難，因為英格蘭沒有國會。那麼來個容易的：法拉奇和他的脫歐海報呢？又或是施志安和他的右翼跟班呢？他們算是英格蘭還是英國的？你要是敢在格拉斯哥問這些問題，可以看看會有甚麼結果。

我懷著覺得自己既是英格蘭人又是英國人的心情，在一九九九年抵達布魯塞爾。我覺得文化衝擊不大，首先是儘管成員國很多，又各有自己的語言，但英文和英語還是最常用的。在那裡我其實可以一直用母語辦公，不過偶爾也會用法語開會，盡顯我對虛擬語態掌握不足。法語是歷史上的外交語言，法國人很努力保護自己語言的應用，換著是我們也會這樣做吧。記得有次，歐洲國家元首和政府首腦以及各候選國相應的官員在赫爾辛基開會，輪流發言時多數人都說英語。希拉克總統惱怒地打斷委員會意大利人主席說話，要求使用「母語」，普羅迪（Romano Prodi）徑自繼續用英語發言。對大多數人來說，這是最容易的事。那邊的日常讀物也是一份英國報紙——《金融時報》。

歐洲聯盟委員會的制度反映出法國在英國加入前的早期影響力。支援我工作的是所謂「內閣」，實際上就是一個大型私人辦公室，職員來自幾個國家，都是我自己挑選的。他們協助我管理一個執行委員會總署，帶頭那位官員的職責類近英國的常務秘書。和管理英國政府部門不一樣的地方主要是布魯塞爾的職位和晉升競爭比較多，各成員國爭相在大小崗位「插旗」，其中又以西班牙和意大利最為出力。在布魯塞爾還有一個更清楚明確的義務，就是在整個委員會內部以及與成員國建立共識。我在那邊共事的官員都非常出色，某些層面的問責過程比英國更嚴格透明。你要管理好和委員會同事、成員國部長及大使以及歐洲議會的關係。歐盟委員會是個很容易讓人嗤之以鼻的機構——尤其如果你選擇要在一個你有意破壞的組織中度過人生，做內裡一個收入豐厚、開支龐大的疑歐派的話。歐盟每一國語言都是歐洲議會的工作語言，傳譯程序因而十分笨拙。為了滿足法國人的自尊，議會斥巨資移師到史特拉斯堡，這在行政上當然是瘋狂的。議會有何角色、成員是何人，在多數成員國都鮮為人知，又往往被極端的一體化情緒煽動。但議會裡尤其是各委員會都工作出色，只是大部分沒人注意到，而且它是許多真正專家級議員的大本營，我發覺我在英國議會的經驗在與之打交道方面很能派上用場。就像西敏那邊一樣，歐洲議會也想花大量時間辯論自己幾乎無法控制的問題。由於我的職責是對外事務，這可大大地影響了我的工作。

我到達布魯塞爾時，每個較大的成員國，即法國、德國、西班牙、意大利和英國，都各有兩名專員，其餘較小的成員國則共有十名專員。二〇〇四年夏天有來自波蘭和匈牙利等中歐及東歐加盟國的十名新專員獲委任，同年稍後成立的新委員會由每國一名專員組成。一九九九年至二〇〇四年間的二十人委員會有好幾個真正的重量級人物，比我在倫敦共事的任何一位內閣部長有過之而無不及。負責競爭事務的蒙蒂（Mario Monti）是位傑出的意大利經濟學家，舉止風度無可挑剔，矢志不渝地推動對社會負責任的市場經濟。伯克斯坦（Frits Bolkestein）是位易怒、聰明、老派的歐洲自由主義者，絕對可以令倫敦任何一個保守黨內閣生色不少。拉米（Pascal Lamy）負責貿易，是法國國家行政學院的傑出校友，曾任委員會前主席德洛（Jacques Delors）的私人辦公室負責人，深諳歐洲政治，聰明得不得了，但成就遠遠超出政治的庸俗，後來成為世界貿易組織秘書長。索韋斯（Pedro Solbes）主管經濟及貨幣事務，二〇〇四年回西班牙接任社會黨政府財政大臣。葡萄牙專員維多連諾（António Vitorino）擁有一流才智，巧妙地讓成員國覺得它們在推動司法與內政議程，但其實他自己才是做盡粗重功夫的那位。我特別提到這幾位，並非因為其他人有所不及，純粹是因為他們是我最常接觸的同事。特別要補充一句，他們全都能說一口流利的英語，有時還會說其他語言。幾乎每位專員的英語和法語都很好，而來自北歐的專員往往也會說德語。

主席普羅迪是位和藹可親的意大利經濟學家，以前做過該國總理。他的形象並不高調，某程度上是因為他不願意干涉同事的部門，他的功勞在於帶領著一個頗為稱心滿意的團隊。普羅迪早期就見識過英國政治及小報新聞，可說是傷痕累累。我到布魯塞爾履新不久就接到與我同任英國專員的金諾克來電，他建議我一同勸阻普羅迪決心想做的一件事：去倫敦見《每日郵報》編輯達克（Paul Dacre），告知心目中委員會未來五年的工作計劃。他認為自己可以說服達克更公平地報導委員會及其政策。我同意金諾克的觀點，這實在是個極壞的主意，源於普羅迪對英國小報新聞質素及它們有多熱衷追尋真相只有離地的認知。儘管說明了「公平」一詞跟達克的名字放在一起就只有矛盾，最終我們兩人都勸阻不了他。他如期去到倫敦，達克彬彬有禮地接待，但簡潔地告知自己在歐盟議題上立場非常明確。他說他的報紙在布魯塞爾有兩個「線人」，在城內不遺餘力地搜刮布魯塞爾和歐盟的每一宗負面新聞，而這就是他的報紙要印的內容，其他的事他完全沒有興趣。普羅迪被搶白了一頓後垂頭喪氣地回到布魯塞爾，心裡對英國決心捍衛負責任言論自由和自由價值的信念大打折扣。我向他講了施鐸佩（Tom Stoppard）的一句台詞：「我在新聞自由上與你同一陣線；我受不了的是報紙。」

在布魯塞爾的新生活中，沒有甚麼事情對我的身分認同造成重大壓力，事實上在許多方面，我都覺得自己有機會確立強烈的「英國感」。我非常重視議會，讚揚它自覺重要——這個想法並不總是自負或錯誤的。我支持按工作優劣來決定升遷，抵住把特定國家不算合適的人選空降就職的壓力。我和內閣成員用清晰有力的英語辨證立場，而不是用布魯塞爾的官僚腔調。這種做法有時讓人覺得我們不僅毫不含糊，簡直是毫不客氣。此外，我嘗試做的事明顯對英國及其歐盟伙伴都很重要。我們發展和實行覆蓋巴爾幹到中國、哥倫比亞到巴勒斯坦的國際合作政策，且盡力做到最有效率。放棄我任何國族歸屬對此都沒有幫助，當然，如果相信與其他歐洲國家（事實上是任何國家）的有組織合作本質上就是「準叛國」的話，那就沒話好說了。

我是一個從不相信黨所執行和代表的一切都完全正確的保守黨人。我是一個偶有懷疑、意見分歧但未能信服不可知論或無神論的天主教徒。本著類似的精神（不過重要性可能稍遜），我一向支持英國的歐盟成員身分，只是不認為它一切都好。在歐盟委員會工作令我更注意到歐盟的一些不足，以及我們容許在英國傳播的傳說、誇大和謊言，容許它們侵蝕對整個組織的信任——所謂「容許」，說的是我們通常試著避免對抗它們，理由是害怕和小報唱反調，在保守黨內則害怕挑戰右翼。我會嘗試避免以下內容成為冗長的四旬大齋期冥想——批評分為兩部分，分別是歐盟的運作方式和歐盟企圖達成的目標。

天主教社會教導的一個基本原則是「基層決定」的概念，它成為歐洲行動哲學的一部分，當然也並非偶然。它的理念是，應該在管理得到的最低層開始做決定和執行政策。對於習慣了自行管理大部分國事的一堆民族國家來說，這明顯是個明智的行動指南。在執行上，這就意味著政府的很多甚至大多數非經濟職能都留給成員國自己執行。歐洲如果試圖統一執行福利、衛生或教育政策，我相信是頗愚蠢的——儘管很多時歐盟想集體採取的行動可能干涉到留給國家政府處理的政策領域。舉個例來說，公共衛生問題如不在國界之內解決，就可能會影響各國的衛生政策。但整體上說，這個原則是清晰而合理的。有些時候，包括近年，歐盟對「基層決定」的追求有點熱切，但另一邊廂也無可避免像大多數官僚機構一樣，出現發展帝國式擴張的傾向。我擔任專員時，曾經認為這是源於組織內部一種「一切放在歐洲層面上都會做得更好」感覺所引起的奇怪道德衝動使然。這種情緒是很易推動的，因為事實是，很多在國家層面執行的歐洲集體行動都做得很差。審計部對歐洲賬目的問題多數涉及國家政府的錯誤，而不是布魯塞爾的過失。

所以說「基層決定」的原則似乎是違反的多、遵守的少，而放棄原則的理由通常都可以用「這個或那個領域的活動需要『多一點歐洲』而不是『少一點歐洲』」的想法來概括。這有時是事實，例如在能源政策的許多層面都可以看到理據。然而以最重要的議題為例，單一市場的大業雖然必須要完成，在電子商貿及服務方面要「多一點歐洲」，但擴大商業疆界並不代表委員會需要大量收編成員國的社會政策。

委員會承擔了太多不該做和做不好的工作，增加職能意味增加開會、增加職員和傳譯員，到了最後，一如以往無可避免地，亨德瑞克森法則（Hendrickson's Law）開始發揮威力：「如果在足夠長的時間內開足夠多的會議，會議就會變得比它們原本旨在解決的問題更重要。」曾經有這麼一個會議，主題我早就忘了（儘管應該有相關的指令紀錄），我一邊開會一邊計算我餘生之中有多大比例被它消耗淨盡。當天晚上我在歐洲議會的保守黨人私人聚餐上提到這個相當簡單直接的算術問題——傻瓜！事情理所當然地登上翌日的《每日電訊報》頭版，說成是我在布魯塞爾過得多鬱悶無聊的例子。那次會議確實如此，但總的來說我覺得當專員比當環境大臣之類的來得有趣，後者一直沒完沒了地開會討論幾乎「理解不能」的驚世奧秘——地方政府財政。

於是，委員會身受自己DNA一部分的「任務蠕變」所害，在會議裡和場地外，總是有人想為「多一點歐洲」辯護，但這「多一點」應該對誰問責？答案是部長理事會以及歐洲議會，並通過前者最終向各國議會問責，不過這些形式的問責制相當不透明，儘管相比起來，英國的議會程序應該更不透明。我們傾向認為，英國這個島國家園不僅由完美無瑕的議會民主來治理，而且各種機制也眾所周知和廣受理解。身為上議院成員的我寫下這句話時，上議院正準備二讀和三讀一項對大學和研究有深遠影響的法案。我懷疑巴士上甚至英國大學的交誼廳裡是否真的有人在密切關注這次立法。我們通常樂意批評歐洲「公民社會」（demos）的不完善甚至完全缺席，但就把它在我們本國的角色浪漫化。

在政治和其他領域中，延文禮士（Inverness）與普利茅夫（Plymouth）的共通點可能比西維爾和雷克雅未克之間的要多，而且可能永遠如此。歐洲經常試圖做太多事情，結果加劇了澄清問責的問題，再加上歐盟的遠大目標，這個情況就更清晰可見。歐洲的歷史已經決定了這個組織的優先事項：歐盟希望將已經「大和解」的法德兩國鞏固在一個講合作、守規矩的事業核心，確保福利民主得以在戰後西歐的頹垣敗瓦之間發展。英國在這方面最大的貢獻在於率先建立單一市場以擴大歐洲貿易，並領導拓展歐盟邊界的運動，接納從舊蘇聯帝國解放不久的國家為歐盟新成員，這兩個項目都牽涉大量政治。擴大單一市場是戴卓爾其中一項偉大的成就，八〇年代中期由英國歐盟專員郝飛（Arthur Cockfield）推動，項目引起英國國內有關布魯塞爾必須擴大多數決策權的政治爭論。這個項目在認為市場競爭威脅國家商業利益的其他歐洲國家中也掀起陣陣波瀾，例如德國和法國都設法阻攔服務和零售業對外開放，面向更寬廣的歐洲貿易；專業服務也常常受到國家政府的庇蔭。在爭取以更自由和市場導向方式應對歐洲經濟挑戰的過程中，英國長期主張「多一點歐洲」而非「少一點」。倫敦可能因為生怕激起國內反對而過於三緘其口，不肯向歐洲同儕指出我們正在發揮多大的領袖風範，去用傾向一體化的方式解決問題。如果當初我們成功，歐洲的增長率和生產力水平就得以提高了。

擴大的過程中不免牽涉很多政治因素，在許多方面看來都是布魯塞爾管理層的勝利。政治主要體現在確保不久前仍受莫斯科共產帝國控制的國家的民主穩定，如果幫助它們轉向民主自由，自然就會將它們抽離俄羅斯的利益範圍，讓其得以獨立地規劃自己的路線。政治上做得太過分的情況也是存在的，就是本著盡量讓多些國家盡快登上布魯塞爾救生艇的願望，在一些國家身上把這個過程推進得太匆忙。有時布魯塞爾顯然想假裝準成員國正在改革或已經完成改革，而實際情況卻遠非如此。（稍後在加入歐元區的問題上，我們也會看到同樣的情況。）舉個例就是，羅馬尼亞和保加利亞是否真的遵從了歐洲對法治和遏止有組織罪案的要求？我們知道答案，但還是假裝相信它們的保證。我們甚至準備好相信塞浦路斯的承諾，讓它加入歐盟：如果真的成功了，塞浦路斯的希臘領袖就會和土耳其及島上的土耳其社群合作，結束當時長達三十年的撕裂。明明歐盟完全可以將塞浦路斯的加入條件寫進協議要求履行，而非像後來實際發生的那樣，為壯大歐盟入會數字而容許它們陽奉陰違壓倒外交手腕。結果，分裂的塞浦路斯成為歐盟成員留在會內，而希臘領導層早期甚至不顧當初承諾，發起行動反對聯合國斡旋的協議。歐盟一個擺脫不了的罪過就是迴避「硬問題」去求取「軟答案」，不過話說回來，其實大部分外交也是如此。

「政治壓倒其他考慮」最具破壞力的例子就是歐元的推行。經濟與貨幣聯盟也好，推行單一貨幣也好，理由本質上都是政治性的。經濟上的理據是，使用歐元會促進歐盟成員之間的貿易（某程度上確實如此，同時減少了單一市場的壁壘），並防止競爭性貶值損害市場的完整。不過對於歐元區大多數成員，尤其是較弱的一些而言，引入歐元在經濟上和政治上的結果都很糟糕。值得一想的是，如果花在完成單一市場的政治努力和精力有花在維持歐元運作的一樣多，今日歐洲經濟的實力和競爭力會有多大的增進。

儘管我心裡清楚歐元區是法國特別主導的政治項目，最初我還是支持英國加入的。對巴黎而言，德國放棄自己的馬克而選用新的歐洲貨幣，是密特朗總統支持一九九〇年德國統一所要求的代價。當時法國和英國都反對統一，德國肯定對此有點不安。戴卓爾據稱曾憶述法國小說家莫里亞克（François Mauriac）的一句話：「我們太喜歡德國了，喜歡到想要兩個。」戴卓爾自己曾在一九八九年明確告訴戈巴卓夫主席說，英國不想要一個統一的德國。英法兩國對統一的抗拒，肯定是對總理科爾一個強大的施壓點，迫使他游說自己的政府和黨為一個病懨懨的嬰孩放棄愛不釋手的強勁貨幣。這也難怪一些德國政客仍然爭辯說所謂的「重大交易」（grand bargain）子虛烏有——儘管《明鏡》新聞周刊（Der Spiegel）公布過證據，密特朗前顧問和外交部長韋德里納等法國官員也證實了真有其事。歐元的發展路向肯定讓今時今日的法國官員懷疑，既然這個倡議最終導致德國在歐洲經濟運作之中佔了更核心的角色，那麼當年這整個行動是否真的如此明智呢？

沒過多久，我對歐元的看法就和馬卓安一致了。從一開始他就認為有充分理由支持推行與各國貨幣並駕齊驅的共同（而非單一）貨幣，強幣最終會驅逐弱幣。但推出單一貨幣，也就是現在的歐元，從根本上說是有缺陷的。首先，它一刀切地對待所有成員，彷彿各國的競爭力多少相近，並需要單一的利率去應付相近程度的成本推動型通脹。這跟事實離得可遠了，尤其是施羅德（Gerhard Schroder）總理治下的德國當時才剛剛通過痛苦的改革來降低成本。早年，北方的銀行資金大量湧入南方經濟體，倚賴著不太可能達到的競爭力水平，追求難以置信的回報。有幾年在飛機降落馬德里或者駕車離開都柏林時，看到的建築工程數量會讓你以為自己身處新興亞洲經濟體。使情況更具破壞力的是，一些成員國加入歐元區純粹是因為政治，希臘就是最典型的例子，它之所以合資格成為歐元區成員，是因為得到一家知名的環球銀行幫助編造入會所需的數據。有人拿出希臘不合資格加入歐元區的證據對質，引發前法國總統德斯坦（Giscard d'Estaing）的著名評論：「但我們又怎能排除為歐洲帶來柏拉圖的國家呢？」其實不難，只要將歐元區視為嚴肅經濟政策而非對西方文化根基的禮讚崇拜就可以了。這是經濟學初班，又不是哲學101。

於是，經濟活力和競爭力各異的一堆國家集合在同一個貨幣聯盟裡面，而這個聯盟賴以為基礎的假設實際上就是，所有成員國都能接受與德國荷蘭等最強成員相同的紀律。但哪裡有證據證明單一貨幣可以在沒有財政聯盟的情況下推行？而且真的可以想像，成員國會樂意讓其他國家或者布魯塞爾甚麼超級專員決定其稅收和支出政策嗎？舉個明顯的例子，這個想法的主要推動者之一——法國，會樂於讓德國政客制訂他們的預算嗎？身在柏林的財政部長覺得我們今年應該在巴黎的餐廳付多少增值稅？這還不止，如果要有財政聯盟甚至只是要個東施效顰版的，就必定還需要一個轉賬聯盟，把錢從較穩健的國家轉移到相對弱的國家，例如是從柏林到雅典，即使後者或其他競爭力較弱的經濟體必須償還歐元區創建後，北國銀行借出而它們又失掉的錢。為了留在歐元區，南方國家尤其被迫犧牲和削減社會項目，還引發了公眾騷動。希臘放血早年，在羅馬一個會議上，我的希臘教育部長朋友告訴我，那個星期她不得不關閉兩千所學校。歐元構思差、管理差，幾近撕裂歐洲。

責罵希臘人或意大利人太懶惰太腐敗，法國人太倚賴臃腫的公共部門（馬克龍總統正嘗試削減之），葡萄牙人在任何經濟參照比較中都太落後，全都沒問題，很可能全都是事實，但很肯定，你無法揮揮魔杖唸唸禱文，就在一夜之間把這些罪人全部救贖出來。每個人都用自己選擇的方式犯下罪孽，而無論這有多令人厭倦，你都不可能把他們全部變成德國人。如果相信要有財政上的責任感，你會認同德國的政策，但如果你想歐洲計劃生存下來，不用看到示威橫額有默克爾留著希特拉小鬍子的照片，不用經歷政治動盪，如果你想要一個因為不僅考慮經濟實力，同時也顧及多樣性和脆弱點而繁榮起來的歐洲，那麼，改變必不可少——不論是實質還是謹慎地拿捏出來的改變。德國自視為歐洲願景的主要守護者，而且希望別人見到它將任何德國的民族主義跡象都埋葬在願景之內，問題是，德國需要面對一個兩難局面：我們全都知道，這個願景對德國重商主義來說太安逸了。看看賬目就知道，歐元為德國出口提供一個割價式匯率，令到它的出口繼續飆升。我認為這個結果是偶然而非刻意安排的，並且深深植根於德國的民族認同。德語中「債務」跟「愧疚」用的是同一個Schuld字。我們不能指望德國放棄基本信念，但如果它能理解追求「財政美德」這個目標時需要更多彈性，就更好了。

在我擔任委員之初，歐盟就商定了要採用歐元，而從櫃員機到錢包逐步推行，則是在二〇〇二年我的任期中段發生。對歐元粉墨登場的管理行動其實是成功的，但並不是所有委員會同事都相信它可以安然駛過風暴並避免災難。正如我之前所說，做專員的真正樂趣之一是可以挑選自己私人辦公室的親信顧問團隊。我起初以為，作為團隊隊長，挑法國職員可能會在制度內掀起陣陣波瀾，但很快就發現其中難處。有兩位非常聰明的人選被推薦到我面前，兩位都遭到部分巴黎官僚強烈反對，由於我無法理解問題的本質——為甚麼X先生惹惱了Y先生——我決定安全起見，選擇一位英國外交官做辦公室主任（Chef）。（聽說當詹金斯擔任歐洲聯盟委員會主席去華盛頓跟列根會面時，列根不明白為甚麼詹金斯要帶他的「廚子」去。）我被分配對外事務的職責，自然要組建一個了解國際關係的團隊。我選的辦公室主任是位迷人的外交官，聰明、博學、風趣的卡利（Antony Cary），面試時他表達清晰、邏輯嚴密、不屈不撓地逐點推翻我隨便堆砌起來支持歐元的論述，深深打動了我。有種陳腔濫調說，優秀的公務員面對權力時，應該永遠要說真話。卡利不需要人鼓勵他這樣做，事實上，基於我們各自的位置，有時他要花一點時間才意識到我對權力的看法可能（有時也確實）是錯的，但比起他微妙的版本更有力量。和他共事非常有趣，假如他的手腕再尖銳一點，而且不那麼堅決地暴露自己的觀點，相信可以在外交部更上層樓——他最終成為駐斯德哥爾摩大使及駐加拿大高級專員。我倆一同組建了一個優秀的團隊，歷來副手包括瑞典人，然後是荷蘭人，兩位都安全、能幹、理智。同樣非常聰明的前財政部人員柴德（Patrick Child）後來接替了卡利，還有從香港過來的黎偉略，以及兩位精明又堅強得令人生畏的女士。西班牙人岡薩雷斯（Miriam Gonzáles Durántez）主管貿易、拉丁美洲及中東，只要我按她迷人的吩咐去做，就絕不會出錯。有次貿易專員拉米的主任跟她說，他老闆想跟我開會，談談我們大樓裡的辦公室樓面分配問題，她就答道：「我的專員以前是內閣部長和殖民地總督，你想我要他放棄一小時的時間來研究以平方米計的辦公室空間？你是認真的嗎？」法國國家行政學院（ENA）子弟瞬間就敗走了。當時，岡薩雷斯正在籌備跟一位嶄露頭角的年輕自由民主黨人結婚，不過現在如果有誰敢稱呼她做紀理歷（Nick Clegg）夫人，就肯定會遭殃。另一位聰明的女士鮑曼（Vicky Bowman）曾是外交部的外交官，說得一口流利的緬甸語，年紀極輕就成為英國駐仰光大使。我們每六個月就吸納來自ENA和英國公務員團隊的實習生各一，增加知識火力。ENA的實習生非常醒目，但有兩件事令他們有些畏懼：其一是英國辦公室不拘禮節，另外就是我們期望他們有自己的觀點，不論它是否恰好與英國政府的觀點一致。我鼓勵他們效法卡利的榜樣。

對外事務專員的職位描述反映出有關「誰應該負責歐盟外交及安全政策」的政治和思想混亂。這真的是個委員會任務，還是應該由成員國集體討論決定呢？我自己的觀點是，這絕對是成員國的職能，但委員會可以做很多事情，這些有時被稱為「後台」的工作卻通常都囊括了歐洲可以或者想要做到的成果：雙邊貿易、制裁、發展援助、合作協議，還有從能源到經濟監管等，將牽涉到對外層面的社群能力連繫起來。在某些方面，只要委員會與世界各地代表處沉著應付、謹言慎行，就能供給處理很多對外問題所需的大部分力量，所以我從來不缺要忙的事，幾乎無休止地出差。有個以前用在一位法國專員身上的笑話，後來移植到我的名下：「彭定康和上帝的分別在哪？上帝無處不在，彭定康唯布魯塞爾不在。」歐盟部長理事會急於提升歐洲的外交和安全形象，此前不久才剛任命了他們自己的外交與安全政策高級代表，是一位西班牙前任部長及北約秘書長索拉拿（Javier Solana）。這種雙頭並進的政策方向本來可能引致災難，但索拉拿和我相處得很好。

他是位低調、不具威脅性、人脈極廣的外交官，我視他為師兄級的伙伴，他卻從未把我當晚輩。我們共事近五年，一對英國保守黨人和西班牙社會黨人的組合之間，觀點竟然天衣無縫，沒有人插得進一箋薄煙紙。有一個形容組織關係的短語叫

「不符目的」（not fit for purpose），我不喜歡。據我的經驗看來，人們如果找到方法合作，通常都可以規避這個陳詞濫調。我可能時不時讓索拉拿心煩，反之亦然；我認為他比我更熱衷於避免對抗，但我們兩人讓制度運作得好端端的。要和廿八個國家迅速制訂外交政策若果不是全無可能，也可以說是極其困難，而且只要離歐洲邊界和貿易、商業監管等成員國同意合作經營的職能越遠，就越不那麼成功。舉個明顯的例子，在東南歐（巴爾幹和土耳其）以及從摩洛哥到黎凡特地區的地中海周邊區域，歐洲的定位可以好好協調，但歐洲嘗試在北韓大展拳腳會有甚麼價值呢，我就很懷疑了。不過我還是跟索拉拿去過一次北韓，簡直就是在探訪另一個星球。

有三個特定問題花費了我們很多時間。我幾乎是從處理北愛爾蘭身分政治的殘酷後果直接轉為長時間在西巴爾幹地區工作，最初是由黎偉略陪同，後來是羅克。這個地區的戰鬥讓九〇年代的歐洲蒙羞地沾上血腥，我在九九年夏末成為專員時，科索沃戰爭才剛剛結束。鄂圖曼帝國和哈布斯堡王朝土崩瓦解，在區內遺下文化和宗教的殘渣，引發的衝突概括了東西之間的敵對態度和天主教與東正教之間的矛盾。不同的群體其實並沒有甚麼分別，例如在種族上克羅地亞人與塞爾維亞人沒有區別，他們來自同一個斯拉夫種族，語言和名字都相同。將天主教克羅地亞人和東正教塞爾維亞人分隔開來的是宗教，而穆斯林波斯尼亞人就困在這種相互仇恨的中間。克羅地亞在二戰期間作為法西斯傀儡國家，行為令人震驚，尤其是野蠻對待塞爾維亞人和猶太人。領導他們的是一個名為烏斯塔沙（Ustase）的政治運動，其意識形態結合納粹的種族觀、克羅地亞民族主義及羅馬天主教，是一種致命的雞尾酒。天主教會領袖對惡行視而不見甚至給予不那麼無聲的認可，其捲入可怕罪行的程度之深，是戰後爭議不休的問題。一般來說，教會認同民族主義的話，通常都會引起麻煩，為宗教本應肯定會譴責的行為辯護。一切都取巧簡化，《新約》或《古蘭經》也臣服於激昂刺耳的部落戰歌之下。

戰後年代，巴爾幹國家集體被前游擊隊總司令鐵托（Josip Broz Tito）捆綁在共產主義專制的懷抱之下。鐵托故意疏遠莫斯科及《華沙公約》的蘇聯殖民封臣，藉此向西方國家毛遂自薦。他自己是克羅地亞及斯洛文尼亞混血兒，出力打壓南斯拉夫民族認同以外的其他身分象徵和旗幟，又控制住塞爾維亞人，否則他們就會支配整個國家。鐵托的死融化了凝聚國家的黏合劑，雖然塞爾維亞在南斯拉夫的主導地位是核心問題，但當問題導致克羅地亞人要求獨立時，主軸就立刻變成「克羅地亞人在克羅地亞支配塞爾維亞人」。

於是，近十年的苦難、恐怖、死亡和種族清洗接踵而至。最初，歐洲無法決定到底要試圖阻止南斯拉夫解體，還是鼓勵以最和平的方式解體，還是視而不見，直到情況恢復到歐洲各國民眾可以去度假的程度。成千上萬人死於戰事、死於對薩拉熱窩和杜布羅夫尼克的炮擊、死在集中營和斯雷布雷尼察等被圍困和掠奪的城鎮，外來的政客磨磨蹭蹭瞎忙，就是沒有看到三個簡單教訓。首先，身分衝突和其他大多數衝突一樣，需要結合武力和政治來解決。在北愛爾蘭，若非雙方社群的恐怖分子都明白到英國保安行動的耐心和精力永無止盡，就根本不可能達到和平。其次，面對大型衝突，歐洲必須與美國攜手合作，不能獨自行動。北愛爾蘭的例子是，美國向愛爾蘭離散族群及溫和民族主義者交涉，這來之不易的援手實在無比珍貴。第三，必須向交戰各方提出更光明的未來。我到布魯塞爾上任時，歐盟正試圖在巴爾幹地區為這種政策建立基石。我們啟動了一項計劃，裡面結合財政支援、法院和警局等機構建設，以及與歐盟建立更緊密經貿關係的機會配合手牽手式的支持。也許漫長的年月以後，塞爾維亞和其他國家也可能像克羅地亞和斯洛文尼亞一樣，成為歐盟一員。

索拉拿和我去巴爾幹國家的頻率高得令人厭煩，我不怎麼熱切地記得，我們在布魯塞爾的任期內去過普里斯蒂納無數次。這個貧困首都的主人是科索沃，塞爾維亞一個髒亂的殖民附屬地，最近才隨著科索沃戰爭結束而解放。我們常常要在城內以前的地標式「大酒店」（Grand Hotel Prishtina）落腳，酒店殘破不堪，鋪著有煙頭燒燙痕跡的骯髒灰色地氈，寢具看來要有健康警告字句，熱水不是長開長有，浴室到處都是尿漬，多年來為多是塞爾維亞人的共產黨政治局成員提供了庇護所。要讓科索沃生活恢復到類似正常的狀態是件宏大而昂貴的工作。我特別記得要讓發電廠重新運作的艱鉅任務，那整個場面好像從狄更斯的黑暗工業手冊中直接照抄不誤。適應與復原力強大的科索沃人靠著大筆歐盟正當現金和其他從各種歐洲騙局抽出的、不那麼正當的資金，漸漸讓自己的赤貧國家重新走上正軌。

二〇〇一年有段緊張時期，我和索拉拿還是頻繁出訪地震後的馬其頓首都斯科普里，和北約秘書長羅沛誠（George Robertson）合作，阻止馬其頓再次陷入政府和主要聚居西北部的阿爾巴尼亞人之間的全面戰爭。二〇〇一年泰托沃市（Tetovo）發生激烈戰鬥，最終我們協助馬其頓總統特拉伊科夫斯基（Boris Trajkovski）斡旋，簽訂協議結束衝突。特拉伊科夫斯基是我在巴爾幹遇過的唯一一個循道衛理會基督徒，和他在北愛爾蘭的主內弟兄一樣富有建設性而且善良正派，但我們還是一次又一次地回到斯科普里繼續努力。我還記得某個漫漫長夜，總統府外面被一堆憤怒的示威者包圍著，反對向阿爾巴尼亞人作出任何讓步。他們表達憤怒的方式是向天開槍——至少我們希望是向天吧。馬其頓的國際談判之路因為國家名號而變得難上加難：希臘只肯稱之為「前南斯拉夫馬其頓共和國」（簡稱FYROM），其餘一概拒絕，理由是自亞歷山大大帝以來，歐洲人都知道馬其頓在希臘。馬其頓人無休止地以馬其頓著名的歷史事件為機場和街道命名，使情況更難處理。他們自然而然給機場冠名為亞歷山大，算是一個煩人但終歸無害的戲謔。當身分理念壓倒實務政治時，就會發生這種事情。

我們一直手牽手支援馬其頓，有助結束公開衝突，並引導它走上一條通往穩定的崎嶇道路。二〇〇〇年米洛舍維奇下台後，貝爾格萊德也成為我們經常要去的目的地，這在一定程度上要歸功於歐盟對一個地下廣播電台的扶助，並且向米洛舍維奇的反對者提供石油。事實證明，米洛舍維奇完美掌握巴爾幹政治中一些最有效的工具：謊言、欺詐、勒索、腐敗、暴力、煽惑，通通將他的受眾帶回十四世紀塞爾維亞在科索沃被鄂圖曼帝國擊敗的情景。「黑鳥原野」的災難比博因河戰役早了整整三個世紀，但提起來還是一樣刺耳。[2]

2／黑鳥原野：科索沃（Kosovo，西里爾字母為Косово）原意為黑鳥原野。

西巴爾幹地區「回復類似正常」的工程已經一瘸一拐地進行了近二十年，對於歐盟、北約、歐洲支票簿和主持恢復秩序與和平的工作的一連串優秀官員來說，這是個痛苦而緩慢的成功故事。艾思定（Paddy Ashdown）在波斯尼亞發揮令人敬畏的領導才能，推進這項大業尤其有功，可惜英國帝國不再，無法給他更進一步的事業機會。當然，我們也和美國合作。我第一次出訪薩拉熱窩時，就發現令人既敬且畏的美國國務卿奧爾布賴特也在城內。我們同意一起會見政府高層，重申歐美兩方都想傳達的、大同小異的訊息。及後，法國外交部向布魯塞爾打小報告，投訴說我與美國人聯合行動。歐洲不應該和美國一同行動，不讓美國參與歐洲事務，通常是法國的預設立場。是很愚蠢沒錯，但英國政客和外交官翻來覆去想讓美國人用「特殊關係」這個詞的一番景象也是。例如，我們能說服特朗普對我們愛護有加嗎？我們真的想逃離所謂的歐盟樊籠，在特朗普的狗窩裡安家立業嗎？

巴爾幹地區和北愛爾蘭一樣，歷史上或想像中的身分傳承或對身分的濫用，一直是個可怕的殺手，需要用到大量外交、決心和武力才能處理。奧登（W. H.

Auden）〈大使館〉（Embassy）一詩中，園丁和司機看著他們「訓練有素」的老闆在談判中途稍事休息。

遠方，不管他們初衷多麼善良，
軍隊們等著出現口誤，
準備以所有折磨工具對付：

關鍵，就在於他們的魅力，
土地一片荒蕪，所有年輕男人亡故，
女人嚎哭，城鎮驚懼無助。

從德里到杜布羅夫尼克，從普里斯蒂納到波特唐，都是如此。人們把身分或者自以為的身分理念實現得太過分，以致製造混亂麻煩，對於幫助清理殘局的人，我們應該多多舉杯致敬。

中東和平進程雖然備受討論，但總是逃避的多，正好提醒我們外交要有可交付的成果而非空有公報宣言。各方外交部長和其他人發表過很多聲明，內容涵蓋安全、約旦河西岸、定居點、兩國方案、耶路撒冷等等，如果全部集合起來應該可以得出《舊約聖經》長度的大文件，裡面探討著一個不那麼大的聖地的未來。身為歐盟專員，我相當積極參與將鉅著的一部分化為現實工程。以色列在過去和現在都有合理的安全利益考量，如果要有長久和平、確保巴勒斯坦不會變成班圖斯坦，就要好好處理這些利益。[3]區內其他地方發生的可怕事情分散了注意力，難以集中於不懈地追求可持續和平。同時，所謂的「實地事實」，也就是新殖民區的建設（以色列喜歡稱之為「定居點」），以及以哭牆為代表的壓迫式保安勢力，更使「在滿足以巴雙方合法要求的基礎上建立和平」這個目標變得越來越困難。一如古今世事，雙方各有對錯，但以色列和美國某些界別連這個最微小最低限度的想法都拒絕接受，未來看起來就很黯淡無光了。

未來可能立國的巴勒斯坦，其碎片依然存在，很大程度上要歸功於多年來為維持巴勒斯坦有所管治而花費的資金。補貼主要來自歐洲，定時定候受到以色列政府及某些美國政客的公開批評，但私底下，布魯塞爾則被敦促要繼續發錢。對巴勒斯坦如此精心監督的支援，讓以色列至少還有一個名義上的合作伙伴。索拉拿和我以效益低得令人沮喪的頻率出訪巴勒斯坦和以色列，去保持這種伙伴關係的存在。我們也是以聯合國、美國、俄羅斯和歐洲為基礎的所謂「四方集團」調停機制的成員，憤世嫉俗又風趣幽默的埃及前外長穆薩（Amr Moussa）曾稱之為「四方集團之四缺三」，反映了一個普遍而又準確的觀點：它在本質上是個掩護著華盛頓無所作為的美國業務。

我對上一次去以色列和巴勒斯坦，身分是一個優秀的小型醫療慈善機構「巴勒

3／班圖斯坦（Bantustan）：亦稱為班圖家園、黑人家園、黑人國家，是為南非的黑人區民保留的領土，作為種族隔離政策。作者取巴勒斯坦的諧音作出對比。

斯坦醫療援助」（Medical Aid for Palestine）的主席。期間我去了加沙地帶，那是沿海的一塊小土地，長四十一公里，寬六至十二公里，不到兩百萬的人口由哈馬斯管理，以色列不無道理地視之為威脅。因此，以色列國防軍不時將加沙大部分基建和房屋砸成瓦礫，殺害可能有罪和肯定無辜的男女小孩，這就是「附帶損失」。我去加沙的任務是嘗試確保醫療必需品有時可以送抵醫院和醫生手中。

貝理雅先生曾告訴我，在他擔任中東和平特使（四方集團代表）的日子裡，由於身邊保鑣受到安全威脅，他不止一次未能到訪加沙。要持簽證進入加沙地帶，必須在監控鏡頭下、沿鐵絲或混凝土走廊接受保安檢查，最終在一個無人地帶鑽出頭來，看著零零星星的一些人，把手推車拴在驢身或附發動機的單車上，在瓦礫和垃圾之間搜索，看看有沒有值得試著賣出去的物件。整個情景有點像踏入一部後末日小說，但這個反烏托邦的場景卻是真實存在的。當自由派猶太人批評這種場景、建議用更好的方式建設和平未來、偶爾批評以色列政府某些政策時，就被原教旨主義者和其他人描述成自我憎恨的猶太人。我自己的以色列政界朋友，像貝林（Yossi

Beilin）和本阿米（Shlomo Ben-Ami）這樣善良勇敢的人，都被趕出了政壇，這比起一些明顯弄巧成拙的實體政策更能抹黑一個崇高的理想。終有一日，理智和正義會迸發，為以色列和巴勒斯坦兩者的國家利益帶來更有效的堡壘，但目前還一點跡象都沒有。儘管貝理雅先生有所作為，但和平進程並不存在，有的只是巴勒斯坦自治政府。嚴峻的「實地事實」令未來解決方案更難設計，還在一直無情地疊加上去，與此同時，特朗普總統明顯有助事情從糟糕步向更糟糕，尤其是他決定推翻二十多年的外交努力。

像喬治・布殊總統一樣，我也曾注視過普京總統那雙冷酷的藍眼睛，但與布殊不同的是，我並沒有窺探到普京的一絲靈魂。事實上我注意到，當副總統拜登與普京會面，質疑對方是否有靈魂時，普京回答：「我們互相理解。」布殊總統更進一步，不僅見識普京的靈魂層面，還認為他直率、可信、坦誠。我見過普京大概二十次，多數是在俄羅斯與歐盟峰會的場合，但也曾到訪過他的辦公室，另一次則是與其他專員一同獲邀去他的郊外別墅作客（我懷疑只是做場戲），那時俄羅斯想加入世界貿易組織，他正要拍我們的馬屁。我和他打交道，主要談及進入歐盟擴大後包圍的俄羅斯州分加里寧格勒、將現有歐俄貿易及合作協議延伸至波蘭及波羅的海國家等新加盟成員國，以及車臣骯髒戰爭期間人道主義機構的待遇。這些經驗和俄羅斯在烏克蘭和敘利亞的行為，令我與布殊總統的觀點大相逕庭：借用波米蘭采夫（Peter Pomerantsev）最近出版的書名，在一個現時「沒甚麼是真的，一切皆有可能」（Nothing is True and Everything is Possible）的國家，普京確是自然而然再合適不過的總統。普京政權就如之前的蘇聯體制一般，建立在謊言之上，由國家在媒體中培育出一個虛擬現實。普京對真相的重視見於非法入侵及竊取克里米亞、克里姆林宮否認發動網絡戰爭，還有裝上那副無辜受害的嘴臉，一本正經地發聲明回應異見人士在倫敦和莫斯科被殺案，在在令他看起來不怎麼像會與華盛頓一同建設更和平穩定的世界，更不用說跟歐洲做合作伙伴了。他掌管著一個腐爛的石油經濟，伴隨現代化的軍隊和徹底腐敗的政治體系。他的野心顯然就是要建立一個劃分好勢力範圍的歐洲，讓蘇聯帝國以前的組成部分再次向莫斯科表忠。歐洲國家越是優柔寡斷不堅決抵制，莫斯科就越推濤作浪，試圖從中獲利。普京總統不論過去現在，都是歐洲最危險的政治和安全威脅，歐洲如果想更有效地對付他，就需要表現比過去更大的集體決心。華盛頓和布魯塞爾不常抱著對俄羅斯民族主義及俄羅斯自尊的長足了解去處理對俄關係，更錯的是，我們在需要強硬的時候不夠強硬，結果普京和代理人因為我們的軟弱而更加膽大妄為，對西方發動網絡游擊戰、干預選舉、支持或共謀殺人。

在布魯塞爾的五年間，我在自己的職責範圍以及在整個委員會內，都見到各公共政策領域因為我們成功但不特別昂貴的伙伴關係而管理得更完善。回到倫敦後，我們大多數大問題顯然和歐洲無關：低生產力、扼殺新樓建設的規劃法例、不盡如人意的中學教育制度、資金不足兼管理不善的衛生和福利系統，不一而足。歐洲並非問題所在，民意調查受訪者一次又一次拒絕將歐洲議題提升到與其他問題一樣的突出地位，這是可以理解的。但整個有關歐洲的討論，被聯想成是加劇而非解決我們所有人面臨的問題，這不只是英國發生的情況。憑甚麼要公眾信納老調重彈「歐洲一體化」就可以解答到新的、有時可怕的問題？歐盟把自身工作和大眾接受程度之間的線拉得太緊了，遲早會斷掉的。有這樣的威脅時，就不只是歐元危機，還有我們鄰近地區的移民危機和巨大的金融危機全部同時發生，使歐洲面臨的挑戰格外艱鉅。英國素來喜歡在心理上獨行獨斷，結果就更難理解一點：要為國家利益著想，可能意味著繼續「跟大隊」，和歐洲同胞一起翻山越嶺、走過崎嶇。在一個越來越受大國主導，越來越被大問題纏擾的世界裡，孤獨並不是一個很理想的狀態。我在歐盟的經歷令我更堅定相信國際合作是何其重要，對中小型國家來說更甚。但在組建這些伙伴關係時，管理全國的輿論至關重要，這樣公眾才不會以為他們的忠誠被棄如敝屣。政治領袖應該防止民族自豪感變成侵略性的排外主義，這是直截了當的事，應該不惜一切代價避免米禾爾足球會（Millwall Football Club）球迷的口號「沒人愛我們，我們不在乎」（No one likes us; we don't care）。英國和其他歐洲國家的愛國主義是個鼓舞人心的概念，但我們有整整一個世紀的經驗證明，狹隘、偏執的民族主義是一條通往麻煩的道路。

第十章

橫渡大西洋

大伙先等會。我有個好主意。

——《奇謀妙計劫金磚》（The Italian Job）中米高．堅（Michael Caine）最後一句對白

憎恨不是公然愚昧的藉口。

——嘉利臣．凱勒（Garrison Keillor，二〇一六年）

．．．

大西洋不錯是寬約三千五百英里，但從來沒有構成邪教、時尚、娛樂、威脅和思想傳播的障礙。馬天尼將意大利苦艾酒與倫敦乾氈酒結合，創造出作家孟肯（H. L. Mencken）認為像十四行詩一樣完美的事物，然後很快地，從華爾道夫（Waldorf）到薩伏依（Savoy），街頭巷尾都不醉無歸。Levi 牛仔褲成為世界的工作褲，還使得柏克萊大學分享到其商業成就，受益匪淺。利物浦和底特律的聲音從東向西炸開

又再折返。即使是美國稱之為soccer的足球也流行起來，大家覺得驚訝的是，最受落的竟然是部分美國中產人士，其中又在女性身上最為成功。[1] 當然，大西洋西岸也無法抵禦與狂熱恐怖分子和流感病菌同處一個地球所帶來的威脅。早在一九一八年，西班牙流感疫症就摧毀了紐約不少家庭（包括特朗普總統的祖父），孩子們歡快地唱著小曲蹦蹦跳跳：

我有隻雀仔，
雀仔叫劉敢。
我打開門窗，
流感就入室。

1／足球媽媽（soccer mom）：見前註，頁137。

有種信仰在英國的追隨者幾乎與在美國的一樣多——招魂術。它始自姬蒂和瑪嘉烈兩位霍士姊妹（Kate 及 Margaret Fox），她們宣稱自己曾與叩門求見的靈體接觸過，但兩人後來承認這全然是揑造的。我去紐約羅徹斯特的演講期間，也曾經試著到附近尋找據稱是事發地點的村莊，不過它已煙消「魂」散，無門可叩。《福爾摩斯》的作者柯南．道爾自己也成了唯靈論者，不過要在二〇一六年談民族主義橫渡大西洋，最佳開場白當然不是他對超自然現象的興趣。其實我覺得特別貼切的，是他睿智的觀察：「在有數據之前就理論化是大錯特錯的，人不知不覺就會開始扭曲事實去迎合理論，而不是要理論去適應事實。」

我在國內外的政治生涯都奉獻給了世界秩序，但英國脫歐公投和美國特朗普當選總統正正一同威脅它的基礎。脫歐和特朗普兩者之間是否有某種牽引關係？這個問題在大西洋兩岸都掀起巨大的意見分歧，而整體上是理論壓倒事實。特朗普總統視英國脫歐為民族主義情緒的迸發，類似的動盪很快就會在其他地方發生，導致歐盟這一整個超國家計劃如他所願解體。對他來說，歐盟是違反西發利亞自然秩序

（Westphalian Order）的嚴重罪惡。他的分析基礎是把歐洲的弊病首先歸咎於默克爾歡迎難民，認為德國對觸發英國脫歐勝利起了至關重要的作用，這是從「英國優先」到「美國優先」。他預測之後就是勒龐的「法國優先」和「其他地方優先」，不過起碼在法國，馬克龍總統證明特朗普猜錯了。此外，特朗普還利用英國脫歐為自己的總統選戰助攻：法拉奇迄今在美國還不是一個家傳戶曉的名字，但就空降過來為共和黨站台，身分類似是特朗普本人和周邊胡言亂語的智力門檻見證。美國人劇本中的每一個惡棍，也都是法拉奇的眼中釘：專家、精英、銀行家（尤其是高盛的）、與之意見相左的媒體組織、穆斯林、外國人（普京先生除外）、移民，我肯定還有任何屬於環保或慈善組織的人。加入聯合國協會當然就是彌天大罪。

鏡頭一轉，英國脫歐派又是怎樣看美國的呢？有沒有一些共通點可以讓人更容易理解脫歐公投運動中發生的事情，以及遲早在法國和其他歐洲國家出現的情況？要英國獨立黨（United Kingdom Independence Party）支持者支持這個想法完全不難，他們在美國身上看到以往放眼歐洲的所見所聞，指認出大量急速冒起的反對聲音：反對〇八、〇九年金融崩潰前後的經濟政策，反對精英階層自私自利的行為，反對全球化，最重要的是（雖然不該那麼大聲說出口）反對大規模移民——它預示著文化快速變革，而且威脅國家的自我認同感。最近幾年，歐洲接收了最多國際移民，這必然會產生政治後果。

這種分析是英國獨立黨非常樂意擁護的，但比較謹慎的脫歐派則不然了。他們不希望自己崇高的理論被玷污，拿來跟促成特朗普入主白宮的「白人怨恨」（它與其他促成特朗普當選的因素一樣重要）相提並論。當中有些人在脫歐成功後幾小時內便表明，大家應該打消「脫歐跟種族或懼怕移民有關」的想法。我們應該理解到他們並非反對移民，只是希望可以講清楚自己對此有控制權。這畢竟是他們的理論核心：主權。民族國家應該管理自己的事務，而歐盟從根本上就不是一個民主的機構。我們想把國家要回來，一如特朗普總統想美國再次偉大，回來與偉大，偉大與回來。如果為了實現這個目標，就要用美國實證成功的那套民粹主義謊言來弄髒雙手，聽信不可靠的專家、不誠實的政府等等——那好吧，就這樣照辦，到底也不過是民主偉業的小部分殘渣罷了。總之，如果謊言只是約翰遜一類政客普通滑稽劇的一小幕，大家都不應該對此太苛刻。「你沒真的把他當回事吧？」對於特朗普，有些人也是這樣說的。

這些選舉失利的結果不無棘手之處。沒有人真正知道「特朗普」最終會是甚麼樣子，但如果破蛹而出的生物有一丁點像他蛹內時期的形態，那麼正如羅馬人會說的「買者自慎之」，世界要小心了。特朗普所代表的，與其說是隻蝴蝶，不如說是一個不分青紅皂白、隨處猛力搖擺的大鐵球，意在擊潰五十多年來與西方及其所創造的全球秩序相關的價值和制度。脫歐的英國（英國背棄歐洲最大的市場時，有人想我們稱之為「全球的英國」）會不會被要求越來越疏遠鄰居，越來越親近大鐵球？英國是不是將要支持「美國優先」的動議及其必然推論的「買美國貨，僱美國人」？

在嘗試分辨英國和歐洲的理論與事實之前，我們應該考慮另一個命題：有人說，在英美發生的事情其實層次沒有那麼深。例如在美國，特朗普雖然有普京積極幫助，實際上還是以三百萬票輸了普選。但即使特朗普真的雙雙輸掉普選和選舉人票，這個俗不可耐、惡言惡語、不學無術的人竟然吸引如此大的支持，本身就足以令人大為震驚，我們還是不免要撓破頭，問自己一些很嚴肅的問題。再者，如果脫歐真的像預期一樣（借一位脫歐運動人士的話來說）只是「把車門轟開」，而非給出「退會」的結果，難道我們就高床軟枕，施施然地等待下一次衝擊嗎？門毀了之後，下一步就是乘客。

若然聽從柯南．道爾的建議，要去探索理論與事實之間的差異，就英國的個案來說就必須追本溯源，從對歐盟整體信任的日益腐蝕開始探討。在前面的章節裡我提過其中一些原因，主要是歐債危機，以及公眾對歐洲伙伴關係所宣稱的目標有種疏離感。但我們過往容讓有關歐洲的迷思、誇大描述和謊言破壞制度的信譽，現在也必須好好抗衡了。我們這些各持不同親歐觀點的人，通常都沒有迎戰負面情緒，我們身在保守黨更害怕惹到右翼，而且普遍都不想站出來對抗小報。有人說我們要奪回控制權，但如果我們可以首先從幾家報社手中取回政治議程的控制權就好了。

歐盟並不是一個腐敗低效的龐然大物，從我們手中拿走的絕不比我們靠「會籍」賺到的多，它也沒有篡奪國家的自理能力，也沒有令我們國家充斥搶飯碗、搶福利、榨乾醫療系統的人。這些說法都不是真的，但人們之所以相信它們，某程度上是因為本應幫助我們連繫得更緊密的、對民主政治的信任已經土崩瓦解，這點在英格蘭尤其明顯。當我們問「我們在英格蘭是誰？在英國是誰？」時，有一部分答案是，我們所在的，明顯不是一個被管治者信任管治者的國家，英格蘭（又再次）尤其明顯。絕大多數國會議員希望英國留在歐盟，有甚麼是他們所知但選民不明白的呢？為甚麼市民和管治者之間會有鴻溝？是甚麼團結了席車士打（Chichester）的西裝和班士利（Barnsley）的藍領，給我們的國際聲望、信譽、利益和長期經濟前景如此一記重擊？是甚麼促使我們投票自請降班？

任何對脫歐公投的分析都應該馬上辨識到一種差異：英格蘭工業區藍領的疏離感，對應較富裕地區的中產神話與好鬥心態。投票結果顯示，英格蘭脫歐票比留歐票多7％，全英國計算則跌至4％。可以說，藍領受到左右投票結果的兩個強大因素所影響：蘇格蘭藍領選民至少仍有蘇格蘭民族黨讓他們大部分人認同，但在英格蘭，雖然加入政黨的人數增加，但工黨選票卻一直自由落體般俯衝直下，選民對黨領導層及黨核心訊息的認同感一直疲軟。一個健康、積極爭取留歐的工黨，本來應該可以發揮巨大的影響力，阻止工黨的選票流失至獨立黨手中，不過當然，保守黨的脫歐票比工黨內的恩怨情仇重要得多。鼎力支持脫歐的地區有些共同特徵：比起支持留歐的地方，它們年齡較大、白人較多、教育程度較低，而且往往較窮，自覺被全球化拋棄和孤立，而歐盟成員身分正是全球化的化身。他們眼見歐洲讓英國大都會尤其是倫敦受益，自己的收入卻還是停滯不前，公共服務因公共開支削減而受壓，而且好像被來自歐盟和其他地區的外來客迫得人滿為患。如果有人告訴他們，英國離開歐盟的話情況會更差，他們根本不在意，因為他們相信無論怎樣，自己的境況都會更淒涼，因此對投票結果的第二個強烈影響就是，留歐運動的主要說辭——英國脫歐會蒙受經濟損失——卻偏偏和他們擦身而過、失之交臂，造成和美國「鐵鏽地帶」總統大選結果非常相似的選舉概況。[2]

毋庸置疑，對移民的憂慮是脫歐運動的一條導火線。要緊的不是區內移民的絕對數目，而是移民增加的速度。在金融海嘯至今的這些年來，經濟確實有所增長，其中一個結果就是歐盟移民上升，尤其是承接低薪工作的一群。雖然保守黨政府在為本地人創造就業方面有良好紀錄，但是這些工種大多報酬很低。來自歐盟的工人被吸引來從事英國人嗤之以鼻的工作，包括農工、零售、酒店服務及社會服務，但英國當然也受惠於衛生服務、研究及資訊科技領域的高技術人員。英國現時在歐盟以外，如果增長放緩，確實會減少移民遷入，但這樣並不會讓人們過得更好，而是相反。在我們的社會裡，疏離的一群與在家坐享全球化成果的人之間有難以修補的鴻溝，而脫歐實際上帶來的後果會令前者有多失望，是一個令人擔憂的問題，我們容後探討。

2　／鐵鏽地帶（rust belt）：見前註，頁25。

至於西裝革履的艾爾斯伯里（Aylesbury）、席車士打、南白金漢郡（South Buckinghamshire）和西多實等地群起反抗布魯塞爾，投票退出歐盟，則與英格蘭工業區的經濟疏離沒甚麼共通點，反而與通常代表區內民意的政黨的狀態更密切相關。不過這也同樣源於對全球化某一層面的文化厭惡：英國藍領工人與美國工業州分一樣，擔心全球化對他們的工作和生活水平造成威脅，白領「西裝友」的選票則是因自覺身分認同感被破壞而激發（公投前一項調查中，近半數受訪者認為加入歐盟破壞了國家的身分認同觀念）。「西裝友」通常是支持以新自由主義方式解決英國許多問題的政黨之一員，但奇怪的是，他們並不願意接受全球化、國際化和向更互聯的世界開放所帶來的後果，這個弔詭之處的人形化身是保守黨前倫敦市長約翰遜，他曾治理一個貴為開放和全球化閃亮「生招牌」的國際城市。約翰遜幫助領導脫歐運動的同時，試圖（不很令人信服地）說服全世界他的立場並非源於自己鍥而不捨的腫脹野心。宣傳活動期間他無法解釋如何既主張擁抱世界，又同時要英國背棄與近鄰的合作。直到今天，身為英國外交大臣的他，還在爭辯說離開歐盟會讓英國更容易向世界其他地區開放。[3]

中產、白人及總體上較為年長的人反對留在歐盟，票源當然涵括了日漸縮減的保守黨核心鐵票。脫歐公投本來就是為了安撫這個縮水群體而設的，原本是想管理保守黨，最後卻出了大錯。民選國會的絕大多數成員出於非常充分的理由支持留歐，而公投這個非議會手段則嘗試救保守黨走出困境，使其最終能不惜以國家利益為代價去吸納獨立黨支持者。公投結果的主要成因不假外求，光看保守黨就可以了，怪罪工黨和郝爾彬根本是牽強附會。二〇一五年大選投工黨一票的人，約有三分之二投票留歐，保守黨選民想留歐的少於一半。而二〇一七年的選舉根本就是對「管理保守黨」的又一次嘗試。

保守黨對歐盟持續、有增無減而且偶爾略顯狂熱的敵意始於八〇年代後期及九〇年代，而這種敵意真正成為威脅則是一連串事件的結果：戴卓爾下台、英國在財

3／編按：約翰遜已於二〇一八年辭任外交大臣，並於二〇一九年拜相。

相拉摩的晦氣行為加持下被逐出匯率機制，以及恐歐叛歐的過氣領袖對她的民選繼任人幾乎明目張膽的鼓勵。基於「戴卓爾是歐洲一體化及馬卓安政府擁歐派的受害者」的想法，反歐在保守黨新右翼眼中已經成了一種信仰行為——要做個內心和靈魂真正藍晶晶的保守黨好黨員、「娘子」的門徒，就必須反對歐盟和它的一切工作。這比任何表達「忠誠」（以往所謂的「保守黨秘密武器」——想當年啊！）的行為都重要得多。馬卓安的《馬城條約》談判成功，確立英國幾乎全以自己的條件加入歐盟後，他也就隨即贏得九二年大選，選戰中幾乎聽不到任何疑歐恐歐的囈語。但是其後，在議會微弱多數和政治上接連受挫的情況下，右翼勢力一次又一次伏擊政府，勾結反對黨讓政府難堪，並積極密謀扳倒首相。馬卓安勇敢地面對這些莽撞的理論家，還戲稱他們為「混蛋」（the bastards），但他們一天不合謀破壞自己被人民選出來要支持的政府，一天都不會心滿意足。

一九九七年馬卓安下台，保守黨政府也隨他去了。右翼加倍努力，首先選出了他的接班人，一個實際不及表面般右翼仇歐的有能之士。夏偉林（William

Hague）二〇〇一年大選失利，導致兩個強烈疑歐派短時間內接連獲選為黨魁，首先是可悲的施志安，然後是夏偉明，後者是位聰明的前內政大臣，在對一切歐洲事物提出同樣的批判時起碼多加入了一點智慧。他來自一個戰前移英的羅馬尼亞家庭，擔任內政大臣時則敵視任何放寬移民或簽證規定的措施，這是我在為香港市民（有些實際上是無國籍人口）爭取保障他們的九七後權益時發現的。做黨魁時，他請來一位擅長「狗哨」（Dog-whistle）戰術的澳洲競選顧問，意在透過隱晦地提及政黨認為支持者最強烈有感的議題，用以號召「基本盤」選民。[4]保守黨的海報問選民：「你想的也跟我們想的一樣嗎？」實際上說的就是種族、移民和罪案。那時哨聲響起後出現的選民不夠，我們或許應該謝天謝地吧。在我們各自的政治生涯中，我總是不同意夏偉明，但同時又對一個我從不厭惡的人的觀點感到驚訝。

4／狗哨政治（Dog-whistle politics）：一種使用隱語向特定人群傳遞訊息的政治手法，一般人接受訊息時是可以理解的，但特定群體會有另一種接受方法。詞語源自呼喚狗的高頻哨子，人類無法聽見。狗哨政治的目的在於爭取盡可能多的潛在選民，而不讓其他人感到違和。

隨著夏偉明退場，收納有經驗及可用人才的「馬房」幾近空空如也，黨於是轉向一位不到四十歲的年輕國會議員甘民樂。他非常醒目，非常優雅，有一種明顯自覺「生來就是為了管治」的光澤，以及從容應對這個不太艱鉅的挑戰的氣質。他就像同輩其他人一樣，成長於疑歐主義風靡一時的政黨。那時，報紙大多在歐洲問題上態度一百八十度逆轉，大肆鼓吹歐洲懷疑論，對歐盟抱有敵意的緣由在報業老闆及他們所任命的編輯內心根深柢固。甘民樂宣稱自己和親近伙伴——例如後來成為財相、思維強勁的歐思邦——都是「現代化」一派的人，提倡的政策也肯定並非取自任何右翼大計，譬如強烈的環境責任感、毫不動搖地致力將海外援助提升到聯合國提出的目標額度，還有同性婚姻。不過在歐洲問題上，他們的老調一直重彈，而且《快樂頌》並不在曲目之內。甘民樂甚至踏出完全不必要的一步來鞏固他在黨魁選舉中的支持度：他承諾保守黨會撤出歐洲議會以基督教民主派為主的中間偏右黨團，理由是它的本能太過傾向歐洲一體化了。在當時許多人眼中，這似乎只是個「書呆子」問題，在密切關注歐洲議會事務的小圈子以外並無重大意義。事實上，他正正因為這件事而失去了朋友，在二〇一〇年大選後拜相時，他的政治情報和影響力的來源也不如以往。

甘民樂擔任首相時，試圖與默克爾等其他領袖建立關係，希望他們相信他被迫採取的政治姿態不會阻礙他透過留在歐盟去繼續追求英國國家利益。他也不是不成功，但卻發覺自己越來越難左右逢源，布魯塞爾那邊是良好判斷力，西敏宮那邊是保守黨偏見。二〇一五年大選前，為了堵住右翼疑歐論者的嘴，並保護政黨側翼免受法拉奇的獨立黨拉攏，他承諾與歐盟談判以建立更好的新關係，然後將條款付諸公投，決定英國是否應繼續做歐盟成員。一些人認為他許下承諾時並不覺得真的會要履行，因為當時普遍的假設是，就算保守黨贏得大選，公投還是必須得到執政聯盟內的自由黨同僚首肯，而後者是反對任何公投的。一些人認為整件事就是個極差的誤判，而且聰明的他傾向用「死線危機」手法處理政治，相信不論下次考試是甚麼，自己都能像在牛津寫導修課論文那樣精明地混過去，完全沒有長期的戰略眼光。但如果一切都出錯了會怎樣？他並不認為真要實行的話他會輸，他只是認識到作為最終贏家，他就有能力把保守黨團結起來，「你看，選民發過聲了。施志安、霍理林（Liam Fox）之流，你們可以閉嘴了」之類。還有一些人認為他別無選擇，只能實行公投，我不同意。首先，選擇的餘地總是有的，尤其是提出公投這種危險的笨拙武器。這種手段破壞了整個「議會主權」的概念，在議會民主制中根本不應有任何立足之地。我們選出代議士以求得益於其判斷力，公投卻用粗暴的多數主義代替了他們之間的討論和妥協。我們通常很快就發現，喜歡公投的人都不喜歡構成多元憲法中的任何制衡元素，例如司法獨立和公民社會的錯綜複雜，而這正正是自一六年脫歐公投以來的情況，民粹主義猖獗，煽動和監督它的是幾個小報編輯。其次，舉行公投的原因是想讓保守黨保持團結，如果留歐派獲勝，這個目的不可能達到，脫歐派保守黨人會大聲叫屈再策劃下一次攻擊。不過就算脫歐派勝出，我也不相信保守黨現在會團結和平、安享晚年。為了追求一個幾乎肯定遙不可及的目標，國家利益已經受到嚴重損害。遲早有一天，保守黨領袖不得不面對黨內右翼，其實這早該在讓路同意辦公投前就做好。

由於留歐運動領袖不得不迅速將自己重塑成歐盟的熱情支持者，於是，要勝出

移民，政府連一根手指頭都不用動。

這裡我們可以洞察到「控制」的一些細節。在最好的情況下，政府有多少控制權？我還記得做港督時的一個周末，對沖基金聯合衝擊港元兌美元的聯繫匯率，幸好我們有極充裕的儲備，能夠趕走世界各地坐在熒幕前慣常操控不存在的資金以攻擊真正存在的資金的聰明年輕投機者。不過在那四十八小時內，我對自己的「控制權」沒甚麼信心。克林頓總統的戰略顧問「狂怒南蠻」（Ragin' Cajun）卡維爾（James Carville）據說在克林頓政府早期對債券市場之於政府的影響力感到震驚，我有點同情他這個觀察。他說：「我過去常常想，如果真有輪迴，我想轉世做總統或教宗，或是個有四成打擊率的棒球員，但現在我想以債券市場的身分回歸人世，那就可以恐嚇每一個人了。」「奪回控制權」，把銀行（再次）國有化，把鐵路、鋼鐵工業、土地擁有權通通國有化。這樣「奪回控制權」之後，就可以目睹通脹開始上揚、經濟開始墮落，市場將你的貨幣貶值，投資者把錢轉移到別處去，果真很有控制。

要有巨大力量和謹慎管理的不只是市場，這也想必是「西裝友」通常投票支持致力削減過度赤字的政黨的原因。我們還受制於某程度上定義今時今日「主權」實際意思的其他力量，但肯定比巴麥尊勳爵（Lord Palmerston）見證的要少。[5] 主權在實際應用上就是你在任何特定時刻對事情所擁有的權力和權威，它不是一個一勞永逸的商品，也不是一種不可思議的縮水資產。它不是賀維所說的像童貞，前一秒還在，下一秒就消失。它也不像偉大的紀念建築，可能由以往的民族英雄在白廳盡頭豎立，然後有惡毒的外國人在黑夜掩護下逐個墀頭懸臂偷去。主權的意義在於主權擁有人按選擇和意願管理社會事務。在身為歐盟成員的這些年月裡，我們英國的主權透過國會來行使，只是常常有人否認罷了。脫歐派要求「奪回西敏控制權」，但脫歐計劃的政府白皮書一出台，他們卻不得不承認國會一直都手握主權，它運用主權做的其中一個決定就是加入歐盟。國會經常做這些需要與他國合作及談判的選擇，而選擇不是無止境的。生活在現代世界，就是會有這樣的結果。

我舉個例，談談英格蘭民族主義者（尤其是保守黨人）認為是最根本的選擇：

在財政資源減少的情況下保護自己免受威脅的能力。我們加入北約，從一開始就和其他支持國際合作的條約一樣，是有意識地集中主權，核心就是決志共同防衛。我們在一九四九年簽署的《北大西洋公約》，第五條意味著如果（譬如）俄羅斯入侵拉脫維亞或立陶宛，我們就有義務向那些波羅的海小國伸出援手。再進一步想想我們的終極防禦，也就是三叉戟潛艇艦隊和核彈道導彈的威懾力。英國首相不必尋求華盛頓許可就可以發射導彈，這可能是事實，而且我們也不依賴美國的密碼或衛星。但我們對美國技術的依賴程度，肯定令人質疑我們所謂「獨立支配」這些出色武器，到底是怎樣的一個概念：導彈必須在美國維修，彈頭的一些部件也在美國製造。總括而言，我一直支持我們的核威懾力量，在我看來，放棄它就像是在黑暗中冒險縱身一躍。但我從未相信過或執拗過英國的核震懾是完全獨立的。所以說，內

5／巴麥尊勳爵（Lord Palmerston, 1784—1865）：英國政治家，兩度拜相，在其任外交大臣期間創立了「炮艦外交」手段，並向清政府發出《巴麥尊子爵致中國皇帝欽命宰相書》，被拒絕後打響鴉片戰爭，間接導致殖民香港。在本文中，巴麥尊象徵了維多利亞時期的「主權」力量。

近衛騎兵和他的胸甲、黑色種馬等等可能確是我們國家的象徵，但我不認為他所屬的國防部隊能夠體現我們就國土安全做百分百獨立決定的能力。這就是「主權」的一個根本前提。自知無法靠自身力量充分保護自己，又可以怎樣算是擁有獨立主權？我們必然要在某程度上依賴他人，我們的主權處處要打折扣，我們的主權不是絕對的。

令「控制權」成為英格蘭民粹民族主義更荒謬一面的，是國界日益受挑戰甚至被夷平的過程。我前面已經指出過這點在金融方面是有多麼真確，其實放眼更廣義的經濟學也是如此：脫離了歐盟，英國國會仍然會受制於規管並擴大國際貿易的談判協議（而且幾乎可以肯定比目前的更不利），例如世界貿易組織的成員受獨立準司法仲裁約束。更重要的是，英國鋼鐵業最近面臨中國低價傾銷巨額過剩物資，顯示出國家力量存在經濟局限的事實——這是事實，除非選擇實行一種全程讓自己和其他國家陷入貧困、最終因為科技和流動性提升鑿穿漏洞而無可避免地土崩瓦解的國際保護主義。

總而言之，全球化帶來的威脅和機遇，即使是最大的國家及其政府和議會也無法獨自應對。真實世界就是這樣，從環境和氣候變化到全球公共衛生，從犯罪到非法武器貿易，從共享水資源到打擊恐怖分子，個別政府都無法自己「控制」這些問題，必須與他國合作，共同決策，認識到主權不是甚麼純粹的柏拉圖式概念，以克服無法獨自解決的困境。再把思考帶遠一點，譬如是民族主義脫歐運動最有影響力的議題——移民，它強大到遺下令人討厭的種族主義色彩和令仇恨罪行激增。移民問題的主要推手是阿富汗和敘利亞兩地的衝突，有人說這成千上萬難民將要連同數百萬土耳其人登陸英國海岸。這可不只是英國和歐洲的短期問題，真正的挑戰是將會影響整個歐洲的大問題。英倫海峽拯救不了英國，我們必須希望它不會像今日的地中海東部和南部般變成水上墓園，能夠幫助我們的，是位處英國與問題源頭之間的歐洲大陸。

在十九世紀，隨著歐洲人口從世界總人口的五分之一增長到四分之一，數以百萬計的人離開祖國前往其他大陸。一八一五年到一九三〇年代之間，有大約六千萬歐洲人外遷。第一次世界大戰開始時，全球幾乎每五人就有兩人擁有歐洲血統。今日，天秤已經完全逆轉，歐洲人口劇降至遠低於全球總人口的一成。隨著其他地方人口飆升，這個比例還會進一步大跌。此外，許多國家的經濟活躍人口會減少，老齡人口需要外來人口加入，接手更多艱苦的工作。

過去四十年來，埃及人口從三千九百萬增加到超過九千萬。相近的時期，埃塞俄比亞人口增加了兩倍多，達到一億零一百萬。尼日利亞也遵循類似的軌跡，現在是超過一億八千萬人的安身之所，預計到二〇五〇年之前還會升至五億。廿一世紀上半葉，整個非洲的人口預計會由僅僅超過十億激增至二十五億。世界最窮的國家（很多但並非全部在非洲）正在經歷最快速的人口增長，擁有最年輕的人口，而且往往是最有可能看到管治崩潰的一群。正如我們所知，失敗的國家會輸出它的問題和人口。

由此產生的人口流動將使發達國家承受極端壓力，歐洲更甚。要好好應對問題，豎立更多的鐵絲網圍欄並不是辦法。一些人葬身英國海岸周邊海域，但很少人視之為障礙。英國雖是島國，卻無法獨自應對移民挑戰。眼下必須有一個全歐洲（如果可能的話再加上美國）認可的長期計劃，協調外交、安全及發展政策，以防止無法控制、無法管理的移民現象造成大量移民死亡和激起仇外心理，並使勒龐和法拉奇等極右政客橫行無忌。就著如何處理失敗國家並助其東山再起，我們需要達成一致取態，有策略地利用發展援助幫助較窮的國家發展，讓當地老百姓有理由留在國內。我們還需要更積極的政策幫助打擊偷渡，必要時要有聯合國安理會決議的支持。在地中海及適時在英倫海峽部署更多海軍資源，在邊境安全方面投放更多資金。在講道理的國家，這才是「控制」應有的模樣：與他人有效地合作去「控制」事情。

不過英格蘭民族主義者得出結論，說他們迄今參與過而在其中與人合作最密切的機構侵犯了他們的自由，並把不必要的負擔加諸他們身上。加入歐盟的好處，不論容易算還是不那麼容易算的，顯然都敵不過這些負面影響。這種情緒有一些因素與其他地方冒起的一種信念脗合：大多數民族國家自覺比較容易和欣然地認同及忠於自己的國家機構，但對於專為管理共享主權和加強機構決定的問責性而設的制度則不然。歐洲國家的民眾意願以民族國家為基礎，不會跨越國界從芬蘭跑到西班牙、從波蘭去愛爾蘭，所以隨著脫歐公投告一段落，民族主義者可能可以鬆一口氣。如果我們知道「脫歐」的真正含義，應該就會更容易確定這一點。有段時間我們湊合著接受「脫歐就是脫歐」的命題，它本來就是個同義反覆的套套邏輯，每一個字都「理解不能」。「早餐就是早餐」，是奶油咖啡加牛角包，還是全套英式煎炸早餐配濃茶？到現在我們還不知道民族主義者要怎樣才會滿意，只能等到談判完成，而談判結果唯一已知的特徵就是——不做歐盟成員。

認為布魯塞爾詆譭和破壞議會主權、唯有透過脫歐才能收復失地的人，將會在脫歐談判期間對任何涉及「妥協」的情況焦慮不已。如果英國與歐盟關係最終遠遠未及完全破裂的程度，保守黨強硬派是不會滿足的。妥協不是一個選項。未來還會有更多麥卡錫式的獵巫，追捕希望協議符合國家利益而非滿足右翼桃花源想像的公僕。無論結果如何，我們那近年信任度急跌的國會將會持續多年綁手綁腳，忙於處理脫歐在立法方面的後果。我很好奇，當我們發覺自己孤家寡人有多無能為力時，小報又會否鼓勵我們隻眼開隻眼閉。

政府要決定我們吃哪種早餐，讓哪種脫歐決定我們的未來，現時領導它的首相文翠珊把最狂熱的教條主義脫歐派安排在脫歐談判的關鍵職位上，他們無疑會享受到自己發現現實的成果。他們的工作將不會是短期的解決方案，而是會一直沒完沒了進行環環相扣的談判。我們要先談判「離婚」，然後討論英國想和巨大歐洲市場維持的經濟關係，大概是自由貿易區之類的安排，再然後和歐盟一起制訂自由貿易區生效前的臨時措施，之後就要商談世貿組織的國家成員資格，希望俄羅斯或其他國家不會橫加阻攔。接著要和現時與歐盟有自由貿易協定的五十三個國家達成協議，最後還需要與歐盟釐清警政、援助、外交政策方面的合作關係。歐盟談判將會是英國的一個增長產業，我希望它不是唯一一個。

要搞清楚未來數年談判的一切複雜之處和連篇廢話，我們先要了解到，文翠珊一錘定音地說二〇一六年六月英國民眾投票支持的，是控制歐盟移民及擺脫歐洲法院對英國的任何司法管轄。這是有後果的，我不是指其他歐盟成員要懲罰我們退會，而是我們與最大市場的未來貿易關係條件必然比現在更差，至少這一點是很清楚的。我們不可能以後在歐盟以外還能享受到與歐盟成員一樣好或幾乎一樣好的貿易關係。脫歐的實際代價尚不得而知，但無可否認我們必定會要埋單付清。隨著談判正式開始，有三件事開始清晰起來：首先，談判並不如脫歐派想像中輕鬆愉快；其次，我們到底想要甚麼，從來沒有人定義過。去談判的人完全沒有準備而且通常不知就裡，目標毫不明確，但整個「套餐」一早就賣給了很多支持者，他們的資訊來源正是由小報散播、基於無恥謊言的不良消息。第三，談判越來越精確，英國的紅線隨之漸變成粉紅，很明顯，我們的提議是放棄「有自選退出項目的歐盟成員國身分」，換取「退會但也想自主參與一大堆項目」。

我們嘗試與最大市場談判，為英國爭取最佳條件之際，會發現自己另外要為聯合主義立場辯護。它是個截然不同的主題，旨在阻止蘇格蘭在英格蘭國界以北舉行公投尋求獨立。英格蘭的聯合主義者將要在蘇格蘭爭辯說，蘇格蘭不能抽離它最大的市場和伴隨的規則制定程序，同時又要堅持英國可以在自己最大的市場中毫髮無損地全身而退。我想，不需要很敏銳的洞察力也可以看得出這裡的矛盾吧。

談判結果會彌合英國國內的分歧嗎？要做怎樣的交易，才能換到我們需要的、行之有效的貿易條款？歐盟會對我們只攫取、不付出的態度有求必應嗎？我懷疑整個程序結束時，「西裝友」是否真的會覺得奪回了他們褪色的國家——不管這是甚麼意思，也不管所謂的國家是哪個。不會有緊急手掣，拉一拉就可以讓世界靜止，讓英國人下車。孩子的一代不會突然「轉軚」，放棄對歐洲和花花世界的熱情，跟隨老一輩對外國人、外國和未來抱持更老古板、更暴躁、更憂鬱的看法。

至於疏離的工人呢？外國人還會從事英國本地人不願意做的工作嗎？低生產力、低工資的工作會轉型嗎？公共服務會滿足藍領的需要嗎？英國可能不及以前繁榮，難道這正正是他們想要的嗎？國家的繁榮、希望、魅力，是否就會重新分配，由倫敦和英格蘭的大城市移至老舊的工業英倫？如果不是，接下來又會怎樣？甚麼樣的民粹主義政治會懶懶散散地從陰影中溜出來？那會代表甚麼樣的國家身分認同？

我帶著某種不祥預感看這件事。再審視一下民族主義和移民之間的重要關係，進而延伸至種族與社區關係。有兩場演講可以闡明我的論點，第一個是鮑爾一九六一年向聖喬治皇家學會倫敦市分會發表的，他認為在英國內部，英格蘭和英格蘭人是主要焦點。他讚揚英格蘭價值和歷史，並以一種浪漫而非常文學的方式支持英格蘭民族主義，說它的「根」埋在英格蘭土壤，也就是英格蘭歷史的土壤裡。應該去到「許多鄉村教堂」，從我們用黃銅和石頭紀念的祖先「神秘莫測的沉默中找到一些答案」。他繼續說：「告訴我們，是甚麼把我們聯繫在一起，讓我們看到穿越千年的線索，向我們悄悄訴說英格蘭迷人生命的秘密，好讓今時今日的我們知道怎樣堅守著它。」他提及希羅多德的報告：雅典人回到經歷波斯人洗劫及焚燒的雅典城，竟然發現一棵神聖的橄欖樹在頹垣敗瓦之間長得鬱鬱蔥蔥，驚歎不已。或者，在「榮耀的崩壞碎片」之中，英格蘭人也會找到「自己的一棵橡樹屹立成長，樹汁仍然從古老的樹根流溢出來，接上甘泉——也就是英格蘭自己」。那是一場非同凡響的演講，宏大、浪漫，帶有從崇高到荒謬的各種愛國情懷，但沒有使的士司機或西密德蘭（West Midlands）汽車工人熱血沸騰。這樣呼喚民族主義身分認同，倒是相當無害。

七年後，鮑爾先生在伯明翰再度演講，古典典故又再出現，今次最值得注意的是《艾尼亞斯紀》（Aeneid）第六卷裡，女祭司西布爾（Sybil）的預言：「我看到戰爭，可怕的戰爭，台伯河流淌著大量鮮血。」為甚麼？因為有大規模移民。這次，情緒幾乎無遠弗屆，在工廠車間和碼頭、從公共屋邨到沙龍酒吧和紳士俱樂部迴盪著。今次，鮑爾中了政治大獎。橄欖樹或英格蘭橡樹不復存在，膾炙人口的金句是「推入信箱的排泄物」和「咧嘴奸笑的黑人屁孩」。在鮑爾看來，現在把英格蘭人連繫在一起的並非黃銅和石頭，而是被圍困在自己家裡的原居民。

在我們國家也好，其他國家也罷，難道不總是如此嗎？圍困的民族主義奮起打擊「他者」，有時是猶太人，有時是各種少數宗教或種族群體，還有仍然籠統地把矛頭指向移民的。「外人」既威脅到我們的身分認同，同時又在某程度上定義了它，當這個情況真的開始發生時，我們就在滑坡上踏空了腳。我們以往覺得真正定義到自己的那些價值觀，現在看來卻是令人厭煩的奢侈品，代價高昂又造成破壞，不值得珍惜和擁護。我們曾經堅決劃定的界線，卻突然有了靈活的彈性。這就是公民人性磨蝕之始，在任何地方都一樣。但是天啊，它會在哪裡結束呢？

也許在美國，我們很快就會見到答案。我自認是個悲觀主義者，但居然也發覺自己對民族主義還算適度樂觀，認為它即使佔特朗普和脫歐支持力量很大角色，也不會將美國變成世上一個內向而危險的勢力（特朗普就職演說的基調在此不足掛齒），不論是在經濟上還是在安全方面。英國的民族主義會對英國不利，但美國的民族主義不只對美國不利，還會對世界不利。

英國脫歐和特朗普確實有淵源，兩者的根如非生在同一把土壤，也肯定是在相鄰的地塊裡。本土主義會讓美國再次偉大起來嗎？美國已經很偉大了，只能從內部被削弱，腐朽和衰落都只能在本土產生。真正的問題是，美國是否忘記了當初是甚麼讓它變得如此偉大的：塑造美國和世界歷史的自由價值和法治精神，送人類上月球、帶百姓進戲院的文化、科技和學術，領導世界度過風暴和安寧的軍事和外交實力。美國是唯一在任何地方都絕對重要的國家。在它的領導下，多虧有馬歇爾援助、《大西洋憲章》、北約和世貿，大小事情得以完成、得以解決。時至今日，其他西方民主國家仍有許多事情需要與華盛頓合作處理。譬如，美國和其他自由社會賦予人權的價值，與外交政策的日常執行之間，應該要有甚麼關係（如果有的話）？在甚麼情況下可以接受以武力解決共同問題，而這又需要通過怎樣的合理化過程？失敗國家對所有人都造成巨大危險，我們最好怎樣跟它們打交道？如果世界上其他國家選擇無視一個問題，美國及其西方盟友也可以嗎？沒有美國領導而要解決我們世界上任何大問題，就算不是不可能，也會困難得多，歐洲和其他國家應該承認這一點。而且，這樣的難題會傷害美國以及我們其他國家。美國必須記住，它不能撒手不管回家睡覺，真要放棄的話，就必然會喪失美國身分認同的一個基本要素，並且削弱和貶低自己。

在大洋彼岸的英國，脫歐狂迷肯定需要適時反思，我們會與老朋友一同落葬還是一起成長。隨著「全球的英國」退出它最大的市場——歐盟，它不免更依賴其他地方的大國，尤其是美國。但是這個美國的政府目前堅決否定西敏宮仍然需要、仍然開口想要的東西：從自由貿易和有效的國際機構，到一個強大的、儘管沒有英國的歐盟，不一而足。歐洲其他國家都無可避免地目睹，英國急於低三下四地向特朗普總統阿諛諂媚。艱難的談判開始之際，這肯定不是在歐洲贏得朋友的最佳方式，但這些天我們似乎很樂意犧牲歐洲的信任來換取小報頭條支持或是一些黨派上的優勢。不論有心還是無意，英國顯然在放棄幾十年來定義國家利益的核心理念——一手伸向歐洲，一手伸向美國。

二〇一七年的選舉結果對這種平衡做法有多大影響，在一段時間內尚未明朗，但正如我所說，舉行大選的原因更多是出於自家國內考慮，尤其是管理保守黨。沒有人確實知道文翠珊的主要動機為何，她加強自身實力是為了對抗要求「硬脫歐」的右翼分子呢，還是想好好應對希望脫歐脫得寬容的溫和批評？結果經歷一場糟糕的選戰，文翠珊只剩下微乎其微的多數票、一個東山再起的左翼工黨，而且需要付出豐厚報酬換取北愛爾蘭民主統一黨做她的議會道具，才能繼續執政。保守黨恐懼她離職可能引發動盪，她自己的責任感雖然終究不足，但還是明顯而且見得人的，她手握著這兩項主要資產，總算在唐寧街堅持住。脫歐在英國的辯論一如以往般閉關自守，往往忽視了一點：其他二十七個成員國才是談判的主導，有自己的國內政治需要考慮。

第十一章

身兼多職的「普伯」

看那位高貴的行刑官大人
一位擁有尊貴官階和頭銜的大人物
一位威嚴而強大的官員
他的職責非常重要！
順從！順從！
順從這位高貴的行刑官大人！

——W. S. 吉伯特（William Schwenck Gilbert），《日本天皇》（The Mikado）

偉人（Il Magnifico）

——意大利某大學校長頭銜

・・・

我第一次被人喚作「大普伯」（Grand Poobah）是在二〇一二年成為英國廣播

公司信託基金（BBC Trust）主席那時，事實上，一位國會幽默小品作家還曾戲稱我作「普伯中的普伯」（Poobah's Poobah）。[1]這些諢名旨在暗示我有一大堆崇高的職務（儘管不是歌劇裡的「高級行刑官勳爵」或「海軍大臣勳爵」），根本不可能拿出必須的時間來抗擊BBC的左派。還有人說，這個特殊的職位一定會由都市精英型、傾向自由派的建制人物出任，縱容BBC敗壞人民道德、扭曲國家政治。也的而且確，如果把我一生所作所為加在一起，會得出一張「小清單」（我又在引用吉伯特與蘇利文的作品了），不過擔任顧問角色、偶爾周末主持會議這些事情，多數並不妨礙我持續三年每星期在BBC工作個三四天。我太太解釋說，我身為一個天主教徒，卻深受新教工作倫理影響，比如說我周末其實不怎麼休假。但是我會離開工作崗位好好度長假，期間通常以寫作、散步或園藝度日。

1／普伯（Poobah）：源於W. S. 吉伯特和蘇利文（Arthur Sullivan）一八八五年的諷刺喜劇《日本天皇》，當中普伯擔任多個職務，包括財政大臣、首席大法官、總司令、海軍元帥、市長，以及「萬事大君」（Lord High Everything Else）。

「普伯」這個標籤最貼切的地方，可能在於吉伯特最初想賦予它的潛台詞：它意在嘲笑那些銜頭大但實權小的人。我倒是沒擔心過這個問題，我這些工作就算沒甚麼行政實「拳」，也是很值得做的。唯一的例外是引發「普伯」笑話的BBC信託基金主席一職，原因是人人都以為我能比實際可行的做得更進一步。其實我有同感，不過我等等再詳述。

在擔任選區國會議員時，我就對高等教育產生了興趣，因為巴芙有一所一流的新晉大學。而我對大學的興趣在香港有增無減。港督是當地大概九間大學的校監，其中兩間如今位列世界前五十名。這當然是莫大榮譽，但我卻覺得有點荒唐：我要記得哪家學校穿戴哪款帽子和長袍，還好只出錯過一次。更重要的是，我認為應該讓大學自行選擇它們禮節性的領袖才比較合理，不過它們沒有這個權利。有人懷疑過我會放棄九家大學中的大部分，只保留一兩家，無形中把學界分化成兩層。於是我就保持原樣，每年巡遊九家院校頒授學位，而且很高興地見證到大學在香港青年成人禮上的角色。在那邊，至少有一半的畢業生出身於公共房屋，又有很多來自新移民家庭。再算算我那些年加上以後頒授過的學位，我估計自己應該是世上頒過最多學位的人，有時是在足球場，有時在維多利亞式大廳或雷恩劇院，加起來肯定上百次了。

回歐洲後沒多久，我又穿上了長袍。我們的大女兒在紐卡素大學（Newcastle University）讀得十分愉快，我也因而去過不少次，又做過一兩個講座。一九九九年他們邀請我做校監，我就欣然同意了。

各所大學的校監職位差異很大，但共通點是大家都不管事，實際上並不處理校政。正如我做牛津校監的前任之一麥美倫所言，人人都知道校長才是真正管理大學的人，但如果沒有校監（Chancellor）就不能有校長（Vice-Chancellor，直譯為「副校監」）。這個角色首先有禮儀上的職能，例如是頒發學位，但職責範圍遠遠不止於此，可以包括主持校委會、籌款、沒完沒了地向校友和其他人演講，還有提供籠統的建議之類。

紐卡素大學是一所極好的研究型大學，是享負盛名的羅素集團（Russell Group）廿四所英國院校之一，與其他成員共同獲得英國大約三分之二的研究經費和合約收入。紐卡素本身是座堅強而美麗的城市，大學在醫學等研究領域實力非常強大，而且因應一波又一波的工業世代更迭，大學在宣傳英格蘭東北部方面功不可沒。對我來說，每年的高潮是多在七月舉行的畢業典禮，那種天氣總是讓大批東北人爭相出逃，去保證有陽光的地方度假。典禮場地是大學裡相當陰暗的主禮堂，每次完事之後，我都會來一段簡短的演講，向畢業生和穿著漂亮夏裝來慶祝孩子成就的親朋戚友說幾句話，裡面通常都提到英國高等教育資金如何不足，不過也會指出我們的制度是世上第二好的。聽眾普遍熱烈支持這些言論，與公帑分配長期忽略高等教育及研究的情況形成鮮明對比。尤其在一九六三年的《羅賓斯報告》（Robbins Report）發表後，我們減少對每個學生的平均資助，為大規模而為人津津樂道的高等教育擴展付足了代價。[2] 用壓低工資來營運大學，意味傳統上「大學薪資與公務員看齊」的非正式比對蕩然無存。同時，大學的工作量增加、設施老化，財政部門卻說成是生產力提高。鑑於很多家庭對高等教育的重視，我一直不太明白為何大學在據理力爭要求加強支援方面是如此不得要領。我跟畢業生聊天時，驚訝地發現仍有很多人是家中第一個接受高等教育的成員。

大學在過去幾年承擔了不少額外任務，其中一個就是外展工作，去區內區外的學校嘗試拓展機會，游說來自貧困背景和平庸學校的學生申請入讀大學。紐卡素大學在這方面很努力，例如每年開辦出色的暑期學校，讓通過特別課程的學生能以略低於原本要求的資歷入讀大學。這個計劃運作良好，受益的學生通常在大學都有出色的學業表現。不過紐卡素大學遇到的最大問題就是英格蘭東北部中學教育質素普

2／《羅賓斯報告》（Robbins Report）：由經濟學家羅賓斯勳爵（Lionel Charles Robbins, Baron Robbins, 1898—1984）於一九六三年發表的報告，建議立即擴大大學教育，並將所有高等技術學院的地位提高至大學的地位。報告認為大學教育應該「對所有具備能力和成就資格的人開放」（即羅賓斯原則），而這些機構應有四個目標：一）透過教育和培訓讓學生獲取實用或職業技能；二）不僅產生專家，而是培訓有修養的男女；三）研究與教學保持平衡，因為教學不應與學術進步和真理探索分開；四）傳達共同的文化和公民標準。

遍不佳，而且離校生志向低沉。我在任的幾年間還有一個問題，使紐卡素大學很難實現政府的「社會平衡」目標（負面形象也就隨之而來）：紐卡素大學的古典文學系非常優秀，就讀的學生多數來自私立學校，正正是因為開設高考古典文學科的公立學校十分有限。如果紐卡素因為這個原因而縮減或關閉大學這個一流部門，那當然是顛三倒四的瘋狂行為。只是如果大學真的這樣安排了，倒是很容易會達到政府的社會平衡目標。

和其他英國大學一樣，紐卡素大學也要面對財務挑戰。大學資金有四大來源：納稅人支持、私人捐助、研究及資助收入、學生學費，我們全都用上了。英國納稅人對於高等教育和研究並不如美國和其他幾個經合組織國家那般慷慨，私人慈善事業也當然遠遠不及美國。我們的大學很會賺取研究收入，但從中長期來看可能會因英國退出歐盟而受到威脅。儘管證據好壞參半，但到目前為止，學費上漲似乎並沒有阻止出身較遜的學生申請入讀大學。蘇格蘭的本土學生上大學是免費的，但相比之下，英格蘭貧困青少年申請大學教育的比例似乎更高，不過學生所借的鉅額貸款能不能全數或接近全數清還似乎相當值得懷疑。在二〇一七年大選後，大學學費成為政治足球，工黨承諾廢除，保守黨則提出全盤檢討制度，希望比得上對手那種無法負擔的賄賂，只是徒勞無功。兩黨都似乎不願承認如果取消學費的話，高等教育的公共開支肯定要大幅增加，以免對英國的大專院校造成駭人的破壞。

紐卡素大學的政治文化比牛津的簡單，校長可以謹慎圓滑地做決定，要點手段把事情做好。在世界最傑出大學之一的牛津，政治文化則大相逕庭。二〇〇三年我接替去世的詹金斯成為牛津校監時，同時繼續兼任紐卡素大學校監直到〇九年卸任。利益衝突是沒有，工作倒是多得很。牛津校監的職位是由兩位傑出的貝里歐院士羅伯斯（Adam Roberts）和諾布（Denis Noble）邀我去競選的，我估計他們不久前曾聽過我在牛津大學的演講。他們問我是否願意加入當今競爭激烈的選舉戰團。所有畢業生都可以投票選出終身校監，我以前喜歡說「就像教宗和達賴喇嘛一樣」，不過如今教宗本篤十六世辭任了，我就只能自比西藏精神領袖，但這又可能惹惱本就很容易被惹惱的中國外交部。羅伯斯和諾布兩位寫出一份八面威風的支持者名單，然後，經過兩天的親身投票，我很幸運能夠在一群傑出的對手之中脫穎而出。那是一場認真的選舉，我其中一位對手帶著一家公關公司來選，而我們四位候選人都有網站，也受到媒體和大學大量關注。整場選舉的主軸是選個性而非選政策，但當中也曾辯論過大學學費的事。

選完校監後，不代表牛津的民主就結束了，事實上，它在那裡才剛剛開始。大學政治可以是一場複雜而血腥的事業，同時從事過公共服務和學術生涯的人總能作證。做過哈佛教授的基辛格（Henry Kissinger）從來都很清楚，哈佛是尼克遜政府一個極佳的訓練場。在他之前，威爾遜曾為競選新澤西州州長而退任普林斯頓大學校長（他以後還會成為美國總統），公布辭職時他就表示，自己在那個年紀應該是時候放棄積極從政了。牛津大學甚至比大多數其他大學更需要動員學者群體的首肯，而其中一些人不免對任何偏離過往做法的情況都抱懷疑態度。他們這個想法也不總是錯的。牛津有個經典笑話：「換一個燈泡需要多少個牛津教授？」答案是：「甚麼叫『換』？」這笑話可不公平，大學通常最終也能踏上對的跑道，只是行程中有時要先圍著目的地繞來繞去，有時又置身在密雲之中。但回答「大學的策略應當為何」這個問題，首先要應對的是一些學者的首要問題：「大學要有策略」，本身是件名正言順的事嗎？

異常聰明的人很多都有強烈意見，這是很自然的事，和他們打交道需要有非常精準的觸覺。有時為了做一些重要的決定，校長不得不冒大刀闊斧得罪人的奇險。令管理這所民主的學府更難的是，大學由近四十個獨立的學院組成，很多都有幾百年歷史，有自己的珍藏寶庫和制度個性，從人民公社（想像一八七一年的巴黎）到指導式民主，再到神權國家都有。自主歸自主，但沒有學院就沒有大學，反之亦然，這是學院也多數認同的一點。學院為大學本科生和駐校研究生提供一個家和真正的社區，但這至關重要的部分卻只佔大學總經費的一成左右。然而，學院權威很大，尤其因為它是校友回憶的主要儲藏所，往往也是情感的寶庫，所以擁有強大學院的牛津是世上少數權力不隨錢走的機構之一。學院和大學必須緊密合作，大學的領袖則必須把「扭計骰」翻來覆去，協調各方保持一致。

我前任的詹金斯認為校監一職是「用冠冕堂皇去緩解無能為力」，他曾說，擔任校監佔據了他四分之一的時間，也給了他一半的人生樂趣，我自己則會略略增加這兩個數字。在這十三年來，我主要關心的事項沒有太大變化。首先，我們仍然要為高等教育好好辯護，不僅是從功利角度論證，還要提出自由主義方面的理據。我們傾向忘記後者，幾乎全然以對GDP的績效為理由去支持在大學和研究上的花費，這個命題往往貽笑大方。我們太少關注學生的學習體驗，政府似乎甚至認為可以用他們設計的矩陣表格來量度學習，表現得好像教學的目的就只是傳遞資訊。這大概是特朗普大學的宗旨，它以往提供資產管理及財富創造課程，現已停辦。大學是要來學習的，不是要來「認證」或提高未來賺錢能力的，學生並不純粹是學術超級市場的消費顧客。至於學術研究，推展知識的前沿，也幾乎肯定能夠提高我們的國家競爭力，但我們之所以視卡雲迪殊實驗室（Cavendish laboratories）的開創性成就為英國國家故事的核心部分，並不是因為它提高了英國的增長率。[3]我們之所以為域卡夫醫院實驗室（Radcliffe Infirmary）開發青黴素而自豪，並不是因為它帶來了錢。《牛津英語詞典》沒有算在國家賬本裡。這些學術界的例子都有助我們成為文明社會，在改善各地生活質素方面發揮作用——學術是我們國家成就和遺產的核心。

其次，鑑於高等教育的公共資助有限，我們必須從慈善事業籌集更多資金，資助最出色的研究，並給予來自貧困背景的學生最大的幫助，真正做到不受學生的財政狀況所限，盡能力提供一切資源。在慈善事業方面我們仍然遠遠落後於美國，公帑對研究的支援也是如此。哈佛有八成研究收入來自政府，而牛津是研究收入最高的歐洲大學之一，政府資助其中四成。我們越來越吸引到私人捐款，特別可喜的是，舊生的支持大幅增加了。十年前我們開始認真地公開募捐，如今各學院和大學本身加起來淨收益已經遠遠超過二十五億英鎊。如果我們在脫歐後無法獲得歐盟研究資助，研究合作項目又因脫歐而中斷，就更需要加把勁籌募更多的資金。

3／卡雲迪殊實驗室（Cavendish laboratories）：即劍橋大學物理系，研究領域包括了天體物理學、粒子物理學、固態物理學、生物物理學。為近代科學史上第一個社會化和專業化的科學實驗室，標誌實驗室不再只是科學家的私人地下室或是閣樓。

第三件要做的事是在不降低入學資格的情況下擴大入學機會。我們的中學教育制度某些部分有問題，但大學並不應該覺得降低自己標準來回應是個正當做法。大學應該承擔起自己促進社會包容的應份責任，使所有年輕人都有機會得益於最全面的教育，糾正弱勢並發掘整個社會的潛力。然而，如果大學分開兩種學生，一種靠實力考進來，另一種單看郵政編碼入選，那就太失格調了。牛津就像其他大學一樣（甚至做得更多）有廣泛的計劃，嘗試克服一些中學在志向方面的匱乏，並幫助普通學校的學生準備入讀我們的課程。有了莫里茨（Michael Moritz）和海曼（Harriet Heyman）夫婦這樣富有創意的捐助人，我們現在可以、以後也會更上層樓。但降低英國一些仍是全球最佳大學的質素，根本無助減少社會的不平等，因為不平等現象原是對我們所有人在政治、社會和道德上的譴責。

第四，應該堅決拒絕將大學人文學科當成可有可無的附加興趣。我們必須支持人文學科，並不是因為它們據稱可以增加國家的 GDP，而是因為人文學科讓我們對世界、對彼此都理解得更全面。因為人文學科使我們有能力用有創意、批判式的方法思考。因為人文學科賦予我們道德感知。因為人文學科教會我們熱愛爵士樂和貝多芬、拉斐爾和塞尚、莎士比亞十四行詩和福樓拜的小說。因為人文學科教會我們甚麼是生命、美、愛、死亡。因為我們是人。

第五，近年英美大學校園人聲鼎沸，爭論言論自由和知識探究的界限，令我們必須再三論證大學是自由多元社會的重要機構，是抵禦民粹主義及身分政治騙局的堡壘。大學本身必須充當自由價值的傳承人，在合法、正派和禮尚往來的慣常範圍內鼓勵言論自由、自由探究、公開辯論和寬以待人，不應該讓師生處身孤芳自賞的迴音壁，避過挑戰和辯論。正如我剛剛說過，學術界不是教育界超級市場，也不是庇護所聯會，禁止詰問和辯論以免冒犯他人。在牛津，我們早就激烈辯論過這些議題，當時的背景是帝國冒險家羅德斯（Cecil Rhodes）留了一筆錢給大學，志在支持國際學生，確實，他的種族觀和商業上的巧取豪奪令人非常不安，不過在他的年代卻甚是典型。曼德拉曾與牛津合作擴大基金的支持範圍，幫助更多非裔黑人學生。來到今時今日，羅德斯的觀點和事業應該得到理解，但（完全正確地）絕對不應該受寬恕，無論是曼德拉還是我們牛津這邊，都不認為將這些細節放在時代的主舞台上是明智的做法。我完全贊成用最寬廣、對事情最充分了解的角度來理解歷史，但不贊成站在當代偏見或政治觀點的立場來重寫歷史。

能夠與牛津與 BBC 這樣至少兩家世界一流的英國機構拉上關係，是我的榮幸。在英國能像這樣可以拿來自吹自擂的機構實在沒幾個，我們可不能對它們的長期福祉和活力不聞不問。二〇一一年我獲邀出任 BBC 信託基金主席時，好幾個朋友警告我說這是個「不可能的任務」，原因是伊拉克戰爭期間一次廣播風波後所確立的管治架構有問題。但諷刺的是，在可怕噩夢的整個醞釀期之中，就幾乎只有這麼一次是政府對而媒體錯。我記得一些好心的朋友也曾勸過我不要去香港，不要去貝爾法斯特當治安委員會主席，不要去布魯塞爾做歐盟委員會專員，所有他們覺得會讓我完蛋的工作，我都非常享受，那我今次為甚麼要聽他們的？我很固執，又喜歡挑戰，總是傾向聽從諾克斯的建議，「做最難的事」。無論如何，我是愛 BBC 的，它是我原初希望開展職業生涯的地方。它在過去和現在都是這個國家最偉大的機構之一。單單一口氣列出它那些無處不在而緊張兮兮的批評者，就已經有充分理由誓死捍衛它。

BBC是有機地發展起來的，成為公共領域的一個核心部分，但又不屬政府管轄，保守黨的歷史元老伯克一定很欣賞。它並非如論者所說是彌補市場失效的方式，而是我們公民人文主義和多族裔、多種族共同公民身分的核心組件。BBC的角色乃是基於一套共同的英國價值和共同的相互責任感。它是我們共同的英國對話中的一個關鍵部分，也是一項重要的全球資產。民意調查顯示，當中經費微薄的國際頻道（BBC World Service）對英國海外形象的貢獻比起我們做的任何事都要多——也許除了皇室儀式和偶爾派兵。新聞特朗普化（「另類事實」，alternative facts）更敦促我們要多多投資在BBC珍貴的新聞服務上。實際上被緬甸軍政府監禁在國內的民主人士昂山素姬，並不是唯一一個向我強調BBC對她生活何其重要的人。在紐約的聯合國總部，很多外交官早上起床第一件事就是打開BBC國際頻道。

BBC的管理從來都有毛病，我懷疑部分原因是它本來就是由一個自負的巨人創立的，里斯勳爵（Lord Reith）不打算被任何人管理。二戰期間的爭議多數涉及作家費茲傑羅（Penelope Fitzgerald）在有關BBC的可愛小說《人類之聲》（Human Voices）裡所描述的「戰時責任」——她說BBC負責「任何戰爭中最奇怪的任務：說真話」。以往多年來，BBC在主席和理事會（Board of Governors）的領導下運作，他們有時有點古怪，成員名單就是英國建制歷史各種奇葩部落主義的點名冊。八〇年代，身穿卡夫坦長袍、擁有自己同名城堡的侯活（George Howard）卸任主席，由楊格（Stuart Young）接手。楊格是特許會計師和Tesco超級市場的董事，所以理事會確實是兼收並蓄的一群。但總的來說，理事保護了廣播公司免受外部干擾，只是偶爾發生浴血和災難事件。除了零星的小插曲以外（通常是新聞部編輯失誤），BBC保持著良好的紀錄。BBC有很多人收看收聽，而且備受信任，獨立性亦無可質疑。這就造成了一個後果：BBC管理層有時會表現出一種根深柢固的「拒受更高權威管轄」的態度，即使是（有人會說是「尤其是」）神聖三位一體也大概不足以撼動他們。

二〇〇七年修訂 BBC 憲章時，為了改善所謂的管理失誤，管理機構和行政部門正式分家。當時儘管不是人人心滿意足，但對很多人來說是個好主意，這就提醒了我們，處理制度變革必定要小心翼翼、一絲不苟。存在已久的事物為甚麼仍然存在，通常都有很好的理由。BBC 信託基金的成立是為了監管廣播公司本身，並代表支付牌照費的人，要求節目要有更高質素和更加獨特。但角色混亂的問題也因而出現：信託基金是監管人還是啦啦隊長？某程度上這是個修辭方面的問題，答案應是兩者兼而有之。BBC 如果做得好，信託會如實報告，做得不好，信託也會和盤托出。這肯定沒有問題了吧？但事實並非如此簡單，更大的困難要出現了。信託基金主席可以自稱為 BBC 主席，但真的可以主持大局嗎？並沒有。信託基金主席既不是整個組織的執行主席，也不是非執行主席，而是監管機構的主席。當年，BBC 自有執行董事會，執行董事會有自己的主席，也就是 BBC 總裁兼總編輯（Director-General），但如果出事，信託基金主席通常都被推上火線。這明明白白就是管理混亂。為了表明所謂權力分立的立場，信託基金與組織其他部門分開安置，於是，信託成員就錯過了各種八卦和非正式意見交流，這些溝通對了解日常事務至關重要，一位朋友稱之為「廁所日誌」。再者，正如我提過的，當時不知是誰說服了政府，說應該讓總裁也擔任兼有執董和非執董的董事會主席。那麼，責任的盡頭在哪裡？責任停止的地方是否對應真正的權力所在？誰決定編輯問題？是總裁，完全正確。但到底是誰管錢和整體策略？鑑於信託的職責是代表支付牌照費的人，加上公眾對 BBC 薪酬水平的爭議，這個問題當然相當重要。

我到信託基金履新時，總裁的董事會有個薪酬委員會，由一位傑出的金融家擔任主席，他也主理巴克萊，一家在此問題上取態不含「節儉」二字的銀行。我第一次和執行董事會共晉午餐是在金絲雀碼頭，我是搭地鐵去的，這似乎讓一些董事略感困惑。在會上我提出 BBC 高級管理人員薪酬和人數的問題，援引大英博物館那位傑出館長的薪酬（那時應該每年約十八萬英鎊），問及有多少 BBC 高級管理人員拿到同樣甚至更高的工資，以及這如何說得過去——看看我提出來作為參考對象的那位仁兄的非凡成就。這句毛派言論引起席間一陣驚懼。我認為 BBC 薪酬獎勵的規模是以往管治架構遺留下來的問題，好一段時間以來，信託基金一直努力控制它並削減成本。信託基金可以同意或否決總預算，但在擬定預算方面的發言權則含混不清。最終，信託基金對薪酬和預算問題有了合理的控制，例如設置最高薪酬對比薪酬中位數的倍數上限。不過，我們還是因過去的罪過而備受指責。這種含混不清的情況後來在下議院公共賬目委員會被用來詆毀信託基金——狡猾，但有效。

回想起來，如果BBC信託能避免過分挖掘高級管理人員的工作細節，出事時管理層又不跑來躲在信託基金背後找掩護，信託的管理模式可能會運作得更好。與此同時，基金也做了一些出色的工作，尤其是在節目質素和競爭問題上，麾下又有勤奮但常遭騷擾的員工，以及一位表現得很像老派常任秘書的信託基金總裁（我對此非常高興）。克羅（Nicholas Kroll）還很風趣，博覽群書，通情達理得不得了。我常想，如果後來的總裁兼總編何爾（Tony Hall）在我到任的時候在職，我們三個人應該可以把一切事情做得很好，但我和我到任時的總裁兼總編湯臣（Mark Thompson）關係則不是特別密切了。交流「出了甚麼錯」的閒話對誰都不好，BBC前高層和報酬過高的過氣女藝人寫的相關書籍根本不缺。人與人之間的關係有時就是行不通，這也是我一直認為人際關係比修理制度更重要的原因之一。我認為湯臣非常聰明，他明顯相信自己是整個BBC最聰明的人。我知道，每個人都知道，BBC高層顛覆了我前任的李昂斯爵士（Sir Michael Lyons），我不願意重蹈覆轍。總裁當然是組織每個方面的營運總管，主導會議和討論，但我從來都不知道如果事情出錯，誰會知道或者誰要負責。詩歌裡「沒人像他」（there is no one like Macavity）的麥卡維弟從來沒有出現過。[4] 舉例說，BBC播出一個有爭議的節目，或是有項目先委約後取消，傷害到的人越來越多，麥卡維弟卻一無所知。不論氣氛如何動盪，麥卡維弟這個幸運的傢伙總是能站穩腳跟，這無疑很需要技巧和運氣。總而言之，很遺憾，湯臣和我無法把事情做得更好。

信託基金一致推選安懷瑟（George Entwistle）為湯臣的繼任人，他是個格外正派的人，也是一位成績斐然的廣播人。不幸的是，節目主持薩維爾（Jimmy Savile）的可怕行徑被揭露，BBC有否對揭露相關黑歷史的節目自我審查也成為爭議，風暴席捲BBC，也捲走了安懷瑟，醜聞後來還因為《新聞之夜》節目報導性侵犯兒童案時出了彌天大錯而越演越烈。[5]這次風波是很值得注意的例子，說明主席即使遵循以往的管治安排還是會遇到問題，而這些問題，在明確禁止信託基金主席參與編採的情況下肯定會出現。節目播出的當天上午，我的一位工作人員在博客圈看到消息說《新聞之夜》打算報導前保守黨財務司庫麥卡賓被指為威爾斯一個孌童癖團伙的其中一員。我聽著這個完全不可信的故事，說我必須打電話給總編，要他介入節目的編輯程序。他們很快就說服我這樣做大錯特錯，而且「保守黨前主席阻止有關前司庫的報導播出」這種消息很快就會泄露出去。

4／麥卡維弟（Macavity）：出自詩人T. S. 艾略特（T. S. Eliot, 1898—1984）寫給年輕讀者的詩作〈麥卡維弟：神秘的貓〉，後來整部詩集《老負鼠的貓經》（Old Possum's Book of Practical Cats）被改編為經典音樂劇《貓》（Cats）。其中麥卡維弟為劇中唯一反派，犯罪不留痕跡，在其他角色到場前已消失無蹤。

5／薩維爾（Jimmy Savile, 1926—2011）：英國第一代唱片騎師及BBC資深節目主持，六〇年代於BBC成名，一生促進文化及慈善事業。於死後被曝曾性侵二百多名幼童，而於醜聞發生的數十年間，沒有人曾阻止他，BBC更曾中止對醜聞的內部調查。

我完全信服。當時《新聞之夜》剛剛因為取消薩維爾主持的節目而失掉編輯，於是我打電話給安懷瑟，問他是否認可《新聞之夜》有大人好好照看著。他向我保證沒問題，給出兩個高級行政人員的名字說他們負責這個節目。節目出台，災難降臨，安懷瑟引咎辭職，信託基金完全沒有挽留他。就像其他獨立調查一樣，「成立調查」對比調查結果本身，前者所引起的媒體躁動遠遠大於後者，後來的伊拉克戰爭獨立調查似乎也是如此。安懷瑟是整場可怕事件的主要犧牲者，基本上是無辜的一方。我以前從沒見過這樣的媒體風暴，它一部分源於故事自身可怕的新聞價值，一部分在於某些相關印刷媒體的商業利益，當時它們正因為電話竊聽而備受抨擊。BBC恰如其分地忠實報導事情的所有「內幕」和「外幕」，安懷瑟也在其節目《今日》中承受了無情的拷問。這就是BBC的工作。

安懷瑟離開後，我們迅速向何爾求助，最終說服他辭去管理皇家歌劇院的工作。他很快就讓BBC恢復平靜，繼續削減多餘開支，將經常開支降低至公營機構最低數字之一。在他主持下，BBC廣播了一系列超卓的電台電視節目，花費的資金比起其他主要廣播公司只是小數目。他一九九九至二〇〇〇年度首次申請這個職位時，BBC 董事會早就該明智地決定任命他。

那些年絕非我最好受的日子。做個不是主席的主席、所謂臃腫左派組織的「普伯」啦啦隊隊長，工作比我想像的要困難十倍。要怎樣向激烈批評 BBC 的人解釋，它仍然是英國民眾自覺最引以為傲的機構之一？它作為一個新聞機構，不論過去現在，可信度都像華沙公約組織的選舉結果一樣高得令人尷尬，遠遠拋離任何攻擊它的報紙，於是自然也不會得到這些報紙的報導。在二〇一六至一七年間，政府決定重整管治架構，將監管職能移交通訊管理局，並成立一個統一的董事會，由提出這個管治模式的銀行家克萊曼蒂爵士（Sir David Clementi）主持。他和同僚將會面對的最大問題是，BBC 將要在極其艱難的財政安排下營運，使之在商業競爭中面對 Netflix 等網台及創作人等對手時處於越來越不利的地位。首先遇到的挑戰會是 BBC 能否在商業頻道大灑金錢、自己卻預算有限的情況下，堅持保留體育報導。恰恰就在我們越加需要公共服務廣播電台的時候，世上最好的一家卻面臨越來越大的融資挑戰。俄羅斯、中國、梅鐸和霍士還有其他人肯定以為我們瘋了，而且無疑在偷笑。

二〇一四年春天，我從大波特蘭街地鐵站步行到 BBC 辦公室時，發覺越來越需要停下來喘口氣。我有時後悔放棄了專車接送，尤其是我為了省錢而棄用它，它馬上就被一個 BBC 高層搶去用了。即使最輕微的運動也會讓我感到疲憊。我決定下次身體檢查時一定要報告這個情況。在此之前很久，我就曾試過半夜三更被緊急送去車路士暨西敏醫院急症室，拯救我於嚴重心臟病發之中的是一位牛津薩默維爾學院哲學畢業後轉而讀醫的美麗醫生。之後我被轉到皇家布朗普頓醫院（Royal Brompton）接受第二次血管成形術（第一次「通波仔」是此前二十多年在香港做的），我還利用微創技術做了冠狀動脈搭橋手術。如果以前有這樣細緻的科學讓我父母受益就好了。偉大的英國醫生，和幾乎全部來自歐盟其他國家的醫療輔助人員和護士，這就是英國國民保健署的尖端。我的情況是壓力造成的嗎？似乎有一部分吧。有位醫生說過：「壓力不一定有害——除非你不喜歡它。」我就是不喜歡它。

二〇一四年五月，我從 BBC Trust 辭職，重獲新生。

我還有另一個「普伯」經歷，是有點神職性質的。今次的權威在哪裡，至少在理論上應該是毫無疑問了。我在法國度過美妙的幾個月休養期後，二〇一四年夏末收到佩爾（George Pell）樞機主教辦公室的電話。佩爾樞機是一位來自澳洲的大主教，教宗方濟各把他從悉尼請來羅馬清理並改革梵蒂岡的財政和管理。這不是個小任務，很像試圖砍掉生長在其他植物身上的大片花園荊棘那樣，前人已經試過了。教宗若望廿三世專注於教會的宗教革新，向廿一世紀敞開大門，他乾脆繞過梵蒂岡教廷高層，聽取外人建議然後照著做。他既聖潔又狡猾，儲滿梵蒂岡外交官的經驗值登上聖彼得寶座。他的繼任人教宗保祿六世是位自由派知識分子，自由到教宗庇護十二世不肯讓他戴上樞機帽。保祿六世最初考慮遷離梵蒂岡，坐鎮拉特朗聖若望主教座堂當他的羅馬主教，不過被說服了放棄這個念頭。保祿六世是個哈姆雷特般的人物，一個飽受折磨的自由主義者，在嘗試避免教會分裂的過程中被反對派撕成碎片，最終得償所願。有一次他聽葛林長篇演講時，俯身向前碰了碰作家的膝蓋，禮貌地說道：「但是，葛林先生，我也是天主教徒。」

我們不能期望教宗會熱衷於試算表和組織圖，於是，教宗方濟各求助佩爾。佩爾是一位優秀而強硬的管理人，也不怕損失甚麼。他問我是否願意為他的工作出一分力，主持一個重組梵蒂岡媒體的委員會。梵蒂岡媒體運作規模龐大、成本高昂、質素參差，而且看來不怎麼專注於用多數人接收資訊的方法去傳遞消息。

我也曾經與梵蒂岡合作過，在二〇一〇年大選後，甘民樂想我接管教宗本篤十六世同年稍後訪英的協調工作。在白金漢宮一次早期的會議上，他肯定是從官員那邊發現安排有點亂，白高敦和貝理雅一直鍥而不捨地邀請教宗來訪，但當教宗應允時他們又似乎已經沒了興趣要見證訪問順利進行。優秀而體面的蘇格蘭工黨部長麥偉俊（Jim Murphy）名義上負責此事，但面對的是一個由多名部長組成的委員會，沒有商定的預算，通常組織官方正式訪問的、非常專業的外交部公務員就此又貢獻不大。唐寧街施壓想我親自擔起這個任務，我最初拒絕了，或者至少求過他們給我時間考慮。第二天我接到電話，告訴我說女王已經知悉我同意接手。這樣一來，我提出了三個條件：第一，英格蘭和蘇格蘭教會體系同意這個安排；第二，我要「自把自為」，不要部長委員會，只直接向首相負責；第三，我要拿到適量預算，我也不會超支。甘民樂爽快點頭，而且信守諾言。我與一支優秀的官員團隊合作，其中有外交部一群負責外賓訪英的有能之士，由傑出的常任秘書高士（Helen Ghosh）領導。

結果，儘管訪英之前受到批評，組織上又有一些複雜情況，但教宗本篤十六世的愛丁堡、格拉斯哥、倫敦和伯明翰之旅還是順利進行了，部分原因是教宗本人天性溫和，佈道和談吐的知識品質也令人印象深刻。人們實際見到的教宗是個溫柔有禮的知識分子，跟媒體引導他們預期的強硬獨裁者形象截然不同。梵蒂岡與蘇格蘭首席大臣薩蒙德之間就某一兩個問題的談判固然痛苦，但絕對不是羅馬一方任何人使然。教宗在愛丁堡受到人群熱情歡迎，成功在那一刻幾乎已成定數。在我而言，西敏寺的晚禱是高潮，英國教會儀式表現出最巔峰的狀態，教宗和坎特伯雷大主教威廉士（Rowan Williams）帶領隊伍走過過道，偉大的普世讚美詩《教會根基歌》如雷貫耳。我很高興看到一些梵蒂岡官員迎來困惑而遲來的認知，他們終於看到英國不是個無神地帶，反而有一個多元化、活躍和喜樂的信仰社群，裡面也包括天主教的部分。對國家民族的刻板印象很有趣，想來英國人對愛爾蘭人或意大利人也不無同樣刻板的觀念。

有了這次經驗的鼓舞，我很快就答應了佩爾樞機。任務本身在智力上不算很有挑戰性。麥健時管理諮詢公司（McKinsey's）此前已經給了佩爾樞機一套非常合理和全面的媒體改革建議，麻煩的是他們設想著要大幅裁員節省開支，這可就不是教宗方濟各會考慮的了。麥健時表現出諮詢工作有用的一面，但也揭示了比較值得懷疑的一面，不過總算提供了一點方向感來提示我們怎樣前進。組成團隊的有少數內部知情人士，但大部分是教會各路外來專家，經過一年多的每月例會我們終於正式提交了一個深思熟慮、結構完善的計劃，提議將原先割裂的組織拉攏整合，構成一個現代媒體運作系統，目標是透過受眾實際使用的渠道採集消息和報導新聞。

每三四個星期去一次羅馬是個特別的收穫，我喜歡看梵蒂岡官員祈禱甚至工作。就像所有官僚機構一樣，梵蒂岡也有自己的文化，二〇一四年聖誕教宗在一場激動人心的演講中譴責過這種文化，他其中一句比較溫和的批評是說梵蒂岡患上「宗教腦退化」。我自己主要觀察到三點：首先，天主教會公務員制度某些部分運作得非常好，尤其是教會外交部門的語言天賦遠遠超過多數民族國家，而且在世上一些最危險的熱點地區有著豐富經驗。如果想了解某個非洲戰區的局勢或是某拉丁美洲國家的人權狀況，世上可說沒有比梵蒂岡外交官更好的解讀了。還有一些人在梵蒂岡其他崗位工作，全都非常專業。我工作組的秘書是一位愛爾蘭蒙席司鐸，現在是文化部的主教。泰爾（Paul Tighe）是社交媒體專家，對羅馬發生的一切都很有見地，極度能幹，證明滴酒不沾也可以做個有趣的同伴。他助我在羅馬度過特別愉快的時光，而且讓我記起多年來共事過的一些最優秀外交官和歐洲官員都來自愛爾蘭。和他共事也讓我再次意識到，人會在歲月的長河中不斷交朋結友。

第二，梵蒂岡為整個教會工作，自從它在羅馬開始存在以來就理所當然是這樣。如果意大利氛圍沒有滲透到它每個方面的存在，就真是太讓人嘖嘖稱奇了。我對意大利官僚機構了解不多，不能一概而論，但我從來沒聽過任何人、甚至是意大利人自己稱讚它，雖然常常有人說墨索里尼要火車準時。[6]

第三，教宗方濟各希望教會表現得像一個慷慨寬容的牧者，而不是嚴苛成性指手劃腳的獨裁者，我對他本人和他的努力都積極支持，因而特別希望近距離見到他。如果在梵蒂岡旅館「聖瑪爾大之家」（Santa Marta）留宿或工作，就真的會發生這種好事，因為他就住在那裡。聖瑪爾大之家簡樸而不簡陋，算是較新的建築，白色牆壁、神聖畫作，沒有一台電視的痕跡，還有為教宗本人而設的美麗小教堂，除了道袍拂過的窸窣聲，幾乎沒有甚麼聲音。來訪的人在餐室用早點或午餐時，和巨大的「白衣人」身影打到照面常常都會大吃一驚。旅館的其他人呢？我說的是教會的全球高層團。如果其中沒有一些人死力抵受住這股方濟各風暴，等待著這位傑出人物年老體衰的時機，希望事情會回復「原狀」，那反倒是奇事。在他當選後，大主教向聖伯多祿廣場的人群介紹他，嘗試將皮草襯裡肩衣披到他身上，這位新教宗就對身邊的大主教說：「免了罷，狂歡節結束了。」有天在聖伯多祿廣場，方濟各接受了一群朝聖者獻上的南美草藥瑪黛茶，受到保鑣責備，理由是飲料可能下了毒，他回道：「怎麼了？他們是來朝聖的，又不是樞機主教。」我們其實不期望教廷有甚麼文藝復興式的行為，但教宗肯定知道「結束狂歡節」已經引起了多少反對。我自己不認為把時鐘撥回方濟各之前的年代、重現僵化的確定性和無處不在的訓斥會是大多數天主教徒可以接受的選擇。教宗方濟各在面談時表現得極度簡樸和謙卑，在公開場合則充滿令人敬愛的優雅和權威。

佩爾樞機和我們的媒體組織改革報告最後怎麼了？樞機是位非常聰明的人，對大多數議題都持右翼意見，不過他對意式管理質素坦率而過度公開的評估，令他受到削弱和排擠，然後被要求回澳洲面對數十年前性侵犯的控罪。我對這些事一無所知，而且不同意他許多觀點（例如有關氣候變化的），但我敬佩他的智慧。像梵蒂岡這樣的組織裡，官僚水泥幾世紀以來凝結得固若金湯，我認為他所貢獻的正是在

6／墨索里尼要火車準時：此諺語常被引用以論證獨裁政權的優點，又或用以諷刺極權難得的優點就是要火車準時，在英國廣為傳播。

其中實現任何變革所需的重型建築機械。至於報告，教宗方濟各和他核心的樞機圈子全盤接受，交由一個意大利人團隊執行。我希望有驚喜吧——Qué será, será，要發生的，就會發生。

在本章中，我重點介紹了我擔任的公職。我也很享受與一些非牟利組織合作，尤其是巴勒斯坦醫療援助和國際危機組織（International Crisis Group），後者是一個預防衝突的組織，我曾擔任聯席主席數年。其優秀團隊由資深美國外交官皮克林（Tom Pickering）加上才智雙全、孜孜不倦的前澳洲外長伊凡斯（Gareth Evans）主持，有一小隊精明的外交政策專家，為傳統外交官的工作集思廣益。

在羅馬、牛津和 BBC 的經歷告訴我，它們在政治上沒有甚麼新事是可以從西敏宮學到的。事實上，我懷疑西敏的草食動物比前三者任何一處都多，我肯定曾在比下議院更危險的地方工作過。但這些日子以來，作為英國憲法極樂世界的上議院一員，我完全不覺得受到任何威脅——除了有大量證據證明死亡已經迫在眉睫。

第十二章

暴力與信仰

亞歷山大死了；亞歷山大埋葬了；亞歷山大化為塵土；人們把塵土做成爛泥；那麼為甚麼亞歷山大所變成的爛泥，不會被人家拿來塞在啤酒桶的口上呢？

凱撒死了，你尊嚴的屍體
也許變了泥把破牆填砌。

——莎士比亞，《哈姆雷特》[1]

說到底，怎樣才是好的天主教徒？遵守禮典當然算，但然後呢？……我不得不承認，有時我覺得信仰可能太過了。信仰排斥人性。我見過信仰被抬高、扭曲，最後人們只記得教會，而不知有基督。

——亞倫．麥思（Alan Massie），
《有關忠誠的問題》（A Question of Loyalties）

那一切遭遇處處有我生命留鴻爪；

所有的經驗卻只是一座拱門，從那裡
尚未旅遊的世界透光進來，邊緣
隨著我一步步前進而不斷消失。
——丁尼生勳爵（Alfred, Lord Tennyson），《尤利西斯》[2]

．．．

不論我們是甚麼身分、穿幾號鞋，總有一個共通點，就是遲早像亞歷山大和凱撒，當然還有可憐的弄臣約歷（Yorick）一樣，會死掉、「變了泥」。[3] 塞爾維亞

1／取自朱生豪譯本。
2／取自呂健忠譯本。
3／約歷（Yorick）：莎士比亞劇作《哈姆雷特》中死去的宮廷弄臣。在第五幕中，他的頭骨被掘墳工人挖出，引起哈姆雷特王子對生命無常的沉思。

人和克羅地亞人、基督徒和猶太教徒、遜尼派和什葉派、總統、教宗、貧民與皮條客，最終都是一樣——塵歸塵，土歸土。〈詩篇〉說「一生的年日是七十歲」，如果大步跨過（或者被人推過）這個門檻，就算人不特別消極，也不免多想了塵呀土呀之類的問題。我一位朋友每天早上讀報，總是先看訃聞，不是為了檢查自己是否還活著，而是要看看新近過世的人平均幾歲。好日裡，「死亡中位數」和他年齡會有個舒心的差距，但某些日子裡也不得不承認，如果按當天的統計，他應該早就死了好幾年了。我當牛津校監時，愛丁堡公爵（菲臘親王）是劍橋校監，我把上一本書《然後呢？》（What Next?）寄給他時，他回信說：「『然後呢？』你到了我這個年紀，就只有一個答案。」

答案可能要等很久才來，但它是肯定要來的。有些人想加快進程，有些人則希望有多遲推多遲；火車無情地奔向最終最終的終點站，路上的樹葉和積雪都無法阻延它抵達必然的歸宿，但多數人可能都盡量不去想太多。

戴維斯（Bette Davis）曾經說過：「膽小鬼不適合變老。」的確很對。許多人和我一樣，覺得如果以前知道「年紀大，機器壞」會壞在甚麼地方，就會一早好好保養——打網球打到嘎吱作響的膝蓋肩膀，引來糖尿病危機的大肚腩。不過現代醫學（我得到的是心臟手術和他汀類降膽固醇藥物）讓我們很多人比以前活得更久，而且今時今日我們大多有自己的牙齒，不是父母和祖父母那種要穿穿戴戴的。我還記得祖母床頭櫃上的杯子，裡面有白色的泡沫液體，一排假牙像鯊魚鰭一樣潛伏在水位之下。

醫藥和衛生服務把我們留在生死門檻的這一邊，但我們是否會從一而終知道自己姓甚名誰呢？這又是個惹人擔心的問題。英國有八十五萬人患有失智症，美國五百多萬，全球共有近四千四百萬。失智症不是現代人才有的憂慮，古羅馬詩人尤維納利斯（Juvenal）說失智「比任何身體損傷都更糟糕——忘記奴隸的名字、昨晚來吃晚飯的朋友臉龐、自己生養起名的孩子叫甚麼」。史威夫特（Jonathan Swift）在〈史博士之死亡詩〉（Verses on Death of Dr Swift）裡思考自己的衰亡時，也有同樣的想法：

另外，他記憶消逝，
忘記自己說過的話；
一眾朋友面目模糊，
遺忘自己晚飯光顧哪戶……

一次大學晚宴上，我太太坐在著名神經科學家、現已身故的窩頓勳爵（Lord Walton）旁邊，勳爵告訴她，有個新的測試可以檢查病人是否患有早期認知障礙症，還說了問題內容。「那問題內容是甚麼？」我第二天問。她答：「我已經忘了。」

拉威爾（Maurice Ravel）失憶後參與錄製自己的作品時焦慮地問：「提醒我一下，作曲家叫甚麼？」西塞羅認為人可以不斷努力保持頭腦井井有條，例如本恩就寫了大量的日記。這個取向催生出各種退休職業計劃，做些比其他人做得好的事情。一位腦外科醫生向作家愛特伍（Margaret Atwood）說自己打算退休後開始寫作，她回道：「真巧，我退休要做腦外科醫生。」

「人之將死」讓我們恐懼到甚麼程度？我想，「將」字不是實際問題所在。死亡從來都迫在眉睫，毛姆（Somerset Maugham）在他一部引人入勝的作品中就提醒過我們了。一位巴格達商人派僕人去市集裡，僕人驚恐地歸來，說死神在擠擁的市集上推擠著他。於是他借了主人的馬，打算去薩邁拉過夜避難，遠離死神。商人去市集找到死神，責問死神為何對僕人威脅作勢。死神答：「那不是威脅，我只是很驚訝會在巴格達遇到他罷了。我今晚和他有個約會，在薩邁拉。」

家母在睡夢中心臟病發去世，繼父也是。家父也死於心臟病，不過是車禍之後病發。他們都不算老，肯定想不到要赴薩邁拉之約。現在我不時半夜裡胸痛驚醒，第一件事是去拿消化藥，如果有用，我就知道約會時間還沒到。我擔心，但不恐慌。我覺得一部分原因是我有一張一生合用的舒適小被被：基督徒相信有死後的生命。

有些人沒有這種信仰去支撐自己，可能容許甚至鼓勵自己的理性能力粉碎這充滿希望的謎團，我敬佩他們的勇氣。從童年到老年，這個謎團一直是我的慰藉。所以，雖然我不是威爾斯人，還是會興致勃勃地唱：

當我來到死亡河邊，求主使我不恐懼；
令我安度洶湧波濤，進入天家得安居。

而這是我身分的一部分——一個根本部分，確實讓我和有相同信仰的人都與別不同。我們相信基督的承諾，生命不是故事的終章。我們都會死，這是大家共通的經歷，但不是每個人都會想：就這樣吧。

有些朋友無法理解我怎麼能抱持這種觀點，像小孩一樣接受這樣的全盤權威。他們覺得難以置信，原因之一是這種態度與我以往就身分和暴力說過的話、寫過的文章、做過的事，很多都矛盾不一。他們的論點是，畢竟宗教本身就是戰爭、暴力和苦難的一個主要成因，尤其是偉大的「有經者」一神論宗教——基督教、猶太教和伊斯蘭教，不就是暴力的主要源頭嗎？嗯，是，也不是，但主要來說，不是。

在農業社會和文明之中，早在這些宗教佔據眾人的想像與生活之前，暴力根本就是系統性的。希伯來人的民族故事開頭，就是農夫該隱殺死牧民亞伯。碰巧在歷史上，牧民從來都是農人的敵人，而且不時因此受苦。耶穌出生在希律王死後，猶太人起義的時期，羅馬治世靠暴力殘酷地執行，羅馬帝國靠刀劍建立和維繫，但耶穌宣揚寬恕，把另一邊臉也掉過來讓人打。當然，後來十字軍東征似乎沒有反映出耶穌的教訓，穆斯林自覺在西方手中受害，也是由此而起。然而，超越基督教美德的騎士理想混合北歐睾丸酮素，也有份與宗教一起發動攻擊，蹂躪一個在在超越西方基督教世界的文明，而且幾個世紀以來，十字軍不僅想征服基督教世界的前哨站，還要征服它的腹地。十三世紀的另一場十字軍東征發生在我熟悉的法國朗格多克（Languedoc），針對阿爾比教派，既是為了伸張世俗權威，也是為了剷除異端邪說。因此，宗教有時可能促成戰爭與暴力，但很少是唯一或主要的推動因素。令歐洲滿目瘡痍的三十年戰爭，看似是天主教徒和新教徒相殘，但實際複雜得多。天主教徒將領為新教徒倒戈上陣，反之亦有。

然後，世俗時代大概是從法國大革命開始的吧，我們又從中學到甚麼？對有組織宗教的攻擊自一七九〇年代伊始，一直持續到二十世紀極權主義政體監禁甚至屠殺信徒，這又顯示了人性和平的一面嗎？以前，信徒生活遠遠未及宗教標榜的美滿，但種種行為再過分，也比不上今人把施加於人的暴力工業化那般邪惡殘酷。二十世紀最終如尼采預言般糟糕，是因為上帝還在，還是因為上帝已死？抑或是，人類的道德指標已被各種事件、經濟變化、技術、社會崩壞吞沒了？當然，總是有易受騙的人上當，相信宗教是定義自己身分的主要特徵，而且正受到打壓，對此唯一可接受的行動就是反擊、報復。

人們常說原教旨主義者暴力，但一神論宗教的原教旨主義情緒不一定會孵化或導致暴力。原教旨主義者通常覺得周遭世界在威脅他們，干擾他們用視之必要的

「高純度」方式實踐信仰。現代科技挑戰著他們的生活方式，但也讓他們聯繫到其他信徒。美國的基督教原教旨主義利用電視和社交媒體，發展得欣欣向榮。不過很多時，外面的世界也就成為「他者」，成為敵人。猶太教、基督教和伊斯蘭教的原教旨主義者看來總是驚慌失措，很有戒心。進化論和現代物理等科學打擊宗教的確定性，不是在基督教才有的事。他們對其他宗教理念毫不包容。我有次去了德州一家美南浸信會教堂，在滾燙的空氣裡感受火熱佈道的力量。牧師果然沒讓我失望而歸——猶太人和穆斯林來自地獄深淵，天主教徒則是被撒旦引誘誤入歧途的。我不肯定天主教徒的命運比起猶太人和穆斯林的，到底是好些還是差些。像那位牧師一樣的原教旨主義者，知識養分來自最簡單又往往是最粗糙的宗教文本。原教旨主義基督徒不大可能留心讀《馬太福音》和〈登山寶訓〉故事，也就注意不到耶穌談寬恕和精神上的慷慨寬宏。（有這麼一件事：一位認同特朗普的浸信會成員明確表示，對提出仿效「登山寶訓」的候選人不予支持。）他們反而抓住《啟示錄》的末日預言和拒絕嘗試與社會其他人妥協的態度，如獲至寶。猶太原教旨主義者首先看舊約《申命記》及其嚴格制定的律法，沒花太多時間研習拉比的教導，不知道細讀經典應該令人變得寬容慈愛。原教旨主義穆斯林無視《古蘭經》主張寬容與和平的部分，只看到為暴力辯護的文字。原教旨主義者堅持自己對真理的看法，任何身在其外或不同意這個看法的人，都是敵人。

基督教原教旨主義者，尤其是美國的，通常不僅強烈支持以色列國要安安穩穩地存在（這是我們許多人都會欣然接受的），而且也極力主張最激進的以色列國土擴展。他們對《聖經》的解讀是，當猶太人全部回到以色列，耶穌就會再次降臨世間；以色列北部城鎮、當地現稱「米吉多」（Megiddo）的阿瑪革冬（Armageddon）將迎來一場大戰，基督徒抗擊敵基督者。至於巴勒斯坦人到時會在哪裡，就不得而知了——其實猶太人也是。既然假設他們最終會接納耶穌為救主，那他們應該算是困在打擊敵基督的抗爭裡吧。很可惜，令人神傷的是，這個故事的結局是沒有「猶太人」的。按原教旨主義者的說法，他們全都必須改信基督教。美國的中東政策越來越堅定地聽任右翼以色列利益集團及其觀點擺佈，基督教右派功不可沒。

原教旨主義穆斯林以往視以巴問題為其暴力極端主義的主要驅動力，我認為這通常是藉口而非成因。許多阿拉伯國家對巴勒斯坦人不夠慷慨，其實它們應該更慷慨些。但我們難道就可以說，穆斯林的原教旨主義來得比基督教的遲，他們天生就比基督徒更暴力？抑或是，伊斯蘭教進入現代時，有過更傷痕纍纍的經歷？

三十多年前，小說家兼身分政治分析家阿敏·馬盧夫（Amin Maalouf）寫過一本書，用阿拉伯視角審視十字軍東征。弔詭的是，他認為十字軍失敗標誌了西方文明崛起之始，同時敲響了阿拉伯文明世界的喪鐘，部分原因是戰鬥期間，土耳其軍事指揮和阿拉伯平民之間起了芥蒂，遜尼派和什葉派穆斯林也是一樣。不過，十字軍東征的記憶在幾個世紀後印記猶存。一九八一年，土耳其人阿里·阿加（Mehmet Ali Ağca）企圖刺殺教宗，寫下的就是：「我決定殺死若望保祿二世，十字軍的最高指揮官。」西方帝國主義多年來也適時發揮作用，讓阿拉伯穆斯林對西方的態度再粗暴一點，而且近年，西方好像（起碼直到所謂「阿拉伯之春」前）通常都站在阿拉伯專制統治者的一邊。人們常說，對上帝、對祂的訊息和對穆斯林的戰爭始於一九一六年的《賽克斯—皮科協定定》（Sykes–Picot Agreement），英法兩國瓜分阿拉伯土地。次年，《貝爾福宣言》力主在巴勒斯坦建立猶太人家園，似乎開啟了基督徒聯合猶太人對抗穆斯林的濫觴。隨後鄂圖曼帝國崩潰，之後幾十年，基督—猶太聯盟據稱利用軟弱和順從的阿拉伯統治者、聯合國、跨國公司及媒體，圍堵並扼殺伊斯蘭教。

這種恥辱的窒息感經過八〇年代在阿富汗、二〇〇三至一一年在伊拉克及二〇一一年後在敘利亞發生的事件，添上更危險的武裝。我還記得一九八七年以英國發展大臣身分訪問巴基斯坦與阿富汗邊境附近的白沙瓦，與英國大使去到為收容阿富汗難民而設的營區，裡面的人因為阿富汗與蘇聯軍隊打仗而逃到這邊。大群非常兇猛的男人手持卡拉什尼科夫衝鋒槍，向天開槍迎接我們。西方（主要是美國）向與蘇軍對戰的部落提供武器，協助他們擊敗蘇軍。大使十分睿智，觀察到輸入阿富汗的武器源源不絕，而且衝突正在從其他地方吸納相同立場的穆斯林。他認為，蘇聯遲早受盡屈辱，不得不撤離，到時阿富汗就只剩下槍枝、火箭、軍閥和鴉片，世界就只剩下許多年輕阿富汗人、沙特人、埃及人，在與不信神的俄羅斯人打仗後步上激進之路。大使說：「我不知道他們接下來會打誰，但我不認為他們會成為醫生和建築師。」他的見解後來證實準確得過分，而西方政策只有火上加油。二〇〇一年阿爾蓋達發動恐怖襲擊，毀掉紐約世貿中心雙子塔，之後就是自願發動的伊拉克戰爭、埃及和北非其他地方政權更迭、敘利亞遭受蹂躪，以及遜尼派沙特阿拉伯與什葉派伊朗、雙方代理政府、武裝派別、恐怖分子和土匪的對峙，禍延整個地區。這一切繼而生成伊斯蘭國組織「達伊沙」（Daesh），給世上首個偉大文明的土地送上無法想像的恐怖。

這些匪類的所作所為是伊斯蘭教的體現或表達嗎？他們把人斬頭、活埋、在市政泳池裡淹死、拋下高樓，是因為宗教，還是因為對自己是誰、該做甚麼，有更恐怖、更變態的認知？他們為甚麼願意冒死轟炸或燒燬戲院、清真寺和教堂？為甚麼甘受無人機和空襲夾擊？為甚麼要與正規武裝部隊作戰？他們沒有真正明確、可以付諸協商的政治目標，不尋求民族獨立或建立正常的民族國家，擁有工廠、發電廠、新首都、閱兵場、坦克、戰機、一排排訓練有素的穆斯林士兵；他們渴望的滿足感在於看到別人受苦、死亡，看到別人被羞辱，知道是自己施加於人的羞辱，證明自己在當時當刻有這種權力。他們要知道自己可以「乘著復仇天使的翅膀」召來毀滅，見證天堂被烈焰吞噬，不止息地摧毀、再摧毀。他們告訴自己，復仇就是真主阿拉希望信徒得到的，這就是神聖正義的真正意思：對西方殘酷統治報復，對現代歷史的不公報復，對文化攻擊報復，對貧富有別報復，對在西方城市爛郊區爛公寓的爛工作報復，對自己做不成大人物或特別的人報復。他們相信這是「上帝早已預備」的報復，神要他們每個人都得到；但這不是宗教，而是在釋放人類最卑劣的衝動，是對宗教和人性的扭曲。宗教作家岩士唐（Karen Armstrong）指出過，伊斯蘭國所謂「真伊斯蘭」，程度就如英國國家黨（BNP）所謂「真英國」典型，或是三K黨所謂「真基督教」一般。她提醒我們，英國兩個想做聖戰鬥士的人在二〇一四年五月遠赴敘利亞前，從亞馬遜訂購了《傻瓜的伊斯蘭教》（Islam for Dummies）工具書。這些人如果真的有「身分」，也不過是個捏造的身分，但卻是極其致命的一種。

西歐和北美的多元民主國家最憂慮的是，我們自己社區內的年輕穆斯林，多年來甚至年輕的一生都在我們國家生活，怎會抱有（或是發現）這種情緒，而且強烈到要離開我們，去參加敘利亞的殺戮，或者留在本國殘害鄰里？我們搞錯了甚麼？要和穆斯林共享西方家園，真的沒有簡單的方法嗎？

我們竟然會要問這種問題，部分原因是有些恐怖分子好像很正常，往往看起來都融入得好端端的，有時不特別像個穆斯林。〇五年在倫敦公共交通工具埋下炸彈，殺害超過五十人的四名年輕男子，其中三人雖有巴基斯坦血統，但在英國出生。任何人從表面觀察，都會覺得他們雖然沒放棄穆斯林身分，但已經完全融入了英國社會，例如其中一人是交口稱譽的小學助教，另一人則是讀體育科學畢業的，四人當中有兩個已經結婚生子。三人回巴基斯坦時，可能受到當地清真寺、伊斯蘭學校和其他接觸到的人影響，因而偏激起來。他們原本的英國社會是否辦事不周，無法幫助他們培養出抵抗力，制衡將他們推向邪道的惡毒教義？他們怎會跟自己的社區變得如此疏離？綜觀其他恐怖分子身分認同，包括某些在法國所見的，就會很清楚年輕穆斯林文化不一定遵從穆斯林社會或道德教義。吸煙、飲酒、同性或異性濫交，正是其中幾個兇手的生活一部分。當然，其中一些個案也明顯有深層的經濟及社會疏離壓力。開車經過巴黎或其他法國城市市郊的高樓公屋區，情況顯而易見。

英國約有二百七十萬穆斯林，佔人口約4.5%。法國的準確數字不易找到，因為政府政策自十九世紀以來，就不准官方統計數據以種族或宗教區分人口。皮尤（Pew）調查顯示數字是四百七十萬人，二〇三〇年會上升到六百九十萬；還有其他更高的估算，認為法國已經有11%人口是穆斯林，多數來自北非和中東。在英國，巴基斯坦和孟加拉是這個離散族群的主要來源國。法國穆斯林人口大幅增加，已經造成了更廣大的社會和政治問題。最近一部諷刺小說，韋勒貝克（Michel Houellebecq）的《屈服》（Submission），預測二〇二二年由於弱勢的左右翼傳統政黨抵制國民陣線入主政府，法國會選出穆斯林總統和穆斯林政府。作者在書中描述公民自由穩步削減、一夫多妻合法化，雖然實際上極不可能，但還是說得頭頭是道，足以讓人看書看到心緒不寧。小說強調西歐自由主義價值觀的危機，點出我們不曾自信地維護公民多元和團結的價值。

這肯定是極其重要的。我們想方設法馴服馬盧夫所說的身分政治「黑豹」，或是把牠囚禁起來（穆斯林身分也好，其他身分也罷），但種種措施都不及維護多元和團結來得重要。自然，我們需要更好的警務情報，洞察極端反社會激進主義組織；必須禁止在清真寺或其他地方宣揚仇恨和暴力，同時拘捕相關人等；宗教學校不論伊斯蘭、基督教或猶太教，都要受監督，確保課程廣泛而外向；經濟和社會政策應設法利用培訓、教育和房屋政策，消除年輕族群的疏離現象。這些措施通常已經是現有政策的一部分，用以治理我們全國多數人所屬的少數族群社區。我們決不能做的是採用一種不連貫的多元文化主義，實際表現得好像英國（或其他國家）可以成為一個身分族群聯邦似的。種族、宗教等各種身分認同應該以同等尊重對待，但「尊重」應該包覆在一套人人都堅持要全部人一起敬重、一起支持的共同價值之內。這並不等於要告訴女性她們應該穿甚麼泳衣，裸露好、遮掩不好；歐洲或北美的多元主義社會在法治下運作，法治由可供問責的民選議會制定。多元社會尊重人性尊嚴，幾乎包容一切，就是不包容「不包容」；它保障言論自由，不容許少數人攻擊整個社會同意接受、甚至認為是文明社會標誌的行為。女人享有的權利與男人相等，性取向和宗教偏好是個人的事。我們全部人都是國家社群的獨立成員，身分認同歸納在更廣闊的國家公民秩序之下，但並沒有被掩埋其中。我生活在一個寬廣的社區裡，儘管有時會想改變社區的標準與價值，但我並不是那種對之全盤拒絕的天主教徒。我信賴由多數人的代表管治社會，同時仍然相信如果「多數人」是明智的，就不應該就此踐踏少數人的觀點。某程度上，這就是北愛爾蘭和平的模式，但即使經過近二十年的相對和平，社群間的關係似乎很微妙地懸浮著，分權的行政體制未來何去何從，也一直受到質疑，或是長期懸而未決。我不確定倫敦高層是否充分重視這種不穩的平衡，眾所周知，人們總是很容易遺忘北愛爾蘭——儘管脫歐後北愛與愛爾蘭國之間的邊界問題會把它暫時排在政治議程前列。

這些想法自然而然會影響東道主社區對移民的態度，也會影響移民對心儀定居國的態度。移民應該了解有意安家之處的生活、文化和價值，通常了解得越多，就越能發現自身帶去的文化與身分認同。這在二戰後西倫敦的波蘭人社區很明顯；它伴隨我成長，多數和我一起打欖球的波蘭男孩——這個「斯基」、那個「斯基」，都知道〈卡西諾山上的紅罌粟〉（Red Poppies on Monte Cassino）這首波蘭軍歌的歌詞，詞裡寫的是那場波蘭將士傷亡慘重的戰役。我的波蘭欖球友還會興致勃勃地高唱〈耶路撒冷〉。

我想像曾祖父母和祖父母也是這樣的態度。他們在愛爾蘭政治動盪和暴力的年代為家人建設新的家園，但這些政治動盪和暴力，肯定偶爾令他們擔心自己所在的社區會怎樣看待他們。早前我說很想知道祖父母會對一九一六年的復活節起義有甚麼感受。如果我可以做個反向基因測試，例如回想我溫柔的父親，再追溯到再上一代，我估計他們就如先父一樣會哀嘆暴力。天主教信仰是他們愛爾蘭身分認同的一部分，家父也堅守著，堅定但不露聲色。所以正如我之前寫道，天主教也是我個人身分認同的核心部分，縱然有高高低低、起起伏伏，縱然對天主教會對世界變遷的反應偶感困惑擔憂，縱然對它行使自稱擁有的中央權力的方式有嚴重懷疑，縱然它總是傾向執行狹隘的教義，多於致力幫助人們在堅持精神信仰的同時過好自己的生活。縱然有這一切一切，我還是以身為天主教徒自豪，即使他們有時讓我困惑，我還是熱愛會眾和教區的行事方式。有人警告十八、十九世紀之交的梵蒂岡國務卿、傑出的改革派樞機康薩爾維（Consalvi），說拿破崙想摧毀教會，他回答：「這事連我們自己都辦不到。」天主教會終歸在錯誤和罪孽之中倖存下來。

我自然像很多天主教徒一樣，不得不忽視一些偶然出現的荒謬，甚至是有害的荒謬情況。一九二八年，阿爾．史密斯（Al Smith）成為第一位競選美國總統的天主教徒，有人提問要他回應教廷文件對民主的一些敵意，他回答說，像很多美國人一樣，他從來沒聽過這些。偉大的英格蘭天主教史家阿克頓勳爵（Lord Acton）說權力使人腐化，這句話的寫作背景是評論宗教裁判所，他強烈批評教廷權勢過大、自命不凡，也不相信教宗一定是睿智而正確的，甚至質疑羅馬在蹩腳老暴君亨利八世離婚案的決定。固然，克勉七世和儒略三世對待都鐸王朝如此差劲，難怪有人說兩人大大貢獻了羅馬與英格蘭的分裂，以及英國教會的建立，這樣的論點確實很有道理。真福者若望・亨利・紐曼（John Henry Newman）對教廷領導權的看法令他在羅馬和英格蘭一些人（例如曼寧樞機Cardinal Manning）之間很不受歡迎：當年梵蒂岡似乎認為現代世界是敵人，紐曼卻主張教會和身為首腦的教宗需要改變。「活著就是改變，完美就是經歷恆常改變而成。」其他人也樂意對羅馬的觀點發表意見，例如卻斯特頓（G. K. Chesterton）用有力的論證說明「異端」和「批評」之間是有分別的。

如果我父母放棄了天主教信仰，如果他們根本不是天主教徒，我希望命運會引領我到一個讓我有秩序地表達或發掘精神意識的信仰團體。去英國教會，我覺得很自在，其崇拜、音樂和語言展現出英國文化一些最持久和最令人敬仰的特質，其中尤以寬容值得稱頌。我前面提到教宗本篤十六世訪英的故事，當日在西敏寺晚禱開始時，教宗伴同聖公會大隊，在英國教會的旗幟和橫幅之下沿著中央通道前進，那一刻我心中充滿了愛國的自豪感。隊伍帶著教宗葛利果一世（Pope Gregory）在五九九或六〇〇年送出、有時奉為英國教會奠基書籍的《精飾聖奧斯定福音》

（Illuminated Gospels of St Augustine）。優秀福音派教會的宗教行為也令我動容，他們的音樂和崇拜似乎很能當面直接地觸動到來自五湖四海的教友。有些人會嗤之以鼻，說這是「自我陶醉」。但因自己的信仰而陶醉，又何樂而不為呢？為自己心目中的好消息鼓掌，又何樂而不為呢？嘲笑熱情洋溢的崇拜方式，和嘲笑人「行善」其實是同一類事情，說得好像「行惡」從根本定義上就比較可取一樣。

儘管如此，我仍然是一個天主教徒，內裡仍然深刻認識到普世教會合一是何其重要，並且希望終有一日內子可以在天主教堂領聖餐，因為天主教是我個人身分清晰明確的一部分。

一些右翼天主教徒——我可沒把他們叫做「原教旨主義者」——恬不知恥地擁抱雙重標準，自己認可的教宗無論說甚麼話，他們都覺得絕對無可非議，但如果選出一個嘗試改變僵化教義的教宗呢，他們就站在那兒不知所措了。教宗若望二十三世召開過第二次梵蒂岡大公會議並寫下通諭，其中《和平於世》（Pacem in

Terris）特別致以全世界。他提倡自由良知，當時教會內很多反對派都深感震驚：「救贖」真如現在宣布那樣可以求諸天主教會之外嗎？這位聖人老者去世時，梵蒂岡的神學執行人暨聖部（Holy Office）的教義禁衛軍首領奧提維樞機（Cardinal Ottaviani）說自己終於可以以天主教徒的身分瞑目了。但對我們很多人來說，教宗若望廿三世和梵蒂岡大公會議正是天主教會應有的樣子。我自己成為天主教徒，若望廿三世也是原因之一。他和大公會議賦予了天主教徒希望和鼓舞，積極地把我們留在教會，幫助我們以天主教徒的身分生活。以往不時攻擊天主教徒、批評若望廿三世兩位繼任人（聖若望保祿二世及本篤十六世）的人，今日眼見教宗方濟各試圖恢復比前兩任帶領教會時更富同情心、更願意寬恕的牧養方式，竟又加以譴責。

因此，我有生之年雖然偶爾不認同羅馬教廷的行為，卻沒有被迫著放棄我的天主教信仰；相反，每當教廷的說法聽起來像《新約》經文時，我就很容易興奮起來。另一方面，世俗的原教旨主義者也沒有特別困擾我，例如是，為甚麼我要因為達爾文而不信上帝？他自己的信仰並沒有被「物競天擇」摧毀（雖然肯定受女兒安妮之死和對「永罰」的懷疑所影響）。試圖用科學來詆譭宗教，往往也就假定了科學本身是無懈可擊的。自從愛因斯坦發表研究之後，我就傾向和其他人一樣，同意波普爾（Karl Popper）的觀點：「我們甚麼都不知道。」[4]宗教與科學是不同的「領域」（Domains），或是像教會人士所說的，屬於不同的「教權」（Magisteria）。科學處理實證問題：這是甚麼構成的，為甚麼會起作用？宗教包含價值和道德，處理意義的問題。信徒有一圈終極的問題，試圖回應並尋求上帝的存在（不過總是做得不夠、不連貫），而宗教就是這個圈圈的核心。

宗教和科學的領域本就各不衝突，二十世紀首屈一指的科學家普朗克（Max Planck）就是其中一個主張兩者可以相容的人。科學不僅僅取決於理性，直覺很重要，信念也很重要，這就是科學像宗教一樣會用到美學和比喻的原因之一。一個謎要怎樣描述？怎樣表達聽史特勞斯（Richard Strauss）《最後四首歌》（Four Last Songs）的感受？看著花園裡白芙蓉精緻地綻放色彩，或是蝴蝶降落其上的飛行奇跡，不是詩人的我，要怎樣把自己的反應用言語表達得淋漓盡致？怎樣準確解釋我相信靈魂與永生的原因？我用的是比喻，就像宇宙學家談暗能量、暗物質或是黑洞一樣。

基督徒的生命過得不充分，只給我帶來了輕微的尷尬感，在知識上，我則完全不覺羞恥。於是我挾著這些想法宣布我的基督教信仰，我的天主教就是我個人的根本部分，但它不會排擠其他的一切，它不會排斥我在這本書裡寫過的一切——英國愛國主義、自由保守黨主義、國際主義、對自身是歐洲人的認知、熱愛運動、愛狗、會讀書、法國發燒友（顧盼自豪的榮譽軍團司令官）、謹慎、幸運、勤奮、對家人迷戀不已，都是成就「我」的組件，令我跟你、跟其他人都不同，不一定好些或差些。在這個身分認同當中，我希望基督徒和家庭的部分會一直伴隨我走到最後。

4／卡爾．波普爾（Karl Popper, 1902—1994）：哲學家，專研邏輯和科學，認為科學理論都只是暫時的、尚未被證偽的假設，是具有階段性的。比如在統計了一百萬隻綿羊後得出「綿羊是白色的」結論，在一頭黑色綿羊出現後就能推翻以上的理論。因此，作者引用波普爾的「我們甚麼也不知道」指出人類的無知。

但那會是多年以後的事，不是嗎？畢竟我讀過毛姆的書，自己絕對無意走近薩邁拉一步。我幸運地過了七十幾年，希望以後也會繼續幸運下去。用最垂手可得的現成話來說，我的生命不乏「小確幸」。書裡面我都寫了，我有幸福的家庭、慈愛的父母、良好的教育，還有一套宗教信仰，助我在人生的迷宮之中找到出路。馬基雅維利說的「機運」不僅僅是指運氣，它還引領我踏上政途，然後世事一環扣一環，從來都不是事先計劃好的。我跌跌撞撞、連滾帶爬地輾轉更換工作，從不覺得納悶無聊。我做的事情，有些結果很好，另一些則不然，但我終究還是留下了印記。我在世上經過的一些地方，可能因為我在那裡幫過忙而變得更美好了，但這個評價最好還是別人定斷，或者總有一天會有定斷。

甚麼是成功，甚麼又是失敗呢？作品常常探討身分議題的小說家羅斯（Philip Roth）在一部小說中提到，男男女女都會留下「污點」、「痕跡」、「印記」，這跟「恩典、贖罪或救贖」無關。也許成功就是留下標誌或印記，或鼓勵人們振作，用更快樂、更成功的方法應付生活。你的印記可能予人希望、讓人微笑，給他們信心和理解，讓他們知道無論如何，他們都可以令自己和別人的世界更美好一點。我有改變到甚麼事物，帶著榮光的焰彩告別嗎？當然沒有。學著頒獎典禮校長致辭說的，你真正能做的，就是自己做到最好，不傷害別人，在生活的困境中混過去，希望相對安然無恙地在另一邊冒出頭來，而那裡又自然會有另一叢困境等著你。我一生中的大部分時間都在民主政治領域打滾，在裡面，你要學會有耐性，要記住人生不一定總是公平公正，就算肯定自己沒錯，也不一定會百戰百勝。人生來到這個階段，我唯一的重大遺憾就是脫歐公投的結果，以及公投結果給我們上的一課「民粹主義之害」——處處伏擊自由主義國際價值，英國、歐洲，唉，連美國也無可倖免。我擔心這一切對英國的未來預示著甚麼，畢竟現任首相似乎懷疑民眾能否同時身為英國人和世界公民。我希望英國、歐洲和美國一切順順利利。

能與一個充滿愛的家庭生活在島國史上數一數二最和平、繁榮、日益寬容的時期，絕對不是我一生好運的一個渺小部分。如果我們整個國家一直都夠運，想來可以避免因為英國脫歐而變得貧窮和刻薄。如果我自己運氣不滅（交叉手指再數到九），我就還有幾年時間清晰知道自己姓甚名誰，可以多多跟穎彤帶著狗在牛津的公園散步，多多去星期六早上的巴恩斯農人市集逛逛，多多在法國塔恩（Tarn）的自家菜園裡坐一傍晚，在番茄成熟之際，一手拿著好酒，一手拿著好書，看著夕陽在樹木繁茂的山丘上，在粉色、橙色、黃色的光輝中徐徐西下。兒孫可能在附近某個地方，小不點在草莓花床和紅桑子莖上搜索著能塞進嘴裡的東西。他們生活過得不錯，我的生活也過得不錯。

1841
一八四一

末代港督的告解
First Confession: A Sort of Memoir

作　　者　彭定康（Chris Patten）
譯　　者　李爾雅
責任編輯　馮百駒
翻譯審訂　李俊儀
助理翻譯　關煜星、蓬蒿
封面插畫　柳廣成
封面設計　王氏研創藝術有限公司
內文排版　王氏研創藝術有限公司
出　　版　一八四一出版有限公司
印　　刷　博客斯彩藝有限公司

2023 年 07 月　初版二刷
定價　530 台幣
ISBN　978-626-97372-0-8

一·八·四·一

社　　長　沈旭暉
總 編 輯　孔德維
出版策劃　一八四一出版有限公司
地　　址　臺北市大同區民生西路 404 號 3 樓
發　　行　遠足文化事業股份有限公司
（讀書共和國出版集團）
郵撥帳號　19504465 遠足文化事業股份有限公司
電子信箱　enquiry@1841.co

末代港督的告解 / 彭定康 (Chris Patten) 作；李爾雅譯 . – 初版 . – 臺北市：一八四一出版有限公司，2023.06
面；　公分
譯自：First confession : a sort of memoir
ISBN 978-626-97372-0-8(平裝)

1.CST: 彭定康 (Patten, Chris, 1944-)　2.CST: 傳記　3.CST: 英國　4.CST: 香港特別行政區

784.18　　112006341